主力运作模式
与跟庄实战技法

屠龙刀 ◎ 编著

中国宇航出版社
·北京·

版权所有　侵权必究

图书在版编目（CIP）数据

主力运作模式与跟庄实战技法 / 屠龙刀编著. -- 北京：中国宇航出版社，2023.2（2024.2重印）

ISBN 978-7-5159-2177-8

Ⅰ. ①主… Ⅱ. ①屠… Ⅲ. ①股票交易－基本知识 Ⅳ. ①F830.91

中国版本图书馆CIP数据核字（2022）第244617号

策划编辑	卢　珊	封面设计	王晓武
责任编辑	吴媛媛	责任校对	卢　珊

出版发行	中国宇航出版社		
社　址	北京市阜成路8号	邮　编	100830
	（010）68768548		
网　址	www.caphbook.com		
经　销	新华书店		
发行部	（010）68767386		（010）68371900
	（010）68767382		（010）88100613（传真）
零售店	读者服务部		
	（010）68371105		
承　印	三河市君旺印务有限公司		
版　次	2023年2月第1版		2024年2月第2次印刷
规　格	710×1000	开　本	1/16
印　张	14.25	字　数	185千字
书　号	ISBN 978-7-5159-2177-8		
定　价	49.00元		

本书如有印装质量问题，可与发行部联系调换

PREFACE 前 言

主力庄家，是股市中最具实力，也是对股价走势影响最大的一个群体。经常观察资金流向的投资者可以发现，主力庄家的资金动向，几乎可以等同于市场的动向。个股的上涨多是由主力庄家资金大幅流入引起的，同理，个股股价大幅走低也是源于主力庄家的砸盘。

随着上市公司市值规模不断扩大，原来的独庄（即某只股票坐庄过程由单一庄家完成）已经转为混庄（由多个庄家共同完成整个坐庄过程），很少有单一庄家能够全面、完整地控制股价的走势了。与之相对应的，短线热钱（游资）在市场上频频现身，短暂地控制了个别股票价格走势的主导权，这也是一种新的坐庄形式。

不过，无论主力庄家如何变化，有些东西是永远不会改变的，这就是主力庄家的坐庄过程。无论什么样的主力庄家，只要想介入股票，就少不了吸筹环节；想要盈利，就少不了拉升环节；想要兑现利润，就少不了出货环节；同时，为了欺骗散户和其他投资者，更少不了震仓洗盘环节等。换句话说，正是由于主力庄家所具有的巨大的资金优势，让其在市场上能够呼风唤雨，但资金量过大，为了实现自己的目标，就不得不采取一些隐蔽行动。

主力庄家所有的操作都是围绕这个坐庄过程展开的，其目的都是为了让自己的坐庄过程更顺利，获利更丰厚，这是主力庄家永远不会改变的套路。当然，这也是散户追寻主力庄家操盘的路线。站在散户的角度来看，在主力庄家拉升前入场，在主力庄家出货前卖出，是最为理想的选择。但若真能做到如此，就意味着庄家所有的努力都白费了。没有人愿意坐以待毙，因此，主力庄家在坐庄各个阶段会采用不同的手法与散户"斗法"，迷惑散户，让其无法判断自己的真实操盘意图。本书侧重从主力庄家的角度来分解整个坐庄过程，目的在于让投资者了解主力庄家坐庄的过程，特别是了解各个阶段主力庄家操盘的目标与策略，以便准确地分析主力庄家坐庄所处的阶段，然后制订有针对性的交易计划。

本书从三个大的方面来分解主力庄家在各个坐庄阶段的操盘策略和操盘方法，即心理层面、时机把握层面和技术特征层面。其中，技术特征层面又是重中之重，无论是心理层面的策略还是时机把握层面的策略，最终都会落实到技术特征层面上。

本书着重总结主力庄家各个坐庄阶段呈现出来的技术特征，目的是让投资者做到"心中有数"。

CONTENTS 目 录

第一章 识庄：主力庄家是谁

第一节 庄家无处不在 / 2

一、庄家需要多少持股量 / 2

二、谁是庄家 / 4

三、庄家分类 / 6

四、坐庄周期 / 7

五、庄家数量 / 10

第二节 庄家的核心优势 / 10

一、信息优势 / 11

二、资金优势 / 12

三、人才优势与技术优势 / 12

第三节 散户的非对称性优势 / 13

一、灵活性强，进出方便 / 13

二、投资自由，没有限制 / 14

三、可以成为跟随者 / 14

第二章　庄家运作股票的基本逻辑

第一节　战略层：庄家的战略性思维 / 17

一、心中要有大局观 / 17

二、踏准宏观经济周期 / 19

三、对未来的前瞻性思维 / 22

四、行业的龙头思维 / 24

第二节　战术层：庄家如何规划做盘过程 / 26

一、吸筹：建仓思维 / 26

二、洗盘：庄家频频洗盘的背后 / 28

三、拉升：利润的来源 / 29

四、出货：兑现利润 / 30

第三节　执行层：日常做盘技巧 / 30

一、与个股或行业发展周期相配合 / 31

二、市场情绪周期曲线 / 33

三、利空利好，一切为我所用 / 35

第三章　出击：庄家的规划与准备工作

第一节　整体坐庄规划 / 38

一、整体宏观经济分析 / 38

二、股票市场环境分析 / 39

三、资金投入与底仓布局 / 41

第二节　宏观经济数据分析 / 43

一、经济增长数据的逻辑及解读 / 43

二、通货膨胀和物价数据 / 48

三、货币与资金流动数据 / 50

第三节　前期调研与分析 / 51

　　一、相关产业研究与分析 / 51

　　二、综合分析结论，确认投资对象 / 53

第四章　建仓：庄家获得筹码的策略

第一节　主力庄家建仓核心策略 / 58

　　一、善守者：隐蔽吸筹，低调建仓 / 58

　　二、善攻者：高调入场，抢筹建仓 / 61

第二节　建仓阶段的心理战 / 63

　　一、主力利用散户心理 / 63

　　二、主力利用小道消息 / 66

　　三、频繁利用外围环境 / 67

第三节　经典建仓模式解析 / 68

　　一、打压式建仓 / 68

　　二、横向振荡式建仓 / 70

　　三、箱体振荡式建仓 / 71

　　四、拉高式建仓 / 73

　　五、极阴式建仓——放量大阴线 / 74

　　六、极阳式建仓——涨停板上建仓 / 76

第四节　特殊的吸筹量价形态 / 78

　　一、巨量金针大探底 / 78

　　二、底部放量大阳线 / 79

　　三、底部空中加油形态 / 81

　　四、底部放量上影线 / 82

第五节　识别主力建仓——筹码分布技术 / 83

　　一、筹码分布理论及核心分布形态 / 84

二、底部吸筹阶段筹码形态 / 91

第六节　跟庄前行——主力吸筹尾声形态研判 / 93

一、最后一跌 / 93

二、欲扬先抑 / 95

三、出水芙蓉 / 97

四、突破底部盘整区域 / 99

第五章　洗盘：庄家清洗浮筹的策略

第一节　庄家洗盘的心理战 / 103

一、突破散户心理底线 / 104

二、让散户兑现盈利，赶紧出局 / 105

三、让散户恐慌，再把恐慌放大 / 106

第二节　庄家洗盘的时机 / 108

一、吸筹建仓过程中的洗盘 / 108

二、拉升前期的洗盘 / 109

第三节　日内级别洗盘模式 / 111

一、高开低走式洗盘 / 111

二、低开低走式洗盘 / 113

三、盘中剧震式洗盘 / 115

第四节　小波段洗盘模式 / 118

一、打压式洗盘 / 118

二、横向振荡式洗盘 / 119

三、边拉边洗式洗盘 / 121

第五节　大周期洗盘模式 / 122

一、整理形态式洗盘 / 122

二、次级运动式洗盘 / 125

第六节　与庄共舞——对主力洗盘结束的判断 / 127

　　一、股价突破前期高点 / 127

　　二、股价对整理区域的突破 / 129

第六章　拉升：庄家拉升股价的策略

第一节　拉升阶段的心理战 / 132

　　一、能而示之不能 / 132

　　二、望而生畏不敢进 / 134

第二节　拉升时机的选择 / 135

　　一、顺势拉升 / 135

　　二、借利好拉升 / 137

　　三、建仓完毕后拉升 / 139

第三节　拉升前的经典试盘手法 / 141

　　一、长上影线试盘 / 141

　　二、长下影线试盘 / 143

　　三、涨停试盘 / 145

　　四、反向打压试盘 / 146

第四节　主力拉升的基本模式 / 147

　　一、逼空式拉升 / 148

　　二、振荡式拉升 / 149

　　三、台阶式拉升 / 151

第五节　寻找拉升启动信号 / 152

　　一、MACD 指标 0 轴双金叉 / 153

　　二、主升浪——强攻第三浪 / 155

　　三、底部整理形态与回调确认 / 158

第六节　提前下车：主力拉升尾声的基本特征 / 163

　　一、连续涨停 / 163

　　二、放量滞涨 / 165

　　三、天量见天价 / 166

第七章　出货：庄家出货的策略

第一节　出货时段的心理战 / 169

　　一、强大的赚钱效应 / 169

　　二、散户的贪婪心理 / 171

　　三、热点聚焦 / 171

　　四、寻找最后的"傻瓜" / 173

第二节　庄家出货时机的选择 / 174

　　一、利好频现，股价连续上攻 / 175

　　二、散户跑步入场时 / 176

第三节　庄家出货的基本模式 / 177

　　一、拉高出货 / 178

　　二、振荡出货 / 179

　　三、打压出货 / 181

　　四、涨停出货 / 182

　　五、跌停出货 / 183

第四节　出货过程基本的量价模式 / 185

　　一、量价顶背离 / 185

　　二、顶部放量滞涨 / 186

　　三、顶部放量流星线 / 189

　　四、顶部巨量大阴线 / 191

　　五、MACD指标顶背离 / 194

第五节　主力出货接近完成的特征 / 195

　　一、筹码分布密集顶部区域 / 196

　　二、K 线跌破顶部区域 / 199

第八章　破解庄家陷阱

第一节　庄家常用的坐庄手段 / 202

　　一、诱多与诱空 / 202

　　二、恐吓：连续大幅打压股价 / 206

　　三、诱骗：连续大幅拉升股价 / 207

第二节　散户的应对策略 / 209

　　一、制订清晰的交易策略 / 209

　　二、锚定庄家坐庄阶段 / 211

　　三、合理控制仓位 / 212

第一章
识庄：主力庄家是谁

庄家，本意指的是赌博行业中每一局的主持人。自股市出现后，其被引用至证券交易行业。股市中，庄家是指资金量大，能够影响证券市场行情的主力。

第一节　庄家无处不在

在市场上，庄家是与散户相对的一个概念。庄家的盈利主要来自散户。

一、庄家需要多少持股量

按照常规理解，一个庄家持有某只已发行股票总数的50%，达到绝对影响股价走势的效果，才可称为庄家。然而，在操作中，实际上并不需要达到这么高的股权占比。有时甚至是很低的持股占比，就可以达到影响股价的目的。这主要有以下几个方面的原因。

1. 限售股数量

每只股票的总股本数，并不意味着全部都能买卖和流通。因新股上市或增发、配售、股权激励等原因，很多上市公司都有一部分股票处于限售期，是不能上市流通的。从影响股价涨跌的角度来看，主要是流通股份而非涵盖限售股的全部股本。

欧圣电气是2022年4月22日上市的新股。从股本总数来看，该股共发行1.83亿股。截至5月6日，该股总市值为59.27亿元。也就是说，按照常规坐庄的需求，庄家需要拿到0.92亿股才算是绝对庄家。事实上，该股总股本中的绝大多数股票在5月6日都处于限售期，可流通的股本总数仅为0.43亿股，如图1-1所示。也就是说，庄家手里要是能收集到2 200万股，就是绝对的控盘庄家了。

市盈率(动态): 39.63	每股收益: 0.27元	每股资本公积金: 0.46元	分类: 小盘股
市盈率(静态): 51.13	营业总收入: 3.25亿元 同比下降3.09%	每股未分配利润: 2.21元	总股本: 1.83亿股
市净率: 4.17	净利润: 0.37亿元 同比下降2.12%	每股经营现金流: -0.04元	总市值: 59.27亿
每股净资产: 7.78元	毛利率: 28.84%	净资产收益率: 7.36%	流通A股: 0.43亿股
最新解禁: 2022-10-24	解禁股份类型: 首发一般股份	解禁数量: 235.27万股	占总股本比例: 1.29%

图1-1　欧圣电气（301187）股本数据

2. 大股东及一致行动人持股

对于一只股票，其中有很多股本是不会轻易进入流通领域的，比如大股东及一致行动人的持股数，除非大股东提前发布减持公告。一般来说，大股东为了保持对企业的控制权，轻易不会减持手中持有的股票。

很多主力庄家在收集股票筹码时，都会将大股东的持股量排除。当然，主力庄家也会考虑股价拉升途中大股东突然出现的减持行为，因而，很多主力庄家与大股东之间都会事先建立一种默契，这样即使大股东有减持的计划，主力庄家也会进行配合。

以日出东方为例。日出东方的总股本为8.23亿股，其中8亿股为全流通股票。其十大流通股股东持股数据如图1-2所示。

从图1-2中可以看出，太阳雨控股集团为日出东方的第一大股东，持股量达到了4.62亿股。徐新建为太阳雨控股集团的控股股东，因而其手中的996.96万股与太阳雨控股集团的4.62亿股，一般都不会轻易进入流通领域。也就是说，在市场上实际流通的股本也就3亿多股，手中拿到1.6亿股左右就基本上形成了对该股的全盘掌控。

机构或基金名称	持有数量(股)	持股变化(股)	占流通股比例	变动比例	股份类型	持股详情
太阳雨控股集团有限公司	4.62亿	不变	57.75%	不变	流通A股	点击查看
吴曲华	1199.88万	不变	1.50%	不变	流通A股	点击查看
徐新建	996.96万	不变	1.25%	不变	流通A股	点击查看
江苏月亮神管理咨询有限公司	473.86万	不变	0.59%	不变	流通A股	点击查看
广发基金-农业银行-广发中证金融资产管理计划	348.97万	不变	0.44%	不变	流通A股	点击查看
毛路平	312.42万	新进	0.39%	新进	流通A股	点击查看
江苏太阳神管理咨询有限公司	298.98万	不变	0.37%	不变	流通A股	点击查看
张希城	281.94万	不变	0.35%	不变	流通A股	点击查看
卢振华	266.63万	↑5.00万	0.33%	↑1.91%	流通A股	点击查看
大成基金-农业银行-大成中证金融资产管理计划	230.49万	不变	0.29%	不变	流通A股	点击查看

图1-2　日出东方十大流通股股东

以上谈及的是一个主力庄家想要掌握绝对控盘权所需持有的股票数量。不过，在实际交易中，有多路机构资金或基金等并不会轻易进行操作，日常实际交易的股票数量非常有限，这也使得想要控盘某只股票所需要的股份总量并不需要达到流通股的50%，有时甚至达到10%以上就能实际控盘。

二、谁是庄家

无论是持股量超过50%的绝对控股，还是只对股票相对控股，只要是控股，所需的资金量都是相当庞大的。因而，庄家的另一个称呼就是资金大户。放眼整个市场，只要是有实力的资金大户，都可能成为影响股价的重要力量，从而成为实质上的主力庄家。

1. 国资系统

这是目前市场上最大的一股资金力量，主要包括中央汇金、财政部等。国资持股的对象大多数为央企、国有银行等。这部分资金一是代表国家持股，二是承担着维护金融市场稳定的功能。因此，尽管国资系统拥有的资金量大，但也不会进行短线操作。

2. 社保基金

目前，社保基金已经有相当大一部分进入了股市，并且未来还会有更多的社保基金入市。同时，境外的一些社保基金也存在进入A股市场的可能。当然，虽然这部分资金量很大，但其持股对象一般为长线绩优股，而且通常持仓周期都比较长。

图1-3是大族激光的十大流通股股东。从大族激光的流通股股东来看，其中不仅包括两只全国社保基金组合（四零一和四一八组合），另外还有一个加拿大年金计划的投资。

机构或基金名称	持有数量(股)	持股变化(股)	占流通股比例	质押占其直接持股比	变动比例	股份类型	持股详情
香港中央结算有限公司	1.85亿	↑357.99万	18.91%	无质押	↑1.97%	流通A股	点击查看
大族控股集团有限公司	1.62亿	不变	16.53%	69.65%	不变	流通A股	点击查看
招商银行股份有限公司-睿远成长价值混合型证券投资基金	2818.28万	↑36.08万	2.88%	无质押	↑1.30%	流通A股	点击查看
高云峰	2407.99万	不变	2.46%	85.86%	不变	流通A股	点击查看
中国证券金融股份有限公司	2335.56万	不变	2.39%	无质押	不变	流通A股	点击查看
加拿大年金计划投资委员会-自有资金	1610.82万	↓720.55万	1.65%	无质押	↓-30.91%	流通A股	点击查看
全国社保基金四零一组合	821.03万	↑4.76万	0.84%	无质押	↑0.58%	流通A股	点击查看
上海景林资产管理有限公司-景林全球基金	767.00万	新进	0.78%	无质押	新进	流通A股	点击查看
上海景林资产管理有限公司-景林景泰全球私募证券投资基金	515.00万	新进	0.53%	无质押	新进	流通A股	点击查看
全国社保基金四一八组合	419.04万	↓234.50万	0.43%	无质押	↓-35.88%	流通A股	点击查看

图1-3　大族激光（002008）十大流通股股东（2022年第一季度）

3. 大股东

目前，大多数上市公司都有控股股东或者大股东。从股本构成来看，这些大股东是最有实力成为庄家的。但从法律监管角度看，法律是严格禁止大股东短线炒作股价的，因为大股东减持与增持股票都需要提前公告。

4. 公募基金

公募基金是指以公开方式向社会公众投资者募集资金并以证券为主要投资对象的证券投资基金。随着越来越多的投资者投资理财意识增强，公募基金在市场上的力量越来越大，很多股票的十大流通股股东中都出现了公募基金的身影。相对而言，公募基金的持仓周期也比较长，倾向于中长线投资。

5. 私募基金

私募基金是指以非公开方式向特定投资者募集资金并以特定目标为投资对象的证券投资基金。

相对于公募基金，私募基金的投资操作更为灵活，而且私募基金的投资方一般为资金量较大的机构或个人，这就使其在操作过程中受申购与赎回的影响较小，因而很多私募基金在市场上都有不错的表现。

6. 超级散户

超级散户是指市场上异常活跃，经常出现在一家或几家上市公司前十大股东列表、资金实力雄厚的个人投资者。从本质上来看，超级散户也属于散户群体中的一员，但其拥有的资金量较为庞大，因而其对股价的影响能力非普通散户可比。

7. 游资

游资即热钱，是指投机性短期资金。目前市场上很多热点板块、龙头股都有游资炒作的身影。

三、庄家分类

强庄与弱庄是一个相对概念。股市中有这样一句话：跟着强庄吃肉，跟着弱庄割肉。由此可见，并不是所有的庄家都可以跟。强庄与弱庄因其资金实力不同，控盘的手法也会有所不同。

1. 强庄

强庄通常为资金实力较强的庄家。这类庄家有强大的资金实力作为支撑，相对来说控盘能力更强，对股价拉升与洗盘的拿捏也非常到位。这类庄家在低位收集筹码后，通过较大幅度地拉升股价，再逐渐振荡出货，从而获得利润。

从K线走势图上也可以看出，有强庄介入的股票，其走势与其他股票是完全不同的。有强庄介入的股票，在股价上涨过程中，经常会呈现典型的看多形态，如均线多头发散排列，股价回调也常常在中期均线附近止跌企稳并重新上涨。也就是说，股价上涨的过程会呈现典型的主升浪特征。

2. 弱庄

弱庄的资金实力一般相对较弱，控盘力度相对较低。基于上述特点，弱庄很难像强庄一样大幅向上拉升股价，除非遇到一波大行情启动，才能顺水推舟，拉升股价。

在股价正常波动过程中，由于庄家无力承接拉升股价时产生的卖盘，因此，这类庄家频频采用高抛低吸滚动操作的做盘方式。也就是说，这类庄家主要靠做差价来赚钱。由此可见，若投资者跟着这类庄家操盘，很难获得投资利润。

其实，这也是普通散户经常喜欢看龙虎榜的原因。大家想通过龙虎榜，看看到底哪路游资介入了目标股票。若是实力比较强的游资，就可以考虑择机跟进；反之，一些弱庄就算了。

四、坐庄周期

不同的庄家，操盘策略是完全不同的，其坐庄周期也是完全不同的。按照坐庄时间的长短，可以将庄家分成长庄、短庄以及介于长短庄之间的中庄。

1. 长庄

按照字面意思来理解，所谓长庄就是坐庄周期较长的庄家。相比于短庄，长庄在操盘过程中更具耐心，从吸筹建仓到洗盘、拉升，再到最后振荡出货，每个阶段都会持续很长的时间，以确保股票的换手绝对充分，这就容易产生一波涨幅较大的行情。这也是大家常说的"横有多长，竖就有多高"这句话的基本含义。

下面来看一下富满微的案例，如图1-4所示。

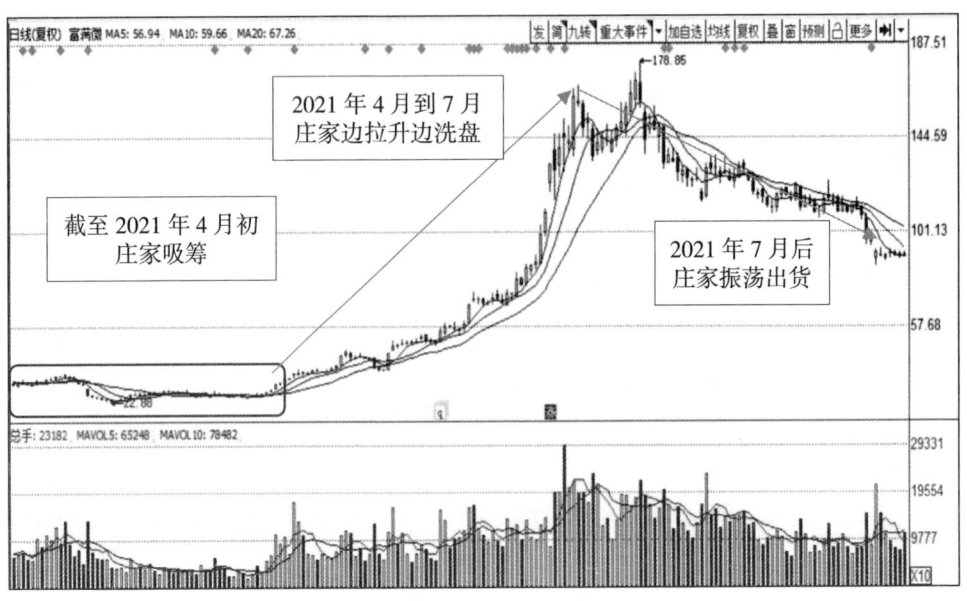

图1-4　富满微（300671）日K线走势图

从图1-4中可以看出，富满微的庄家非常有耐心，用了几个月的时间磨底吸筹建仓，又用了三个月左右的时间边洗盘边拉升。到了2021年7月后，庄家才开始振荡出货。

整个坐庄过程持续了将近一年的时间，这就保证了各阶段的换手比较充分，自己拉升股价时，也比较省力。

2. 短庄

这类庄家多为市场上的游资或超级散户。该类庄家操盘时间非常短,从入场建仓到派筹出货,可能也就在几个交易日内完成。很多投资者还没有反应过来,他们已经完成了一波操作。短线股价涨幅巨大,股票换手率高,是这类股票的典型特点。

下面来看一下阳光城的案例,如图1-5所示。

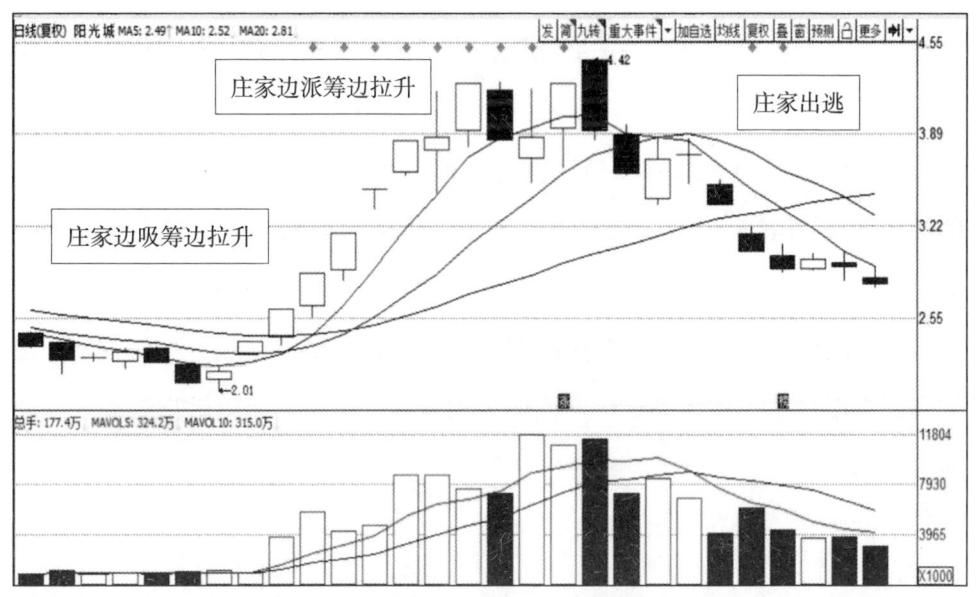

图1-5　阳光城(000671)日K线走势图

从图1-5中可以看出,以游资为主体的短庄,介入股票到离场时间非常短,有时为了防范风险,游资短庄甚至会采取滚动操作,即今日买入,次日卖出;然后再买入、再卖出,以获得短线交易盈利。在股价暴涨过程中,游资短庄不断地进行洗盘,直至到达目标价位后,主力庄家趁机出逃。此后,股价很快会出现回落走势。

这类短线操作一般多由游资主导,目标股票多为小盘且流通性较佳的股票。其基本面本身并不重要,只要具备某类炒作概念或题材,就很容易成为游资的猎物，并在短期内掀起一波爆炒。

五、庄家数量

按照介入一只股票的庄家数量，可以将庄家划分为独庄和混庄。独庄，是指整个坐庄过程包括吸筹、洗盘、拉升以及派筹出货等操作，全部由单一庄家完成。混庄则由多个庄家共同完成整个坐庄过程。

在2003年以前，有一些独庄操作的股票。2003年之后，独庄逐步退出历史舞台，混庄成为市场的主要潮流，市场上很难再见到当年"德隆系"坐庄股票的情况了。

这其中一方面有监管逐渐完善的因素，另一方面则是随着市场上股票的流通盘逐渐增大，单一庄家凭自己的资金实力很难完成一轮完整的坐庄操盘。

进入混庄时代后，由于各只股票里面的庄家很多，在股价涨跌方面，庄家有时难以达成一致，甚至会产生较大的分歧，这也容易给散户制造一些介入或出逃的机会。

第二节　庄家的核心优势

市场上总有人拿庄家的持仓和散户持仓进行对比。比如，庄家明明资金量非常大，其持仓的股票种类却很少，很多独庄可以长期围绕一只股票交易；散户资金量相对较少，在操盘时却常常买入很多只股票，造成持仓过于分散。其实，这不仅是散户不会操作或不懂操作，而是有时不得不这样选择。究其原因，就在于散户缺乏庄家所具有的先天优势。

一、信息优势

与散户相比，信息优势是庄家具有的最核心的优势，甚至比资金优势还要重要。因为散户与庄家掌握的信息不对称，才造成散户无法像庄家那样在一只股票上重仓操作。

1. 散户的信息来源

通常来说，散户的信息来源十分有限，主要有以下几个渠道。

第一，公开的各类国民经济数据信息。

第二，上市公司定期或不定期公布的财报、公告以及会议纪要等。

第三，各类行业协会发布的行业或企业运营数据等。

第四，各类大V或媒体发布的一些分析评论文章或报道等。

2. 庄家的信息来源

庄家除了拥有散户掌握的信息渠道外，还有以下几个相对特殊的渠道。

第一，专业的宏观经济分析。一般来说，很多庄家都有自己的经济分析团队，以制订更合理的投资决策。也就是说，庄家掌握的经济数据不仅是几个抽象的数字，而且有完整的经济运行趋势分析报告。

第二，与上市公司关系密切，能够对上市公司进行实地调研，获得很多第一手资料，这是普通散户无法相比的。

第三，在获得信息的及时性方面，庄家也拥有先散户一步的优势。即在同样的利空利好消息出现时，庄家总是能先散户一步，有时甚至是早几天获得信息，这就有利于其进行仓位调整，而散户只能被动接受。

正是因为庄家具备这些信息优势，使得散户对个股的操作总是抱着十分谨慎的心理，不敢在单只股票上下重注。

二、资金优势

资金优势是庄家具备的一个核心优势。正是因为拥有这一资金优势，才使得在与散户的博弈中，庄家总是能占据主导地位。

资金优势具体表现在以下几个方面。

1. 绝对量的优势

庄家拥有的资金绝对量是散户无法相比的。正是因为庄家拥有绝对的资金优势，才能让其在市场上总是处于主动和有利地位。毕竟每只股票的流通盘是有限的，当庄家的资金量足以形成相对优势时，其对股价波动的影响就会体现出来，而普通散户只能被动地接受市场价格。

2. 仓位动态调整方面

由于庄家的资金量很大，其持仓量也是十分庞大的，因此，其可以根据盘面的变化以及整个交易计划，及时进行仓位的动态调整，比如适时地加仓与减仓等。散户由于资金量相对较小，频繁地进行加仓与减仓，就可能会带来交易成本过高的问题，其结果必然是得不偿失。

3. 增发配股方面

因庄家的资金量较大，很多企业在进行增发和配股时，也会优先考虑这些庄家，而增发配股的股票价格相对于正常交易的股价一般都会有一个折扣，这就为庄家的下一步坐庄操作提供了很大的腾挪空间。

三、人才优势与技术优势

人才与技术方面的优势，也是庄家具有的比较显著的优势。

1. 人才优势

庄家的操盘团队都是久经股市的老将，经历了很多次牛市与熊市的洗礼，能够在市场出现大幅波动时宠辱不惊。散户多是进入股市时间不长的新手，有一些虽然进入股市时间较长，但在交易股票方面没有花费过太多的精力。

总之，一方是经验丰富的专业操盘手，而另一方是缺乏交易经验的散户，这两者的力量对比可想而知。

2. 技术优势

技术优势与人才优势是一脉相承的，正因为人才优势显著，庄家才会在技术方面占据更大的优势。除了基本的证券交易技术外，一些软硬件的优势更是明显，很多庄家都拥有专门的技术团队，或者拥有专门设计的交易软件等，这都使得庄家在技术方面比散户拥有更多的优势。

第三节　散户的非对称性优势

相对于庄家，尽管散户没有显著的优势，但在很多方面也拥有一些非对称性优势。散户若能利用好这些优势，也是可以在股市上有一番作为的。

一、灵活性强，进出方便

散户资金少，持有的股票数量也少，这就是散户最大的优势。庄家因其持有的股票数量较多，其交易必然缺乏灵活性。比如，庄家买入或卖出股票时，为了避免股价出现大幅波动，导致无法顺利买入或卖出，不得不分批次交易。散户就无须这方面的担心，只需在恰当的时机一次性完成交易即可。反正盘面都是由主力庄家控制的，而不是散户。

同时，若庄家买入或卖出股票过多时，股价就会进入涨停板或跌停板，同样无法交易。因此，庄家在建仓或清仓离场时，经常会采用隐蔽的方式，一点一点地推进，不能一蹴而就。相反，普通散户则可以在发现主力建仓信号后一次性杀入，并在主力开始离场时先一步出局。

二、投资自由，没有限制

庄家与散户不同，他们在选股和操作中受到的限制来自很多方面。

首先是投资方向。由于主力资金多为接受别人的委托代为投资，因而其投资方向都是事先约定的，这些主力庄家不能根据个人的喜好或市场变化进行更改。其次是资金具有期限限制。主力庄家在接受委托资金时，都有一定的委托期限，到期时必然会有赎回压力，这就使得主力庄家在投资时，不得不考虑赎回的问题。再次，目前，很多投资机构都有各自的投资收益排行榜，很多投资者也特别追捧这些排行榜，排行榜中排名比较靠前的机构，往往会受到青睐，获得更多资金，因此，各个主力庄家都有在排名末期冲榜的动机与需求。

与之相反，散户则没有这方面的限制。对于散户来说，投资就是投资，没有掺杂其他的因素。

三、可以成为跟随者

由于散户资金量小，无论是买入股票还是卖出股票都十分方便，这就可以利用这一优势，在主力庄家建仓完毕或即将拉升时，快速入场买入股票，并在庄家出货前择机卖出。

当然，这个操作说起来简单，实现起来往往非常困难。由于散户具有的这些非对称性优势，庄家在建仓时，就不得不隐蔽进行，以防被散户察觉。同时，在拉升股价前，庄家也可能会进行大规模洗盘，以便于清洗浮筹。

从散户角度来看，之所以很多人没有拿住股票，多是由于对庄家的意图出现了误判。比如，庄家拉升前的洗盘，很多散户将其看成了出货动作，因此匆匆出逃。其后，庄家反向大幅拉升股价，投资者就错过了获利的机会。

从这一点上来说，这种跟随者的优势地位能否顺利转化为胜势，还要看散户对主力庄家操盘动向的掌握情况，这也是本书重点讨论的内容。

第二章
庄家运作股票的基本逻辑

通常来说，庄家的持仓周期都比较长（短线游资除外，本书谈及的主力庄家不考虑短线游资的情况），这并不是普通散户甚至市场上的游资能够相比的。因而，其盈利预期往往也比较高，少则几十个点，多则几倍，其整体的操盘思维与散户、游资都是完全不同的。

第一节　战略层：庄家的战略性思维

在介入目标股票前，庄家需要对整个投资过程有一个全局性、战略性的思考。

一、心中要有大局观

股市被称为"经济的晴雨表"。尽管从短期来看，股市与经济基本面的联动并不算密切，但从长期来看，股市还是与整个社会的经济基本面、世界经济形势保持一致的。

有人曾戏称，庄家是以上帝的视角来看待股票和炒股这件事的。这句话虽然有所夸大，但在一定程度上也能够反映庄家采用的视角，即绝不仅仅局限在一只股票上，更不会被个股的某些技术形态所左右。

庄家在介入股票前，都会对整个经济形势乃至世界经济形势进行全盘分析研究。具体包括以下几个方面的内容，如图2-1所示。

1. 国际经济形势

随着经济全球化趋势的加强，世界各国的经济具有很强的联动性。国际

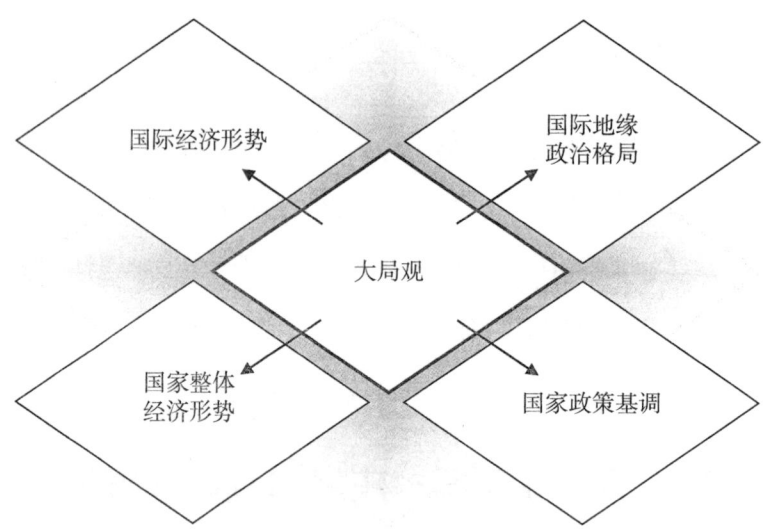

图2-1 庄家介入前需要了解的大局

分工与协作的强化，导致很多产业链都会涉及多个国家和地区，这就使得整个世界经济具有了高度的联动性。当全球经济景气度提升时，各国的经济形势普遍较好，此时，股市向好的概率也就更大；反之，股市必然也会受到影响。比如，2020年以来的"新冠"疫情，对整个世界经济体系都造成了严重的冲击，我国股市虽然也出现了短暂的上扬，但整体上仍然没有走出强势上攻的趋势，这就是整个外围经济大势不佳的原因造成的，至少是短期内不具备大幅上攻的条件。当然，另一方面，毕竟各国经济条件不同，反映在股市走势上也会有所差异。比如，我国经济基本盘不错，发展韧性较强，这就意味着股市尽管缺乏大幅上攻的基础，但也不支持大幅下跌。

从整体经济环境来看，这就是股票市场所处的经济大势，是操作股票之前需要了解的大局。当然，这并不妨碍个股有精彩的表现。

2. 国际地缘政治格局

国际地缘政治对整个世界经济的搅动是不可低估的，特别是对全球供应链的影响最为严重。尽管很多短期冲突不会对整个世界经济产生决定性的影响，但若持续时间过长，且引发了一系列连锁反应，也会对世界经济产生较大的冲击。

比如，2022年年初的俄乌冲突直接导致了原油、天然气供应受阻，天然气和原油价格大幅上扬。与此同时，这些大宗能源商品还是诸多化工产品的上游，这也会间接影响国际大宗商品的价格，进而推升全球的整个物价体系。这一点对很多企业原料供应的影响是十分巨大的，2022年第一季度，很多化工企业都出现了增收不增利的情况，就是因为原料价格大幅上升导致的。

3. 国家整体经济形势

国家整体经济运行态势，也是主力庄家优先考虑的因素。一般来说，在经济下行周期的后期，主力庄家才会倾向于入场建仓，并在经济过热时开始离场。从这一点来说，对于国民经济整体运行形势的把握也是十分重要的。

4. 国家政策基调

不可否认，A股市场在某种程度上具有政策市的典型特征，国家重点鼓励的行业，会有良好的上升前景，若交易者逆势而动，很容易让自己陷入被动局面。庄家非常注重研究国家经济和产业政策，对于国家重点行业和产业发展方向吃得很透，研究得很透，这就使他们在坐庄过程中处于相对有利的地位。比如，2021年开始，房地产市场正式定调"房住不炒"，教育领域正式提出"双减"，此后房地产和教育板块股票都经历了一波漫长的熊市。如果庄家不研究国家的产业政策，很可能使自己的坐庄行为陷入被动。

二、踏准宏观经济周期

经济并不总是处于景气或不景气周期，而是处于一种动态循环之中。当经济出现一段时间的上升后,各方面对经济增长的预期就会升温,从而推动各方面积极投资,这样就会造成经济过热;其后,必然是经济开始降温,逐渐走向衰退;当经济衰退一段时间后,又会重新开启上升态势。从国家的角度来看,当经济处于不同的周期时,在政策与规划制定方面也会有所侧重。比如,当经济过热时,国家会有意识地回收一些货币流动性,挤压一些行业的泡沫和过剩产能;反之,在经济不景气时,国家就会倾向于推出一些扩张性财政政策,以刺激经济企稳反弹。这些政策最终都会落实到经济层面,并对相关上市企业产生一定的影响。

通常情况下,可以大致将宏观经济周期划分为四个阶段,如图2-2所示。

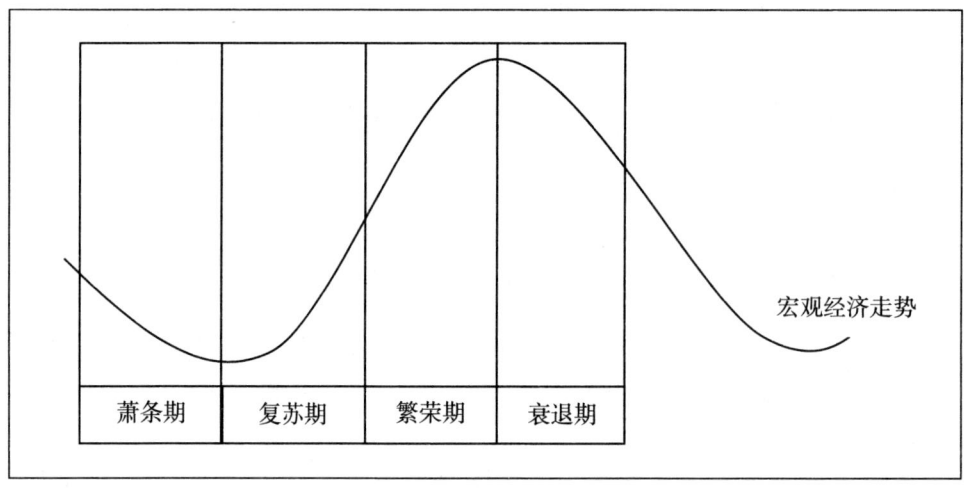

图2-2 宏观经济走势的四个典型阶段

第一阶段:萧条期。

国民经济连续衰退,已经使很多投资者对经济丧失了信心。此时国民经济各个方面都十分萧条,失业率激增。

同时,在衰退期的末端,政府为了提振经济,可能会发布一些有关基础设施建设的规划,毕竟这些大工程与国民经济的各个行业都存在关联。这些规划和计划，在一定程度上能够对经济起到刺激作用，从而推动股市触底反弹。其实，这也是股市走在经济前面的一个原因，即当经济还处于谷底时，国家相关的政策出台后，没有等到经济反弹，股市就会率先反弹。

从庄家的角度则可以做出另外一番分析，即当经济持续低迷时，这些庄家就会开始先一步预判政府可能会采取一些刺激政策，他们不会等到具体政策出台后才采取行动。比如，每一轮经济低迷期，政府都会通过扩大基础设施建设来提振相关产业和经济。基础设施建设行业直接关联到水泥、钢铁、建筑装饰等诸多行业，还可以直接增加就业，间接地刺激消费，从而全面推动经济复苏，接着会带动消费增加，等等。

第二阶段：复苏期。

随着大基建、大工程项目的启动，国民经济将会逐步走出低谷，投资者的信心也会随之恢复。工业、建材、机械等行业的发展，会大大强化对工业品、化工品的需求，这样就会促使整个社会经济进入全面复苏期。

从股市上来看，一波缓慢上升行情大多会在此阶段展开。当然，若因为股市短线过热，就会出现一定的调整需求。总之，在这一时期，整个市场将会保持上升态势，这是由经济基本面决定的。主力庄家在此阶段往往会进行洗盘、拉升等动作，有些主力庄家也会在此时入场建仓。总之，这是一个非常适宜操作股票的时期。

第三阶段：繁荣期。

随着国民经济趋于稳定和繁荣，越来越多的投资者进入市场，同时带来了更多资金。在一派祥和之中，很多人对未来经济发展的看法趋于乐观，会更加积极地进行投资建设，甚至出现投资过热、生产过剩的问题。此时，国家会制定一系列回笼货币资金的政策，如加息、调升各大金融机构存款准备金率，等等。

在此阶段，随着股市的连续上攻，会有大批新股民入场，从而将股市推向顶峰。不过，此时主力庄家早已开始了减仓撤出之路，边拉升、边出货是很多庄家在这一时期的主要选择。

第四阶段：衰退期。

在经济繁荣的背后，往往酝酿着新的隐患。特别是一些刺激经济的政策引发的副作用，可能会在这个时段爆发出来。由于持续地供给大于需求，商品价格开始走低。先前盲目扩张的企业开始倒闭，工人失业率提升，更加减弱了市场需求，这会促使整个股市转入下行通道。此时，主力庄家基本已经出货完毕，坐等最佳的建仓时机到来。

三、对未来的前瞻性思维

炒股，本质上炒的是预期，炒的是未来。关于这一点，主力庄家的领会肯定更为深刻。主力庄家在布局行业和个股方面，其前瞻性思维要远远早于散户。

为什么必须有前瞻性思维？这里以周期股为例来进行讲解。下面来看一下牧原股份的股价走势情况，如图2-3所示。

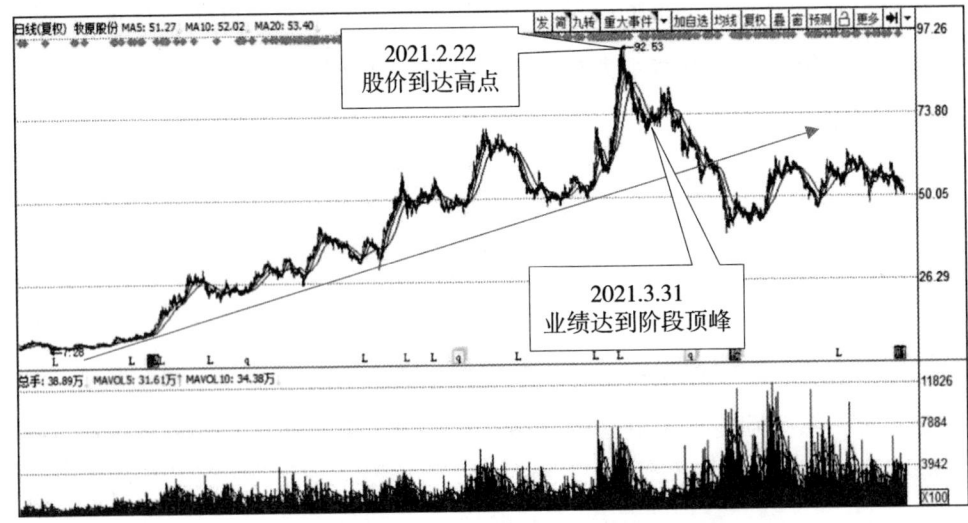

图2-3 牧原股份（002714）日K线走势图

牧原股份2021年前后的业绩情况如表2-1所示。

表2-1 牧原股份（002714）财务数据表

科目/年度	2021.6.30	2021.3.31	2020.12.31	2020.9.30	2020.6.30	2020.3.31
净利润（元）	95.26亿	69.63亿	274.51亿	209.88亿	107.84亿	41.31亿
净利润同比增长率	-11.67%	68.54%	348.97%	1413.28%	7026.08%	863.75%
扣非净利润（元）	94.36亿	69.53亿	273.27亿	209.63亿	108.11亿	41.89亿
扣非净利润同比增长率	-12.72%	65.99%	360.24%	1453.46%	5449.36%	848.32%
营业总收入（元）	415.38亿	201.52亿	562.77亿	391.65亿	210.33亿	80.70亿
营业总收入同比增长率	97.49%	149.72%	178.31%	233.79%	193.76%	164.75%

从表2-1中可以看出，2021年3月底，牧原股份的业绩达到阶段顶峰。其后，由于猪肉价格下行，牧原股份的业绩也开始了下行之路。对照该股的日K线走势图可以发现，在2021年2月中旬，该股股价到达了最高值，此后股价振荡下行。

2021年2月中旬，该股的季报和年报还没有正式披露，此时庄家就已经开始退场了。很多散户在看到该股的年报和季报后，可能还在幻想股价重新恢复上攻的情形。然而，当主力庄家撤出后，股价就不会再有大规模的上升行情了。此后，随着猪肉价格的持续下滑，该企业的业绩逐渐下行，股价也随之下跌。

由此可见，主力庄家撤出的时间肯定在企业业绩拐点到来之前，这就是前瞻性思维的具体体现。

在实际操作过程中，主力庄家的前瞻性思维主要体现在以下几个方面。

第一，在个股业绩上升拐点到来之前提前入场布局，并在业绩下行拐点到来之前离场。

第二，主力庄家通过对各路经济数据、企业经营信息的分析，提前对行业、企业经营情况有所预判，并依据预判的结果进行操作。普通散户在投资时，总是喜欢追踪企业披露的财务数据、利好利空信息等。其实，主力庄家对于这些信息事先已经有了一定的预判，并在操盘过程中体现了出来。比如，主力庄家预判某个企业的经营业绩可能会迎来爆发式增长（主力庄家通过调研企业出货、库存、采购等数据获得的信息），那么，他们就会提前加大仓位，并持续向上拉升股价。到了财报披露时，市场上的散户才发现企业业绩暴涨并大幅买入，而主力庄家则会在这一阶段趁机出货。

第三，立足于未来的新兴产业。未来的新兴产业总是能够获得主力庄家的青睐，这也反映出主力庄家具有前瞻性思维。尽管很多新兴产业的企业业绩并不理想，但从长远来看，给这些产业以足够的时间，必然会产生若干家较大规模的企业。比如，随着全球变暖、能源枯竭趋势的加强，新能源获得了越来越多的重视。其实，目前市场上很多新能源股票，前几年业绩普遍并不理想，但仍有很多主力庄家介入。时至今日，很多新能源企业的业绩都取得了不错的提升，而股票价格自然也是水涨船高，先前介入的主力则获利颇丰。

在很多高科技尤其是集成电路、芯片、国产软件等领域，也是如此。面对中美关系的不稳定，高科技领域已经成为美国限制我国经济快速发展的一个瓶颈。美国动辄以制裁的方式，试图围剿我国企业（中兴与华为就是典型的案例），因而，高科技企业尤其是掌握高端技术的企业，未来数年内势必会获得更多的政府支持。

四、行业的龙头思维

中长线主力庄家的龙头思维与短线游资的龙头思维完全不同。在游资世界中，所谓的龙头主要指的是市场行情的龙头，这些龙头股是由市场中的人气和情绪所决定的，是在交易中形成的龙头。而中长线主力庄家的龙头思维，则更多地倾向于行业或领域内的龙头企业，这些企业在多年的经营发展中，逐步形成并取得了龙头地位。比如，在白酒领域，贵州茅台就是当仁不让的大龙头；在家电领域，美的集团、格力电器等就是大龙头。

由于主力庄家持仓周期通常比较长，而行业龙头企业的经营稳定性和可持续性要优于行业其他企业，所以适合主力庄家长期持有。相反，一些非龙头企业由于在市场竞争中并不处于优势地位，因而更容易让经营陷入困境，这对于想要长期持股的主力庄家来说显然是不利的。

下面来看一下美的集团的案例，如图2-4所示。

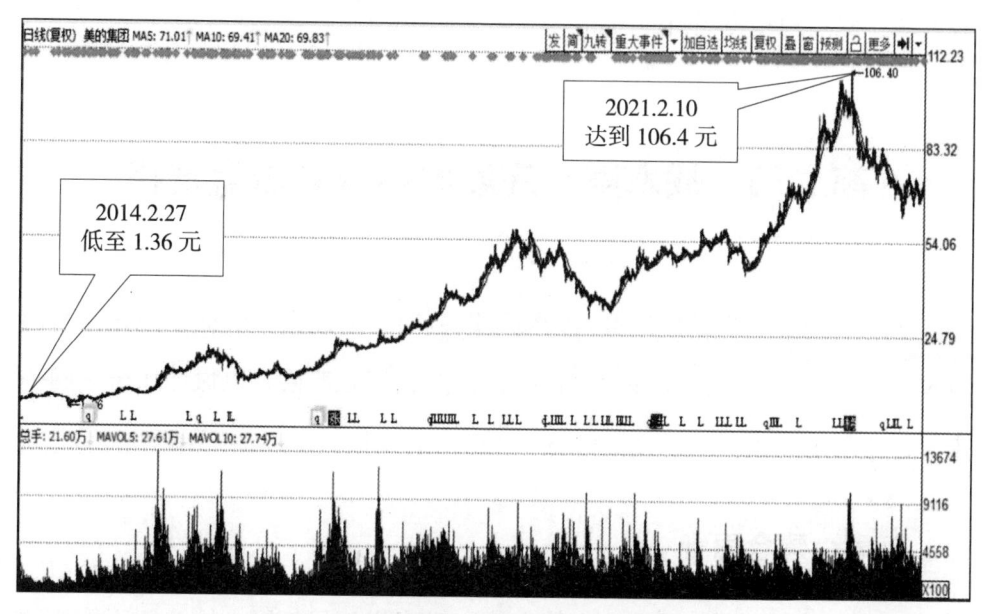

图2-4　美的集团（000333）日K线走势图

美的集团是家用电器领域的绝对龙头股，特别是在小家电领域，更是拥有绝对的优势地位。该集团通过收购小天鹅等企业，获得了在洗衣机等家电领域的优势，与格力电器、海尔智家成为三大家电龙头。

美的集团2013年9月正式登陆A股市场，2014年2月27日一度回调至1.36元（前复权价格），此后振荡走高。到了2021年2月，该股股价一度达到106.4元的高点，股价上涨数十倍。其间以该股为主要操作标的的主力庄家均获得了不错的收益。

总之，这些企业通过自身的经营发展，在与同类企业的竞争中逐渐取得了龙头地位。相比其他企业，龙头企业具有如下几个典型的优势。

第一，在行业内，龙头企业掌握了更多的话语权，因而也具备了更强的竞争优势。

第二，在经营方面，龙头企业的获利能力要优于其他同行业企业。

第三，基于龙头企业在竞争中所具有的优势地位，龙头企业总是可以获得更多、更高的投资溢价。

第二节　战术层：庄家如何规划做盘过程

从庄家整个坐庄过程来看，大致可以包括吸筹建仓、洗盘、拉升以及出货等四个阶段。但在运作股票过程中，庄家又不会严格、机械地执行这四个步骤，特别是洗盘，几乎会贯穿整个庄家操盘过程，如图2-5所示。

一、吸筹：建仓思维

不同的主力庄家，吸筹建仓的方法与策略也不尽相同。投资者不能按照一种模式去套所有的主力庄家。一般来说，主力庄家在吸筹建仓阶段需要考虑的问题包括如下几个。

第一，吸入足够的筹码。主力庄家要运作股票，首先必须建仓并吸入足够的筹码，这就要考虑自身的资金实力、股票盘子大小等问题。自己最终能够吸入筹码的数量，决定了对股价的影响程度。吸入大量筹码是坐庄的先决条件。

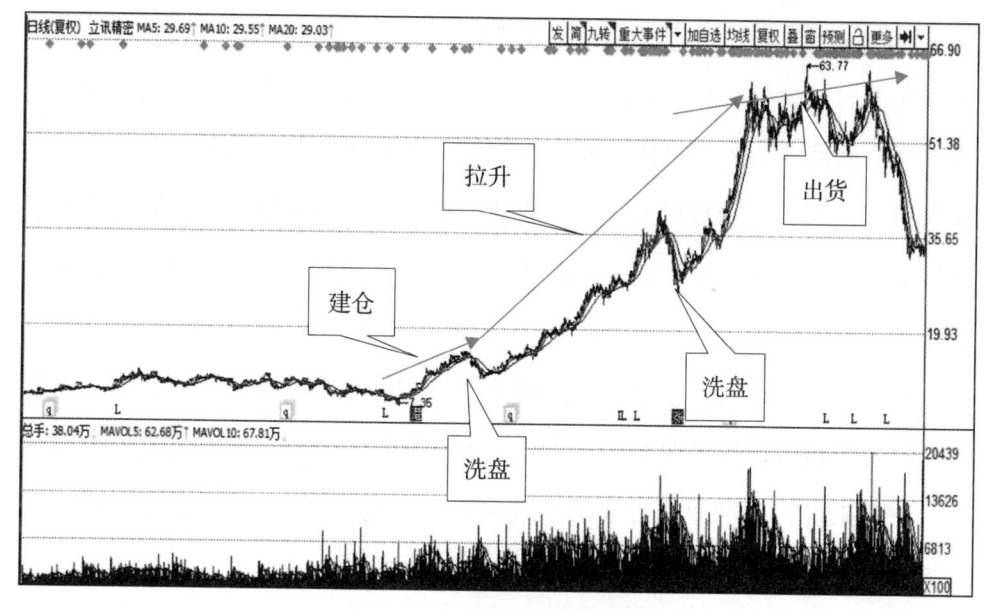

图2-5 庄家做盘的典型阶段

至于如何吸筹，这是另外一个层面的问题，需要结合市场环境和自身条件来考虑。

第二，吸筹时间。对于普通投资者来说，这根本不是问题。但对于主力庄家来说，这可能是一个非常大的问题，也是决定吸筹方式的重要因素。很多公募基金、私募基金在设立时，都会有一个建仓期。一般来说，在建仓期，基金经理就需要完成初步的建仓任务，后面可以慢慢调整仓位。当然，一些牛散和游资的建仓时间则比较宽裕，也更加自由和主动。

第三，吸筹成本。其实，单纯的时间限制和吸入足够的筹码，对庄家来说都不是什么大的问题，但无论是哪路主力庄家，降低筹码成本都是首先要考虑的问题。基于降低筹码成本的考虑，主力庄家会根据外围市场环境选择合适的建仓方式。

第四，吸筹方式。这属于典型的操作层面的问题。打压式建仓、横向盘整式建仓以及拉高建仓，都是庄家喜欢采用的吸筹方式。

如果时间允许，主力庄家肯定更加倾向于打压式低吸建仓，但这种方式也存在很大的风险。打压式建仓，实质就是将自己在高位获得的筹码抛出，并在低位接回来。但在抛出筹码时，如果有其他主力庄家入场抢筹，自己可能会得不偿失。特别是目前，很多股票的主力庄家都不是一个，更容易出现这种情况。只有外围环境或者个股出现利空时，采用这种方式建仓才是最佳的选择。

横向盘整式建仓，说明主力庄家对个股掌控能力较强，也没有那么多主力庄家入场抢筹。这类股票的主力庄家有足够的时间通过高抛低吸来吸筹建仓。一般来说，这种建仓方式是相对保险的，但主力庄家也要防止在建仓期有其他主力抢筹。

拉高式建仓，这是主力庄家最不喜欢的建仓方式，多为被动式建仓。很多时候，一波行情已经起来了，而主力庄家还没有建立足够的仓位，因而不得不直接快速向上拉升股价，以抢夺更多的高价位筹码。一般来说，游资介入股票时最喜欢用这种方式建仓。尽管成本相对较高，但建仓时间短，这是这种建仓方式最主要的优势。

二、洗盘：庄家频频洗盘的背后

在整个操盘过程中，洗盘并没有特定的阶段。从主力庄家的角度来看，洗盘也不是事先预定的操作步骤，但又是必不可少的坐庄组成部分。主力庄家在操盘过程中，会根据股价情况、外围市场环境状况，随时启动洗盘动作。

对于主力庄家来说，洗盘有以下几个好处。

第一，之所以名为"洗盘"，意思就是要清洗掉持仓意志不坚定者的筹码。何为意志不坚定者，就是那些无法长期持仓的投资者。主力后期需要大幅拉升股价，拉升的幅度越大，获利盘涌出的力度就越大。因此，为了后面能够顺利拉升，就必须先把这些浮筹清洗掉。

第二，增加换手率和市场的持仓成本，这与上面的目标是一致的。新入场者持仓成本更高，肯定会有更高的盈利期许，因而也愿意持仓更长的时间，这就有利于主力庄家的后期拉升。

第三，顺道收集一些廉价筹码，以利于随时进行高抛低吸操作。由于主力庄家持仓周期较长，其间会出现各种突发情况，因而，主力庄家会随机采用一些灵活的手段进行高抛低吸，如打压洗盘可以收集一些低价筹码，短线涨幅过大，也会适当抛出一部分获利盘。

从具体方式来看，洗盘包括很多种类，如日内振荡式洗盘、小幅拉升后回调洗盘以及在主要上升趋势中的次级运动洗盘。图2-5所示的两次规模较大的洗盘，就是在主要上升趋势中出现了次级运动洗盘。

三、拉升：利润的来源

拉升阶段对于主力庄家整个坐庄成败具有重要的影响。同时，拉升也不仅仅是连续大幅买入股票的问题。毕竟拉升前，主力庄家的持仓量已经很高了，这时候，只要稍稍加强一点买入力度，股价就会上行。不过，庄家此时最担心的就是人心散了，也就是说，主力一拉升股价，散户就抛售离场，这会给主力拉升股价造成非常大的麻烦。因此，主力在拉升阶段也会采用很多控盘策略。

第一，前缓后急。这是主力拉升时经常采用的策略，也就是前期的拉升速度是比较缓慢的，股价一步一步地上升。另外，伴随着股价的上升，也经常会出现洗盘。接着，主力庄家会逐渐增强拉升幅度，市场上对该只股票的关注度也会增加，即随着股价的上升，换手率逐渐增加。进入最后一个阶段，主力庄家会再度加大拉升幅度，换手率会大增，很多短线游资也可能会加入该股的炒作之中。此时主力庄家则会一边拉升股价，一边开始悄悄出货。股价上升的尾段，多会出现涨停板。

第二，直接强势拉升至涨停。这是一种比较激进的拉升方式，往往与市场情绪热度有关。即庄家持仓股票正好是当下市场的炒作热点，主力庄家就会借势上攻，快速大幅地拉升股价。很多游资也会在这个阶段加入抢筹的行列，庄家则可以趁机在很短的时间内完成出货。对于主力庄家来说，这种拉升方式连后面的出货难题都解决了。出货阶段走出这样的走势，需要外围环境的配合，对于主力庄家来说，这种情况可遇而不可求。

四、出货：兑现利润

出货，关系到主力庄家的账面盈利能否兑现。从主力庄家的角度来看，越是要出货，就越不能让散户感觉到庄家在出货。因此，在拉升阶段后期，主力庄家必须先出掉一部分货，然后利用手中剩余的筹码制造振荡走势，同时在顶部振荡过程中将剩余筹码逐渐出清。

很多经典的顶部形态，都是在这一过程中出现的。至于到底股价K线会走出倒V形顶，还是双顶、头肩顶，主要由外围的市场环境和主力手中待出清的筹码量决定。

从以往的经验来看，双顶形态和头肩顶形态是较多见的顶部形态，这与这两种形态带有明显的上攻迹象有关。双顶形态和头肩顶形态中股价上攻的假象，很容易让散户产生股价经过盘整后会重新上攻的错觉。

第三节　执行层：日常做盘技巧

主力庄家在操盘过程中，为了让自己的操盘计划更加有效地完成，并实现利润最大化，会尽可能多地利用外界的环境，积极运作。

一、与个股或行业发展周期相配合

行业生命周期理论认为,行业从出现到退出社会经济所经历的时间,大致可以分为四个阶段,即培育期、成长期、成熟期及衰退期,如图2-6所示。

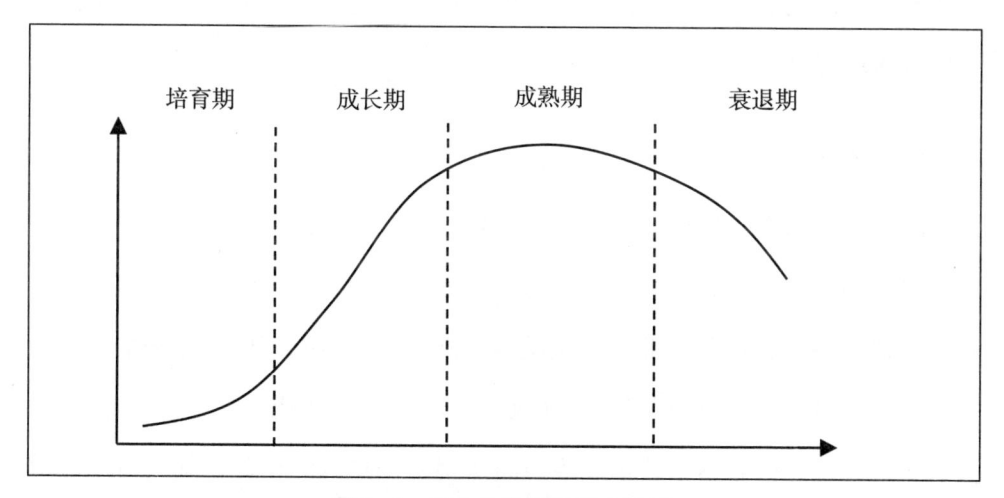

图2-6 行业生命周期四个阶段

一个行业所处的生命周期不同,行业内部的竞争态势往往也存在很大的差异。

1. 培育期

随着某类新产品的出现,一个全新的行业可能会呈现在消费者面前。在这一阶段,由于新产品刚刚出现,无论是技术方面还是生产制造方面都不完善,存在很多问题,但由于市场上并没有同类竞争对手,或只有很少的竞争对手,市场空间很大。同时,新进入该行业的企业面临的壁垒较小。当然,在这一阶段,由于相关的规则、标准都没有建立起来,也可能会存在无序或不良的竞争。

身处其中的企业,风险与机遇并存。一方面,由于产品或技术并不完善，随时有失败的风险；另一方面，由于市场上竞争对手很少，优质企业很容易获得垄断性的地位。

对于很多长线主力庄家而言，寻找尚处培育期的企业并与之共同成长，是其最高的坐庄目标。另外，身处这一时期的企业，往往业绩并不会表现得特别理想，因而股价也不会太高。能够长线持仓的主力庄家，往往会选择这一阶段入场建仓。

2. 成长期

随着行业内企业的技术水平不断成熟，消费者对该行业的认可度逐渐增强，需求也逐渐增加，促使整个行业向着更为成熟、稳定的方向发展。随着行业的快速发展，参与企业也越来越多，同时，行业的门槛也逐渐抬升。原有的参与者借机扩大市场占有率，行业内的垄断者开始出现。

这一阶段，行业本身的市场容量将决定未来企业的体量。如果行业规模足够大，天花板足够高，那么，行业内将会产生很多长线大牛股，甚至产生非常有价值的企业。如格力电器、美的集团等长线大牛股，就是在国内家电市场进入快速成长期后随之成长起来的代表性企业。反之，若整个行业的容量过小或天花板过低，也不利于行业内企业的规模扩张。在此阶段，长线主力庄家更愿意耐心地持股待涨，虽然有时也会进行小规模的高抛低吸，但不会做出大规模的减仓或清仓操作。

3. 成熟期

随着市场竞争不断加剧，行业步入成熟期。行业内的技术壁垒越来越厚，新的参与者进入行业越来越困难，原有的参与者有一大部分被淘汰出局。行业内的平均利润率开始触顶回落，企业开始用规模来换效益，个别企业在行业内确立垄断性地位。

随着行业内企业的供应量逐渐增加，行业市场接近饱和状态，行业内的企业开始明显分化：一部分企业由于具有垄断地位，仍然保持着较为充裕的利润率；另外一部分企业开始在竞争中处于不利地位，净利润开始萎缩，甚至出现亏损。同时，部分行业内的企业开始寻求技术升级或改造，以期实现生产或业务的转型再发展。

在此阶段，个股的股价已经进入高位。即使是长线持仓的主力庄家，在这一阶段也会采取分批次减仓的操作，直至最终清仓。这是一个非常理想的清仓时段，毕竟个股业绩已经进入成熟期，非常漂亮的财报向投资者展示出投资该企业可以获得丰厚的回报。然而，从另一方面来看，这类企业进一步成长的空间将会变小，甚至接近行业天花板，因此，长线持仓的主力庄家就会先行离场。

4. 衰退期

由于技术的发展或替代品的出现，行业生存出现危机。整个行业的市场容量开始下滑，行业内的企业大面积亏损，生存状况堪忧。行业内企业纷纷被淘汰出局，有些企业开始转型或退出，总之，行业的发展让人看不到希望。行业不同，衰退期持续的时间也会有所不同。有些新技术行业的衰退期非常短暂，行业内的企业可能在极短的时间就被后来者替代。而一些传统行业进入衰退期后，会因为各种各样的原因继续勉强生存。

对于长线主力庄家而言，一般不再愿意介入这类股票。当然，中线和短线主力庄家也可能会从自身情况出发，建仓或操作此类个股，但这类股票肯定很难成为长线战略建仓标的。

二、市场情绪周期曲线

市场上，每个交易日都有涨停股与跌停股。涨停股以及涨幅排行榜，本身就是市场情绪的一个风向标。某个板块涨停个股较多，说明市场热点聚焦在这个板块；涨停板总数较多，则说明整个市场赚钱效应较好，投资热情较高；涨停板数量少，且分散在不同板块，则说明市场热点比较散乱，市场炒作情绪并不高，没有形成主要的炒作路线且炒作难以持续。

一般来说，市场情绪的变化也具有明显的波动周期，如图2-7所示。

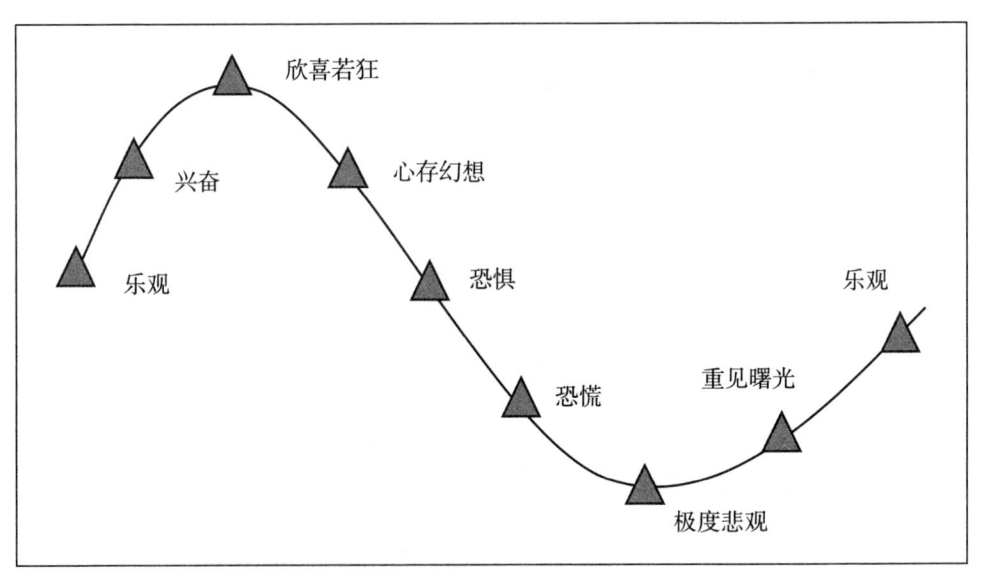

图2-7 市场情绪周期曲线

整个市场，散户的情绪都处于这种动态的波动循环之中。一般来说，短线交易者，尤其是超短线交易者最需要掌握的就是市场情绪，但主力庄家也会借助散户情绪的变化，择机进行高抛低吸操作，以降低持仓成本。

第一，市场情绪高点。这类情绪高点分为小周期的情绪高点和大周期的情绪高点两类。小周期的情绪高点持续的时间非常短，也就几个交易日，甚至只有几个小时；大周期的情绪高点，则可能持续相对较长的时间。

小周期情绪高点的形成，多为市场的短线波动或者个别板块遭到短线爆炒而引发的情绪高涨情况。比如市场上的大龙头已经拉出了多个涨停板，且整个板块的情绪都被带动起来了。

一般来说，主力庄家持仓的个股若遇到短线情绪高点，即使没有到拉升或出货环节，主力庄家也会抛出部分筹码，以达到降低持仓成本的目的。

大周期情绪高点的形成则与整个大盘的走高有关。在大盘进入高点区域后，整个市场的情绪都会达到高点，每日有大量的新股民开户，跑步进场。无论是老股民还是主力庄家都清楚，此时往往意味着市场大顶部要到来了，因此，主力庄家往往会利用这一有利的外部环境进行出货操作。

第二，市场情绪低点。这是与市场情绪高点相对应的一种状况。整个市场涨停个股很少或非常散乱，没有一个行情主线，且板块热点的轮动速度非常快。

随着股价或市场的全面下行，散户的情绪也随之走低，经历了从心存幻想到恐慌的过程，直至极度悲观。其实，从恐慌至极度悲观的过程，往往也是主力庄家出手的时刻。一般来说，在小周期情绪低点期，主力庄家可能会先顺势向下抛出筹码，以进一步逼迫散户放弃手中的筹码，然后在底部将抛出的筹码接回来。

在大周期情绪低潮期，主力庄家则会趁机收集筹码，进行建仓操作。

三、利空利好，一切为我所用

在日常操盘中，散户能够看到各类信息，主力庄家更能看到，而且还会利用这些信息进行控盘操作。事实上，主力庄家为了降低持仓成本，在整个操盘过程中，会利用各类有利时机进行高抛低吸操作，以降低持仓成本。当然，这并不意味着主力和散户一样对短线交易或T+0交易充满兴趣。主力只会在某些特殊的时机、特殊的情况下，利用极其有利的外界因素进行操作。

主力比较喜欢利用的典型外部条件，从大的方向来看包括两类：其一为利空因素；其二为利好因素。

第一，利空因素。对于主力庄家来说，对所操作个股的了解和熟悉程度远远超过散户。对于其中可能出现利空，甚至所谓的突发性利空，主力庄家都会有一个大致的预估。不过，散户对这种利空不会有任何免疫心理，一遇到利空，第一个想到的就是出逃。此时，主力庄家会趁势向下打压股价，以迫使更多的散户因恐惧出逃，从而放弃手中的筹码。主力庄家则反向操作，收集散户抛出的筹码，以达到降低持仓成本的目的。

第二，利好因素。从短线来看，越是大的利好，就会有越多的散户涌入市场，而主力庄家此时一般会选择卖出部分仓位，这也是降低持仓成本的有效手段。毕竟，主力庄家持仓周期都是比较长的，在高位短线抛出个股，然后在低位将股票买回来，也就实现了高抛低吸和降低持仓成本的目的。

总之，主力庄家在操盘过程中，会根据外界环境的变化及时增减仓位，以达到降低持仓成本、使利润最大化的目的。

第三章
出击：庄家的规划与准备工作

相比游资，主力庄家考虑的因素，更多的会聚焦于整个国民经济大环境以及个股本身的质地方面。在介入个股前，主力庄家往往会做一个全盘的规划。

第一节　整体坐庄规划

整体坐庄规划涵盖三个层面，如图3-1所示。

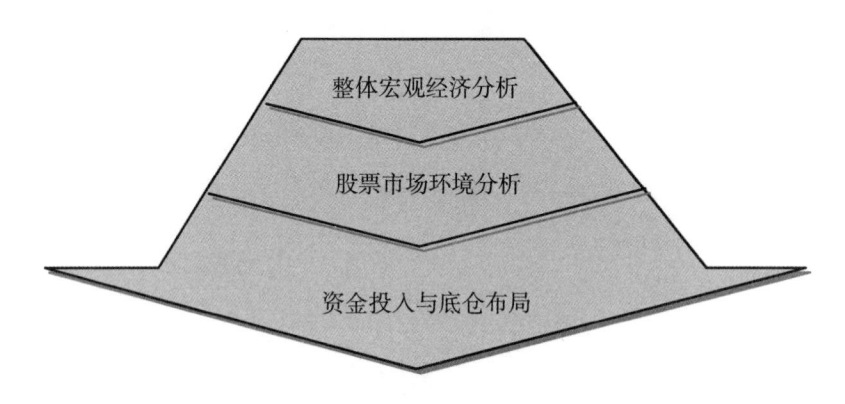

图3-1　整体坐庄规划

一、整体宏观经济分析

主力庄家对宏观经济形势的掌握，远非普通散户可比，这与主力庄家大多有自己的经济分析团队有直接关系。这倒不是说在宏观经济呈现下行态势时，主力庄家就会选择离场或不入场。事实上，主力庄家并不像散户那样有选择投资的自由，他们是以投资为职业的，在很多情况下，即使行情不好，他们也需要保留相应的仓位。只是在不同的宏观经济背景下，他们的投资规划、选股策略都会有所不同。

通常来说，在经济向好的情况下，股市会上行，各个行业的投资积极性也高，但是，市场很容易进入一个过热的周期，即出现投资过剩的情况，国家也会通过货币政策进行调整，以限制社会投资活动；反之，则会积极地通过宽松的货币政策刺激投资和经济的发展。

根据宏观经济形势分析，主力庄家的投资策略和方向肯定会有所不同。

第一，从大的投资规模来看，在宏观经济下行区间，肯定要进行规模控制。当然，在经济下行触底前，主力庄家可能又会增加投资规模；反之，在经济上行区间，则会加大整体的投资规模。当市场情绪到达高点时，主力庄家则会积极地进行控仓操作，及时获利兑现。

这是一个相对宏观的投资规模规划。实战时，主力庄家也会根据宏观经济形势，适当地对整体投资规模进行调控。其实，这与散户投资者的仓位控制类似。

第二，从投资项目来看，在经济下行区间，肯定要布局一些防御性品种，比如金融类股票。在经济下行区间的末尾，还会布局一些水泥、钢铁等基建类股票。从以往的经验来看，在经济不景气周期，政府常常通过营建大型基础设施来刺激经济，这些基建类股票往往会成为受益品种。

二、股票市场环境分析

股票市场的环境、投资者的情绪波动与国民经济的大环境相似，也会呈现一定的周期性变化，但这种周期性的变化与国民经济又不总是一致。

下面来看一下上证指数的走势情况，如图3–2所示。

图3–2所示的是上证指数2010年至2022年的日K线走势情况。从图中可以看出，上证指数整体涨幅不大，但在2015年出现了一波大幅振荡走势，先是大幅走高，到达5 178点后直线回落至2 638点才止跌。

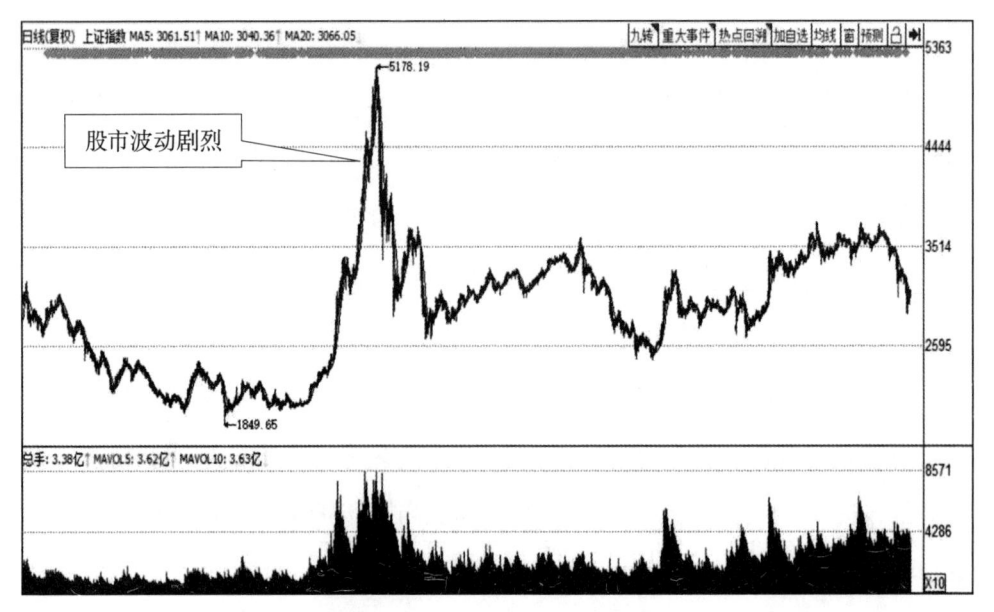

图3-2 上证指数日K线走势图

从图3-2也可以看出，尽管最近十多年来国民经济呈现了较快的发展速度，但股市并未与之同步上扬。

从另一个角度来看，在投资者做多情绪高涨时，市场很可能会出现短线大幅上升（如2015年的高点）而偏离股票基本面，这种上涨又会以暴跌结束，股价会大幅低于股票的内在价值。市场总是这样周而复始地循环。其实，市场的这种波动循环，都与投资者情绪的波动直接相关。

与此同时，投资者的情绪会对市场和个股股价短线构成较大的影响，但并不会影响股价长线的走势。在整个市场情绪低落时，市场上几乎所有的股票价格都会面临被抛售的命运，很多优质股票也会随着大盘的下行而下跌。

从整个投资布局角度来看，在股票市场环境不佳，投资者情绪低落时，分批入场布局优质股票，无疑是最佳的选择。当然，这里涉及仓位控制以及批次的控制等问题。主力庄家的操作手法不同，仓位的控制幅度也会有所不同。

三、资金投入与底仓布局

市场上可供选择的投资标的很多，但并不是主力庄家想介入哪只都可以，他们也要考虑自身的资金情况。尽管市场上的股票大多数都拥有多家主力庄家，但这些主力庄家在介入前，还是希望自己介入后能够对股价的波动起到一定的影响。因此，自身能够投入的资金量就是首先要明确的一点。有些股票的盘子过大，以自身的资金量来分析，即使介入个股，也不会对股票价格产生太大的影响；而有的股票盘子过小，过大的资金量介入后，可能会引发股价的非理性上攻，这就可能将自己套牢在这只股票上，因此，资金投入规划是主力庄家入局前需要理清的核心项目。

资金投入规划涉及的内容包括以下几个方面。

第一，总投入资金规划。

总投入资金规划也就是整个做盘能够投入的资金总额，各批次投入资金的安排，以及应急储备资金的规划，等等。即使是主力庄家，也需要设置足够多的备用资金，以应对资金的抽离、市场的非理性波动等情况。若是基金机构，还需考虑投资者的赎回等因素。

第二，具体资金分配。

从大的方向上划分，主力庄家的资金包括两个部分。

第一部分为建仓资金，即底部入场买入股票所耗费的资金。当股价上升至高位，主力庄家再出货回笼资金。这部分资金是主力庄家主要的获利来源。

从需求时间上来看，这部分资金是需要提前进入的，应以自有资金为主，需要能够应付股价长时间的下跌或横盘。

第二部分为控盘资金，即在坐庄过程中用于抬拉股价以及应付突发性事件的资金。也就是说，控盘资金也可以细分为两部分：其一为抬拉股价所需资金；其二为应对突发事件的备用金。抬拉股价的资金一般在外围环境较佳的时候使用，而且大幅抬拉所需的时间相对较短，因而很多主力庄家可能会选择从外部拆借的方式获得。而应对突发事件所需的资金则需要自有资金，毕竟股市中经常会出现一些没有预想到的"黑天鹅"事件。

上述资金分配是基本的主力坐庄资金分配方法，但在实战过程中，主力庄家的资金来源不同，操作风格不同，其资金的使用也会有所不同。

1. 资金量较大的主力庄家，轮番抬拉

这类庄家由于资金量较大，不能只运作一只股票，因而不得不将资金分散在几只股票上。这时，主力庄家可以采用"分散建仓，轮番抬拉"的方式，实现资金利用最大化，即先在几只股票上分别建仓，投入基础的建仓资金。到了拉升阶段，使用一笔拉升资金，先拉升某一只股票，完成后撤出，再拉升其他股票。

总之，资金量越大，运作股票的资金反倒不需要那么多。当然，先拉升谁，再拉升谁，这是由市场环境决定的，并不能由主力事先计划好。

2. 资金背景的强弱，影响拉升

庄家建仓后，预留的抬拉资金将对后期股票的走势产生较大的影响。一般来说，资金实力较弱的庄家，没有大额资金用于抬拉股价，那么只能借助市场情绪的波动，不断地通过股价的波动来赚取利润，并在恰当的时机拉升股价，但拉升幅度和力度可能会相对较小。反之，资金实力背景较强的主力庄家，在抬拉股价时，往往会采取比较激进的拉升方式，股价涨幅会比较大，且上攻力度也会很强。

从这一点来看，投资者要想跟庄，就需要跟定强庄。

3. 底仓的建仓量影响未来股价的波动

通常来说，底仓建仓量较大的主力庄家，不需要通过日常的高抛低吸赚差价，因而股价走势比较稳定，很少出现暴涨暴跌的走势。同时，由于底部锁定仓位较多，在上涨时，主力庄家也倾向于向上拉升较大幅度后再出货。反之，一些底仓较少的主力庄家，需要借助日常的股价波动来提升获利，这类庄家介入的股票走势波动幅度就会比较大，同时，在坐庄过程中需要预留的操作资金也会相对较多。

第二节　宏观经济数据分析

整个宏观经济状况，最终都会在各项经济数据指标中得以体现。主力庄家会密切跟踪各类宏观经济数据的变化情况，并据此制订和完善坐庄计划。从普通散户的角度来看，各项宏观经济数据也是值得密切关注的一个项目，毕竟这些经济数据反映的是当前和未来的经济走势情况。

一、经济增长数据的逻辑及解读

经济增长数据一般指国内生产总值的增长数据。不过，单纯的国内生产总值数据，对于投资者来说只是一个非常抽象的数据，并不能反映真实的经济运行情况。

1. 经济增长数据的内在逻辑

目前，经济增长的驱动力量主要来自三个方面，即消费、投资与出口，如图3-3所示。

```
                    ┌──────────┐
                    │ 经济增长 │
                    │ 驱动力量 │
                    └──────────┘
              ↙          ↓          ↘
        ┌────────┐  ┌────────┐  ┌────────┐
        │  消费  │  │  投资  │  │  出口  │
        └────────┘  └────────┘  └────────┘
```

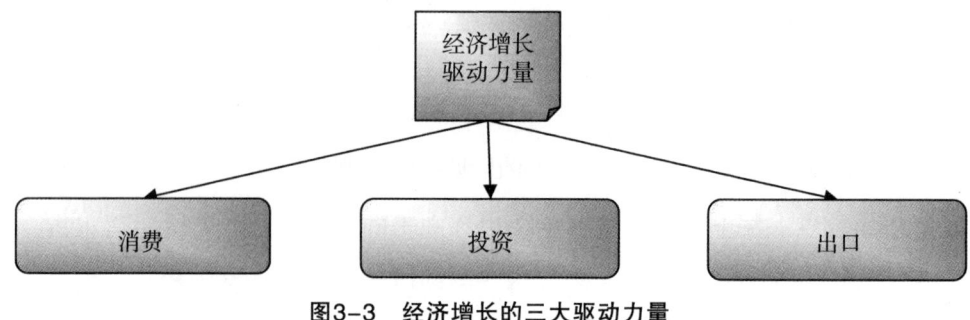

图3-3　经济增长的三大驱动力量

我国自2009年开始成为世界第一出口国，2021年出口贸易总额达到了21.73万亿元，牢牢占据世界第一出口国的地位。即使受到了疫情的影响，整个外贸出口的形势仍旧十分稳健，这也是国民经济整个基本面受疫情冲击较小的原因所在。

当然，疫情对全球贸易的冲击，对个别产业的冲击仍是不可避免的，加之国家地缘政治环境的变化，使得我国对外出口面临的挑战也越来越多。在这种情况下，刺激内需，深挖内部消费潜力，也就成了拉动经济增长的一种选择。

我国是一个拥有14亿人口的大国，内部的消费需求十分庞大。但由于前些年我国居民人均收入不高，中西部很多人口还挣扎在温饱线上，因而这种内部消费需求并没有被真正地激发。最近几年来，随着整个国民经济的发展和精准扶贫的推广，越来越多的人口已经脱离了贫困线，这部分人带来的消费需求也是十分庞大的。

目前，我国的国民经济发展仍十分不均衡，东南沿海地区发达、中西部地区落后的局面并没有得到较大的改观，很大一部分人口的消费能力仍然没有得到释放，这也是我国国民经济未来发展的潜力所在。如能将这部分人群的收入提升一个台阶，其消费能力的增长将会是十分可观的。

最近几年的疫情对国民经济产生了较大的冲击，也对整个社会的消费观念产生了较大的影响，很多超前消费行为的弊端在疫情期间被放大。未来，一些人的消费观念可能会趋向于保守，这也使得目前整个社会消费需求没有达到预期。

在内部需求无法得到有效改善时，政府可能会增加投资来拉动经济增长。前些年，在国内经济不振时期，政府曾推动过几轮投资。总体上来说，以投资拉动经济的效果还是非常不错的，但同时可能带来地方政府债务居高不下的风险。在经济运行不佳的情况下，通过投资来拉动经济的效果还是非常明显的。

一个非常简单而有效的逻辑是：国家通过投资，上马大型基础设施、房地产、桥梁等项目；这些行业又会拉动钢铁、水泥、电力等行业，直接带动建筑行业的发展；这些行业又会间接推动诸多行业的发展。由于这些工程项目需要大量的人力，因此推动了相关人员收入的提升，从而带动消费能力的提升，进而推动整个社会消费水平的提升，整个国民经济就被带动起来了。

当然，随着固定资产投资的推进，未来可供建设的固定资产投资项目将会减少。当前，以数字基础设施建设为核心的新型基础设施建设，会日趋成为投资的重点方向。同时，随着"碳中和"战略的推行，环保、绿色基建也将成为重要的投资方向。

2. 经济增长数据的解读

概括起来说，投资者需要追踪的经济增长数据除了国内生产总值外，还应该包括以下四类具体的经济数据，如图3-4所示。

（1）整体产出数据。

整体产出数据是能够直接关联国内生产总值数据增速的，是反映整个经济基本面的数据。整体产出数据中，投资者需要重点关注采购经理指数（PMI）、发电量和货运量，以及工业增加值指标等。

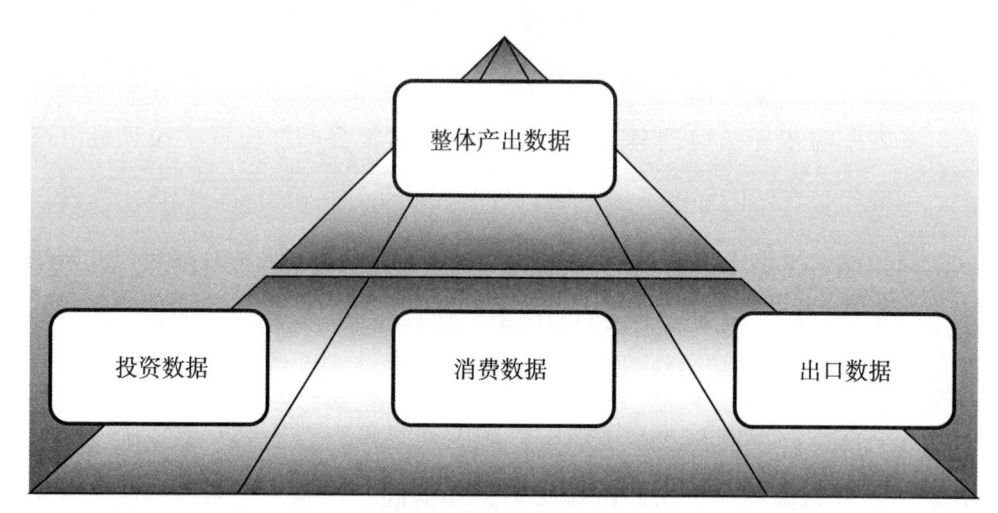

图3-4 经济增长数据指标

①采购经理指数。

中国制造业采购经理指数是通过对全国企业采购经理的月度调查结果统计汇总、编制而成的指数。采购经理指数涵盖了企业采购、生产与流通的各个环节，属于国际上公认的监测宏观经济的先行指标。

采购经理指数通常以50%作为经济强弱的分界线。低于50%，说明制造业经济处于收缩区间；高于50%，说明制造业经济处于扩张区间。

目前，比较权威的采购经理指数有两种：其一，官方的采购经理指数，由国家统计局统计发布，投资者可从中国物流与采购网获得；其二，财新的采购经理指数，由财新网联合Markit公司编制的中国服务业采购经理人指数。通常来看，官方的采购经理指数主要是通过对国有大中型企业的统计、汇总获得，更能反映大中型企业的运营情况，而财新的采购经理指数的统计范围相对较窄，且企业规模偏小，因而更能反映中小型企业的运营数据。

总体上来看，两个数据的走势大致是一致的，也基本能够反映国民经济的运行情况。

②发电量、用电量及货运量。

这是典型的过程性指标。发电量和用电量反映了整个社会生产和生活中对电力能源的消耗情况。工业企业的生产必然需要耗用大量的电力，因而发电量和用电量数据可以更加直观地反映工业企业的运行情况。

货运量，即铁路和地方公路的货物运输量。由于大部分工业原料和产成品都需要借助铁路和公路运输，因而货物运输量数据可以从侧面反映社会生产情况。

③工业增加值指标。

工业增加值，是指规模以上工业企业的增加值，是全部生产活动的总成果扣除生产过程中的消耗和转移的物质产品和劳务价值后的余额。所谓的规模以上工业企业，是指年度主营业务2 000万元及以上的工业企业。工业增加值指标可以反映一定时期内的工业经济走势和景气程度。

（2）投资数据。

目前，反映投资情况的数据指标主要有三种，即城镇固定资产投资、房地产投资以及制造业投资。

①城镇固定资产投资。

固定资产投资包括各类政府投资的基础设施建设，这是国家能够调控整个经济的关键方向。从目前的基础设施建设来看，东部地区的建设已经比较完善，中西部仍有很大的完善空间。

②房地产投资。

房地产投资也是投资领域中非常重要的内容。在2021年年底到2022年年初，房地产与基建企业都出现了一波振荡上升行情，其中的缘由是政府为了鼓励投资，对城市房地产调控政策有所放宽，以刺激楼市，进而刺激房地产投资，拉升经济。

③制造业投资。

制造业投资主要指的是工业企业的扩大再投资行为。通常来说，工业企业只有在有利可图的情况下才会扩大再生产，因而在经济不景气周期内，很少会有工业企业进行扩大再生产。

（3）消费数据。

作为一个拥有14亿人口的大国，内需是十分庞大的。投资者需要关注的内需经济数据主要包括两方面，即社会消费品零售总额和乘用车销量数据。

①社会消费品零售总额。

该指标反映了企业销售给个人、团体而非生产、经营性用的实物商品总额。该指标直接反映了终端需求情况，也是社会消费者信心的一个反映。

②乘用车销量数据。

乘用车消费是仅次于房地产消费的另一个大比例消费品。有时候，国家为了刺激居民消费，会出台一些倾向性的优惠或补贴政策，如"汽车下乡"政策等。

不可否认，随着疫情的反复，居民消费势必会受到影响。

（4）出口数据。

国家海关总署每个月度都会发布进出口贸易额的相关数据。该指标可以直接反映我国商品在全球市场的竞争力。

二、通货膨胀和物价数据

通货膨胀，也就是物价水平。市场物价水平是投资者需要关注的一个问题。当市场物价水平走高，意味着通货膨胀较高，各类大宗商品的价格也会随之上升，这对一部分企业来说可能是好事，但对于更多的企业来说，可能意味着采购成本的增加，利润的减少，等等。但整体上来说，物价水平温和上升是一种良性的经济状况，对股市也比较有利。

反映通货膨胀水平的指标如图3-5所示。

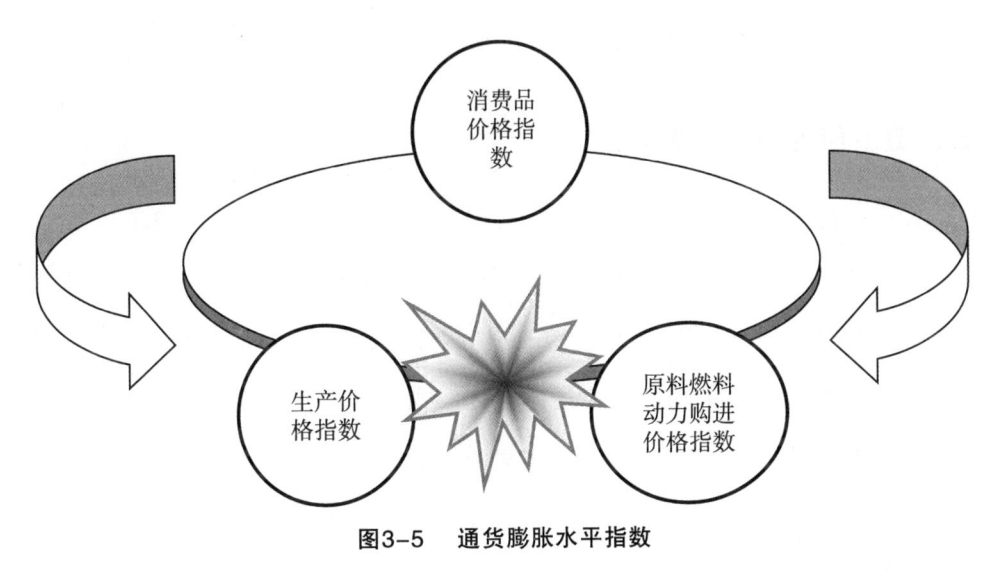

图3-5　通货膨胀水平指数

1. 消费品价格指数

消费品价格指数（CPI）主要跟踪的是终端消费者的物价水平。消费品价格指数的构成涵盖了食品、烟酒、衣着、居住、生活用品及服务、交通和通信、教育文化和娱乐、医疗保健、其他用品和服务等诸多类别，其中猪肉的权重相对较大，因而猪肉价格的波动对消费品价格指数的影响相对较大。

2. 生产价格指数

生产价格指数（PPI）是主要跟踪中游工业品出厂价格情况的一个指标。这是一个反映原料和半成品物价水平的指标。

3. 原料燃料动力购进价格指数

原料燃料动力购进价格指数（PPIRM）是反映工业企业作为生产投入而从物资交易市场和能源、原材料生产企业购买原材料、燃料和动力产品时所支付的价格水平变动趋势和程度的统计指标。这是一个反映上游原料层面物价水平的指标。

以上三个指标都由国家统计局每月10日左右公布。

三、货币与资金流动数据

股市的涨跌，从长远来看，与国民经济的基本面有直接的关系，但从短期来看，股市的涨跌在很大程度上取决于资金的流入与流出。当资金流入较多时，股市就会上涨；当资金从股市流出较多时，股市就会下跌。

因此，国家的信贷与货币投放量会对股市产生较大的影响。当国家向市场投放较多的货币时，很多热钱就容易流入股市，推动股市上扬；反之，当货币投放量减少，市场资金紧张时，就会有很多资金自股市流出，给市场造成较大的压力。

影响市场资金量的金融工具很多，其中投资者熟知且较有影响力的工具包括以下两个。

第一，央行逆回购。央行逆回购，是指央行向一级交易商购买有价证券，并约定在未来特定日期将有价证券卖还给一级交易商的交易行为。简单来说，就是央行获得质押的债券，把钱借给商业银行，这在一定程度上可以增加市场货币供应量。

第二，商业银行存款准备金率。这是法律规定的商业银行准备金与商业银行吸收存款的比率。商业银行吸收的存款不能全部放贷出去，必须按照法定比率留存一部分，作为随时应付存款人提款的准备金。降低商业银行的存款准备金率，相当于商业银行可以将更多的存款贷出去，这也就增加了市场资金的供应量。

第三节　前期调研与分析

主力庄家在介入一只或几只股票前，需要进行大量的调查研究，进而确定具体的投资对象。

一、相关产业研究与分析

主力庄家对相关产业会进行非常详细的调查与研究，毕竟这些主力庄家的持仓周期通常都比较长，因而对股票基本面、行业发展前景等因素都研究得非常深入。主力庄家调研的行业、领域以及具体的标的公司，都可能对普通投资者具有重要的参照意义。

1. 主力庄家的投资研究

主力庄家介入的股票，必然是符合某种内在投资逻辑的，因此，从其所选的行业到企业，与宏观行业的现状具有千丝万缕的关联。同时，主力庄家入场建仓前，也必然会对相关行业、相关企业进行调研。

一般来看，主力庄家的调研分为如下几类。

第一，集体调研。

集体调研即众多投资机构或个人投资者根据上市公司的安排，集体到上市公司进行调查研究。该类调研是目前主力庄家调研活动中占比最高的调研方式。

当然，这类调研的缺点是对上市公司的信息了解并不充分，仅能对上市公司的基本情况、基本运营情况以及产品的竞争形势有所了解。这类调研的优点是可以节约时间，短期内能够参与很多上市公司的调研活动，主力庄家不需要准备太多材料，毕竟整个调研活动是由上市公司主导的。

第二，单独调研。

若资金实力较强的主力庄家对某家上市公司有较强的投资意愿，也可能会对其开展单独调研。一般来说，这种单独调研涉及的内容更为全面，也能够通过与上市公司相关负责人的沟通，对企业发展脉络有较为清晰的了解。耗费时间和精力较多是这类调研最主要的缺点。

第三，日常沟通与调研。

还有一些主力庄家为了获得更为详尽的企业经营情况，会定期或不定期地与企业相关负责人沟通。这类主力庄家一般是已经入场建仓的主力，其进行沟通的目的也是为了方便自己的控盘操作。

2. 散户可借鉴的经验

对于普通散户来说，对上市公司进行调研是非常困难的一件事。但投资者仍可以对主力庄家调研对象进行追踪，进而判断自己的投资方向。

第一，观察主力庄家集中调研的领域。

单个主力庄家的调研范围或领域可能会有偏好，但大数据不会说谎。主力庄家比较集中的调研领域，往往是这些大资金将要重点投入的领域，这对普通投资者具有很强的指示作用。

表3-1所示为2021年公募基金的调研领域数据。

表3-1　公募基金调研频次前十名的行业（2021年）

调研行业	调研频次
电子	42 701
医药生物	33 671
计算机	25 558

（续表）

调研行业	调研频次
机器设备	24 640
电力设备	16 009
基础化工	11 810
食品饮料	8 041
有色金属	6 010
纺织服饰	5 939
汽车	5 766

从表3-1中可以看出，电子、医药生物、计算机以及机器设备等行业明显更受公募基金的青睐，这也应该是主力庄家最偏爱的投资领域。其实，这份调研频次数据也可以为个人投资者指明投资方向。

第二，观察被调研次数最多的企业。

主力庄家的精力有限，能够去花力气调研的企业，肯定具有值得投资的优点。若某家企业总是被众多公募基金、券商调研，投资者可以更加重视这类企业，以便及时发现投资机会。

二、综合分析结论，确认投资对象

投资者也可以按照主力庄家的思路，对拟投资的标的进行详尽的分析，并列一张投资决策清单。投资决策清单由外在环境、未来价值、内部治理评估以及内在估值等几个维度组成。

1. 外在环境维度

该维度的评估重点为企业所属行业的发展阶段以及企业在行业中的地位等。该维度在企业价值评估方面所占的比重相对较小，在整个决策清单中一般赋予10%左右的权重。

2. 未来价值维度

该维度的评估重点包括企业核心竞争优势、企业发展潜力以及企业当前和未来盈利能力等。该维度是企业价值评估的核心维度，在整个决策清单中一般赋予45%左右的权重。

3. 内部治理维度

该维度评估对象包括管理层的管理水平以及稳定性、企业内部控制等方面。该维度在企业价值评估方面所占的比重相对较小，在整个决策清单中一般赋予10%左右的权重。

4. 内在价值维度

该维度的评估内容为，通过对企业收益或现金流情况的评估（可以应用相对评估法，也可以使用绝对评估法），得出股票内在价值与价格的对比数据等。该维度是企业价值评估的核心维度，在整个决策清单中一般赋予35%左右的权重。

投资者可根据个人偏好与投资特点，对投资决策清单中的细分项目和权重等进行调整。本节给出的清单式样仅供读者参考，如表3-2所示。

投资者使用投资决策清单评估候选股票时，需要注意以下几点。

第一，个股最终得分的高低，尽管具有一定的参考作用，但不能绝对化。特别是针对一些得分相近的股票，投资者还要结合投资决策清单中权重占比较高项目的情况综合考虑。在决策清单中，很多高权重项目对最终的投资成果有重要的意义，因而，投资者在全面评估的基础上，还要重点查看高权重项目的得分情况。

第二，投资者在分项评估时，要重点关注极端情况，例如，某企业在某一项目中存在突出亮点或出现了否决性的情况。比如，一旦出现财务造假情况，就不是要扣减分数了，而是要直接将这一标的从候选名单中剔除。若管理层出现违规减持等情况，也要扣去相应的分数。反之，若企业在某一项目中做得非常出色，则可以为其赋予额外的分数。

表3-2 投资决策清单

股票名称： 　　　　　　　　　　　　　　　　　　评估时间：

维度	细分项目	评估细则	所占权重	评估得分	备注项目
外在环境	产业类型	新兴科技产业、朝阳产业还是夕阳产业	3		不入濒临淘汰的产业；控制进入培育期行业
	行业发展阶段	培育期、成长期、成熟期还是衰退期	3		
	行业内地位	垄断者、领导者还是跟随者	4		
未来价值	核心优势	品牌、技术、特许经营权或高转换成本	15		高转换成本优势的最高得分为10分
	竞争性优势	品质与成本控制能力	5		
	经营质量	毛利率、营收增长率以及营业总收入	10		
	未来成长性	价格或销量的提升空间、新品或服务的研发能力等	15		
内部治理	治理结构	有无控股股东，有无股权争夺隐患	2		财务造假为否决性指标，直接剔除候选名单；管理层违规减持，要关注
	管理团队	团队的稳定性如何、诚信如何	2		
	领袖	企业领袖的行业知名度与号召力	4		
	财务控制制度	内部控制体系是否规范与完善，有无违纪或被处罚情况	2		
内在价值	核心财务指标	每股收益、净资产收益率及净利增长率	10		股价越低于内在价值，得分越高
	估值法评价	利用绝对估值法或相对估值法评估企业价值与价格的关系	25		
		合计	100		
综合评定	□不予考虑　□可以考虑　□重点考虑　□列入备选				

第三，尽管估值得出的结论相当于其他项目明显更为重要，但估值的结论往往与其他项目之间存在密切的关系。比如，一只股票的核心竞争优势方面得分较高，那么，往往其估值环节的得分也会较高。也就是说，几乎不存

在这样一只股票,即估值维度得分很高,但其他环节得分很低。若真出现这样的股票,投资者还应该注意自己是否存在估值错误的情况。

第四,投资决策清单可以帮助投资者初步筛选候选标的,但投资者并不能根据清单中各项得分直接做出投资决策,毕竟最终的投资交易还要综合考虑市场环境、股价趋势等因素。

第四章
建仓：庄家获得筹码的策略

资金量大，是主力庄家与散户最显著的区别，这既是主力庄家的巨大优势，也是其劣势。优势在于，主力庄家可以凭借大量的资金影响或引导股价运行，从而在市场博弈中占据优势地位；劣势在于资金量太大，建仓与离场都不方便，特别是在建仓阶段，若没有合理的规划，很容易使建仓成本大幅上升。

第一节　主力庄家建仓核心策略

善守者藏于九地之下，善攻者动于九天之上。

——选自《孙子兵法：行篇》

主力庄家在建仓阶段采取的具体方法，与其持仓规划、操盘策略密切相关。概括起来，大致可以分为两类：其一，隐蔽建仓；其二，抢入建仓。

一、善守者：隐蔽吸筹，低调建仓

大部分中长线主力庄家都会采用隐蔽建仓的方式。所谓隐蔽建仓，就是在市场上投资者没有任何感觉的情况下，悄悄地完成建仓。当然，盘面的成交量不会说谎，当股价进入低位区域，一些交易日里股票的换手率增加，成交量增加，往往就是主力进场的信号。

对于主力庄家来说，隐蔽吸筹建仓有诸多好处。

第一，降低持仓成本。

这是主力庄家选择隐蔽建仓最主要的原因。与拉升抢筹建仓相比，隐蔽建仓势必要花费更多时间，而资金都是有时间成本的。主力资金也同样是有成本的，但其仍愿意在建仓方面耗费很大的时间成本，就是因为是有利可图的。这里的"利"，就是可以用更低的成本获得足够多的筹码。

第二，隐藏真实意图。

对于散户来说，主力庄家入场建仓，就是股价未来起涨的保证。因此，若主力庄家开始进场建仓的动作被市场发现，势必会有很多散户甚至其他各路资金纷纷入场抢筹，这就可能造成主力庄家建仓成本过高，甚至直接导致建仓失败。因此，从建仓需要出发，主力庄家也希望自己的建仓动作不被察觉。

当然，主力庄家要想实现隐蔽建仓并不容易，毕竟其资金量过大，稍不留神，就容易暴露行踪，因而在操盘时，主力庄家会利用散户的各种不成熟心理完成建仓。

第一，易恐慌心理。

市场上，绝大多数散户在投资心理方面都不成熟，股价上升一点儿就害怕跌回来；下跌之后，又害怕进一步下跌。主力庄家常常利用散户这一心理完成建仓操作。比如，在股价下跌的尾声或者一段时间的横盘后即将拉升前，先大幅向下打压股价，很多散户因为恐慌心理作怪，纷纷卖出股票，主力庄家则会趁机低价收集廉价筹码。

下面来看一下海康威视的案例，如图4-1所示。

如图4-1所示，海康威视属于典型的绩优白马股，2020年3月到5月期间，该股出现了两波明显的下跌。特别是3月17日和5月25日，该股出现了明显的放量下跌形态。由于该股大部分时间走势较稳，很少出现暴涨暴跌的走势，因而其大幅下跌时，散户往往会表现得特别恐慌，此时主力庄家则会借机吸筹建仓。主力吸筹结束后，股价就会恢复上升走势。

2020年5月25日之后，该股股价重新步入上升通道。

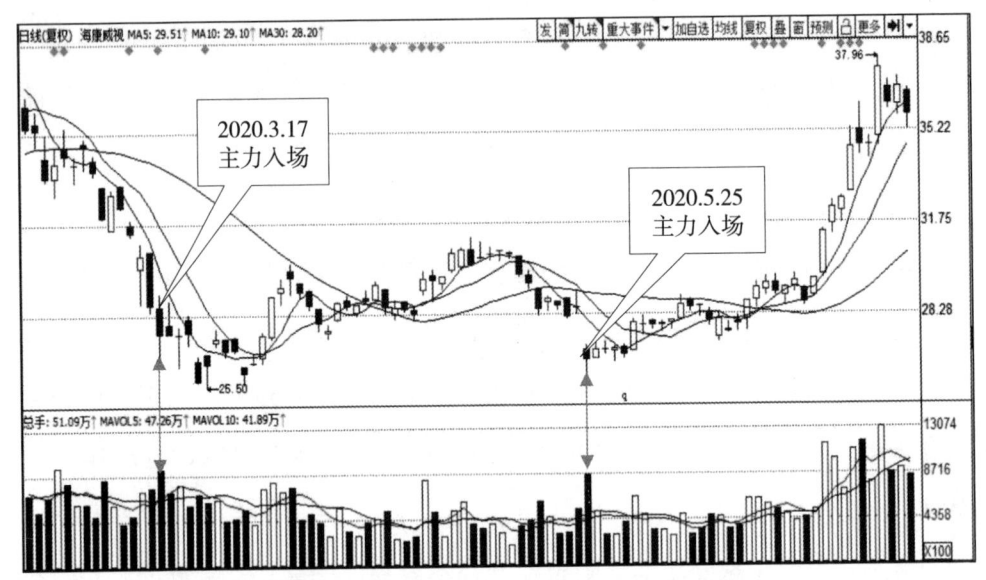

图4-1 海康威视（002415）日K线走势图

第二，缺乏足够的耐心。

中长线主力庄家的盈利，从本质上来看都是靠耐心一点一点磨出来的，相反，散户则没有这份耐心。很多散户总是想着入场后能够快速赚取利润，因而对于需要磨时间的股票，总是没有足够的耐心。其实，主力庄家要的就是这个效果。主力通过将股价控制在一个狭长的区域内不断地高抛低吸，将很多持股散户磨走，借机吸入足够的筹码。

也就是说，主力不是一下吸入很多筹码，而是分批地、一点一点地吸入筹码，这样整个盘面就不会出现太大的变化。

下面来看一下云南能投的案例，如图4-2所示。

2022年1月到3月期间，云南能投的股价一直处于横向振荡趋势。该股股价波动的幅度极小，成交量也非常低。很多散户面对这种股价走势都会十分抓狂，买入后也会很快就撤出，而这正是主力庄家希望达到的效果。

当主力庄家吸收到足够的筹码后，就会启动拉升行情。

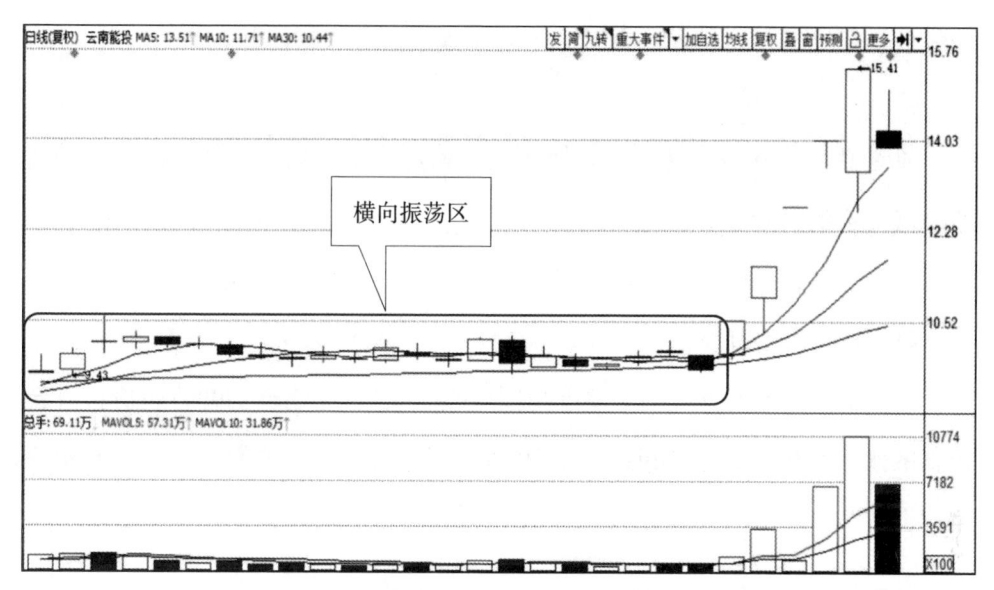

图4-2 云南能投（002053）日K线走势图

二、善攻者：高调入场，抢筹建仓

与隐蔽建仓者相反，有一类主力庄家就喜欢高调入场。这类庄家入场时，往往会采用大幅拉升股价的方式，好像不弄出个涨停板，都不好意思说自己建仓了。当然，相比隐蔽建仓，这类建仓方式的成本要高很多，但也有其优势所在。

第一，快速建仓。

这类庄家往往事先没有建立底仓，因此，为了快速完成建仓，不得不采用比较激进的方式。

第二，引爆市场情绪。

采用高调入场方式的主力庄家，往往都属于短线游资。这些庄家采用抢筹入场的另一个目的，就是引起市场的足够关注。这类主力的持仓周期一般都比较短，要想短线实现盈利，就必须吸引足够的关注和更多的跟风盘，因而将股价拉出涨停板是最好的选择。市场上，有很多短线交易者都是以追逐涨停板为目标的，这种入场方式就是为了吸引这些人的注意。

第三，节约时间。

前面说了，资金都是有时间成本的。缩短了持仓周期，就可以最大限度地降低交易的时间成本。

其实，主力采用高调抢筹方式建仓，也是猜中了散户的心理。

第一，恐高心理。

很多散户都有恐高心理，因而主力庄家为了快速建仓，就将股价拉升至较高的水平，这样，散户就会因为恐高而不敢入场参与抢筹，主力则趁机完成建仓。

第二，追涨杀跌。

这也是目前市场上散户经常使用的短线操作技巧。这一技巧看似与恐高心理相矛盾，但实质上又是一回事。很多散户一方面希望买入处于上升趋势的股票；另一方面又对股价暴涨后的走势特别担心。因此，股价一出现暴涨，往往心理就特别恐慌。而当股价进入高位后出现回调时，很多散户又会义无反顾地冲进去。这些游资就是将散户的心理研究透彻了，因而采取这种拉高抢筹的方式建仓。

下面来看一下爱康科技的案例，如图4-3所示。

2021年8月15日，爱康科技爆出信息称：该公司与浙能电力深度战略合作，HJT电池生产规模达到全球最大。受此利好消息刺激，该股股价在开盘后直接上攻并很快封住涨停板。观察当日成交信息可知，有众多游资介入了该股，其中就包括目前国内游资领域的大佬赵老哥。也就是说，这些游资机构因为事先没有建仓，在利好消息出现后，采用了直接抢筹入场的方式，快速完成了建仓操作。

其后，该股股价直接转入了上升通道。相比传统的建仓方式，这种建仓方式比较节约时间，但成本要高很多，而且还可能给主力资金带来较大的风险。

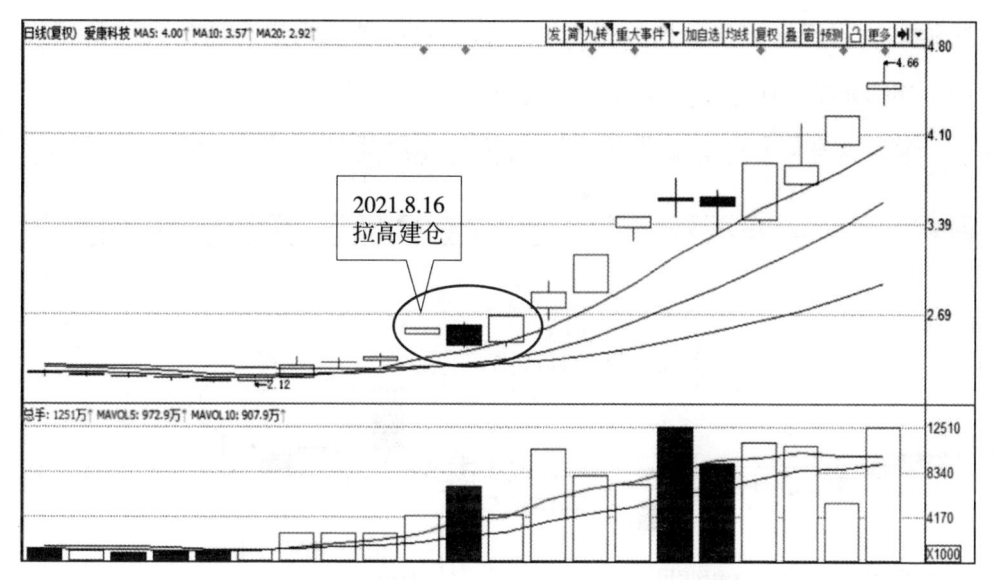

图4-3 爱康科技（002610）日K线走势图

第二节 建仓阶段的心理战

每个主力都是心理学高手。在建仓阶段，主力也会频频对散户使用心理战这一武器。

一、主力利用散户心理

股票市场上，若没有外界资金的进入，场内更多的就是一种存量资金的博弈。这种博弈的实质就是主力与散户之间的博弈。在建仓阶段，主力庄家常常喜欢利用散户各种各样的心理，进行恐吓与刺激，以达成自身操盘的目标。

1. 短线下挫时的恐慌心理

大幅震仓，以迫使散户交出带血的筹码，是主力庄家常用的吸筹方法。

这种方法利用的正是散户的恐慌心理，先吸引散户入场，然后大幅打压股价，使很多散户因心生恐惧而止损卖出。

下面来看一下海南瑞泽的案例，如图4-4所示。

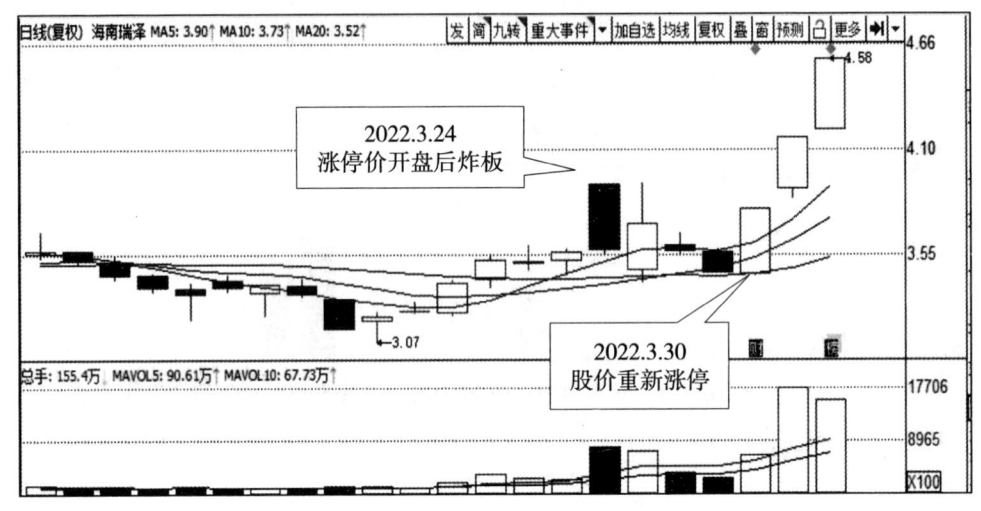

图4-4 海南瑞泽（002596）日K线走势图

2022年3月初，海南瑞泽的股价在房地产、建筑行业回暖的影响下，出现了振荡走高的态势。2022年3月24日，该股股价直接以涨停价开盘，强势尽显。不过随后涨停板被砸开，分时走势如图4-5所示。

从图4-5中可以看出，海南瑞泽的股价早盘以涨停开盘后，很快就被大单砸开，之后一路振荡向下。这种形态给人的感觉就是多头无力护盘，股价未来肯定会进入下跌通道。作为散户，最理想的选择就是赶紧出逃。从K线图上也可以看出，其后的几个交易日，该股股价持续大幅走低，持有该股的投资者不可能再放心持有。基于恐惧的心理，很多投资者面对该情况会选择放弃手中的筹码，主力庄家则在此阶段大量吸筹。

其实，此时涨停板打开就是主力为了更好地吸筹而采取的动作。已经进入上升趋势的海南瑞泽，若主力庄家选择向上拉升式吸筹，就会有很多散户选择持股待涨，这显然不是他们所愿意看到的。因此，向下大幅打压股价，

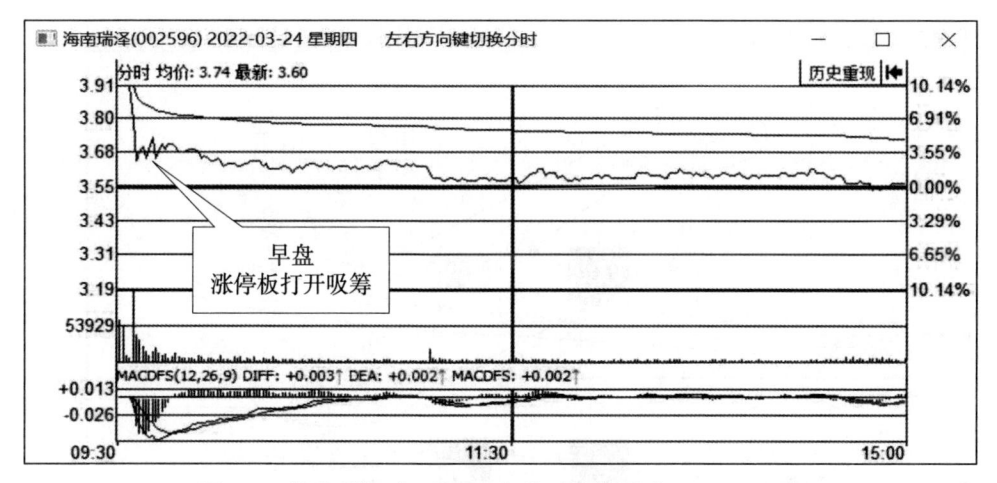

图4-5 海南瑞泽（002596）分时走势图（2022.3.24）

逼迫散户交出带血的筹码，才是主力庄家最佳的选择。

当主力庄家吸筹差不多的时候，股价下跌就会结束，于是股价从3月30日开始进入连续大幅上攻阶段。

2. 散户的犹豫心理

如果有可能，没有人喜欢以连续拉涨停的方式抢筹，那样的话，建仓成本过高，很多散户还容易出逃，也不利于后期的操作。但若主力庄家需要在短期内收集足够多的筹码，这就决定了其不可能很隐蔽地完成建仓。在这种情况下，通过短线快速拉升与打压股价，让投资者辨识不清股价的运行方向，左右挨打，最终不得不交出筹码，就是主力庄家经常使用的招数。

下面以恒宝股份为例，如图4-6所示。

恒宝股份的股价在2022年1月24日、26日、28日三个交易日走出了涨停形态，而期间的25日和27日又出现了大幅下跌态势。与股价大幅波动相对应的是成交量不断走高。此时，股价给人的感觉就是走势十分不明朗，散户会出现犹豫与纠结的心理。正常情况下，股价上升时成交量会放大，回调时成

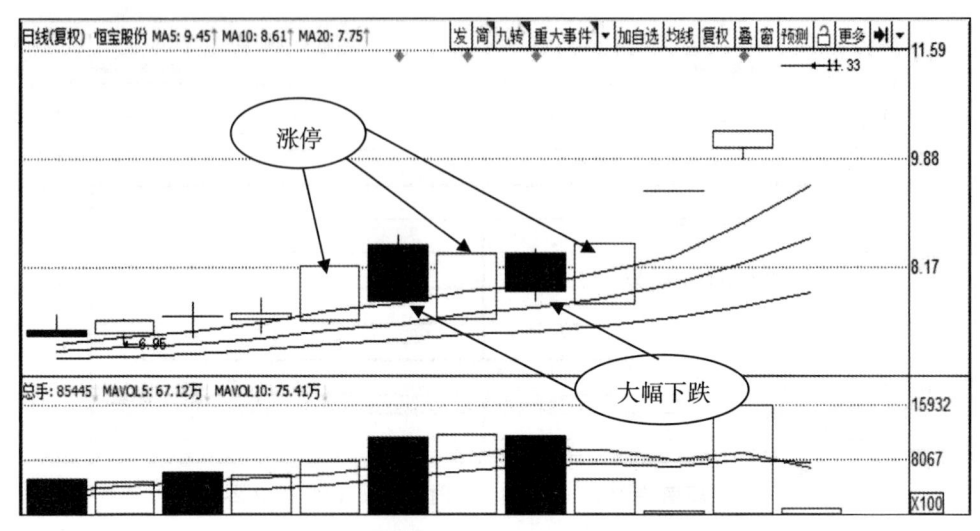

图4-6　恒宝股份（002104）日K线走势图

交量会萎缩，这才是良性量价配合形态。可是在25日和27日股价大幅回调时，成交量也同样很高，这属于典型的出货式成交量。

其实，主力庄家此时吸筹建仓，利用的就是散户这种容易犹豫的心理。股价前日涨停后，随即转为大幅下跌，很多散户此时会采取观望态度，而主力庄家则趁机大肆吸筹。其实，在此阶段，无论是股价被拉升至涨停板，还是大幅向下打压，主力的目的都是相同的，就是吸筹，利用散户犹豫的心理拼命地吸筹。

二、主力利用小道消息

无论是主力庄家还是游资，都喜欢借助各类消息面因素对股票进行炒作，这一点应该人尽皆知。正因如此，很多散户都比较热衷于搜罗各类小道消息，希望通过获得的小道消息，提前一步介入主力庄家想要炒作的股票。

事实上，主力庄家才是利用小道消息的高手。特别是在吸筹过程中，主力庄家会利用各种小道消息来影响散户的交易决策。

通常情况下，主力庄家使用的策略包括以下几种。

第一，刻意制造出小道消息。在市场上，其实很多小道消息都是主力庄家刻意制造出来的，其目的就是为了迷惑散户投资者。

第二，当小道消息属于利好性质时，主力就会趁机拉升股价，让散户追高，然后反向打压股价，把散户套在高位，再逼迫其交出筹码。

第三，当小道消息属于利空性质时，主力则趁机大幅向下打压股价，让散户将廉价筹码交出来。

总之，在建仓阶段，主力庄家会想尽一切办法让散户将手中带血的筹码交出来。

三、频繁利用外围环境

主力庄家最喜欢借助的外围环境包括如下几个方面。

第一，美国股市的暴涨暴跌。尽管美国股市与A股之间有点儿联系，但整体上并没有太大的关系，可是美国股市还是会对散户的心理起到一定的震慑作用。主力则特别喜欢利用美国股市大跌这一外围环境恐吓散户。特别是当股价处于下跌趋势中时，主力庄家只要稍稍推一把，很多散户就会因为恐慌将拿了很长时间的筹码交出来。

比如，2022年5月18日，美国道琼斯工业指数大幅下跌3.57%，一时间整个股票市场弥漫着恐慌的气氛。

2022年5月19日早晨，亚洲股市中的韩国和日本股市全部大幅低开，这就给A股市场的投资者造成了极大的心理震撼。A股市场在集合竞价阶段就显示出了明显的恐慌气氛，指数大幅走低，并以下跌1.27%开盘（开盘3 046.71点），如图4-7所示。

从图4-7中可以看出，2022年5月19日早盘开盘后，很多散户面对大幅下跌的市场，纷纷选择卖出股票以回避亏损，而主力庄家则趁机收集廉价筹码。当天，在主力庄家的带动下，整个大盘振荡上升，最终收红，主力庄家

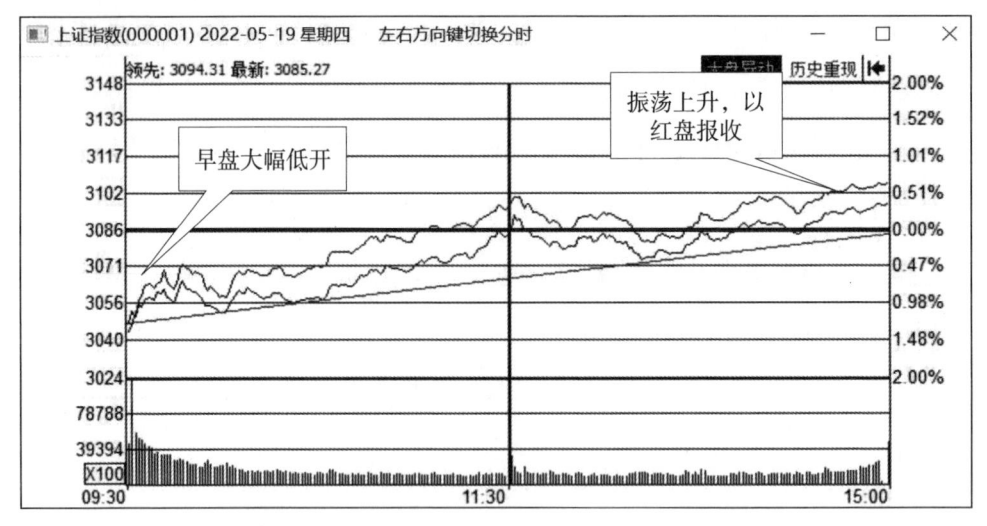

图4-7　上证指数分时走势图（2022.5.19）

则在当日获得了较多的廉价筹码。对于很多处于吸筹阶段的主力庄家来说，这种外围环境往往是可遇而不可求的。

第二，大盘的涨跌。这是与个股息息相关的一个外围因素，主力庄家也会将大盘涨跌对个股影响的效果发挥至最大程度。

第三，国家相关经济数据。这是典型的宏观方面数据信息，对个股很少会产生直接的影响，但其可能会对大盘产生影响，并间接影响个股。

第三节　经典建仓模式解析

主力庄家建仓常用的六种方式如图4-8所示。

一、打压式建仓

打压式建仓是指在股价下跌的时候，主力庄家开始介入个股进行操作，整个下跌过程就是其建仓过程。在主力建仓过程中，运用早期吃进的一部分

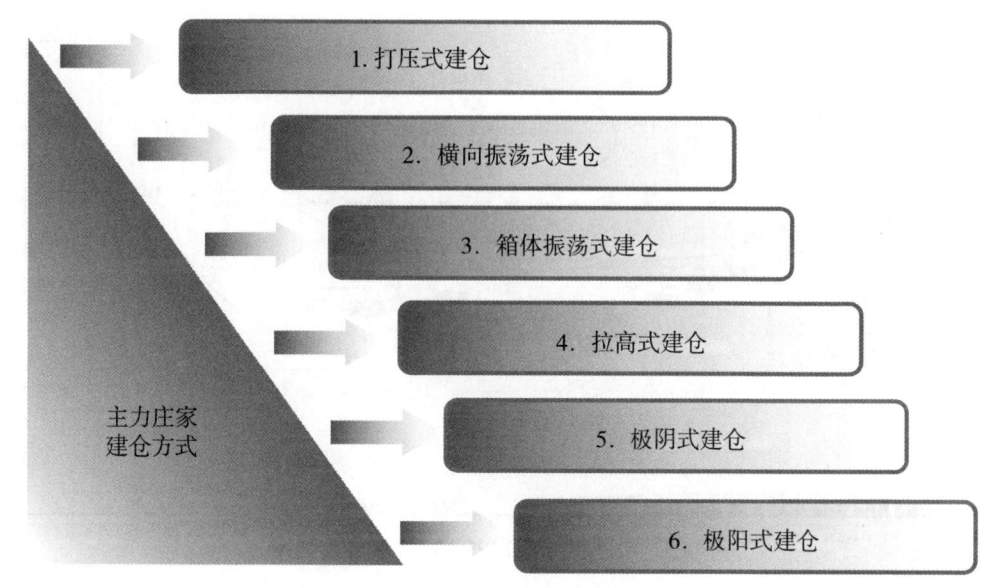

```
                    ┌─────────────────┐
              ──▶   │ 1. 打压式建仓    │
                    └─────────────────┘
                      ┌─────────────────┐
                ──▶   │ 2. 横向振荡式建仓 │
                      └─────────────────┘
                        ┌─────────────────┐
                  ──▶   │ 3. 箱体振荡式建仓 │
                        └─────────────────┘
  主力庄家                ┌─────────────────┐
  建仓方式          ──▶   │ 4. 拉高式建仓    │
                          └─────────────────┘
                            ┌─────────────────┐
                      ──▶   │ 5. 极阴式建仓    │
                            └─────────────────┘
                              ┌─────────────────┐
                        ──▶   │ 6. 极阳式建仓    │
                              └─────────────────┘
```

图4-8　主力庄家建仓六式

筹码，不计成本地大幅度向下砸盘，以便打压股价。随着股价的持续下跌，主力可以逐步增加吸筹量，并且在下跌的最后阶段大幅增加吸筹量，直到达到目标仓位。

投资者可以在放量下跌、股价收复下跌位置之后择机买入股票，持股待涨。

打压式建仓在盘面上会呈现出如下特点。

第一，打压式建仓过程中，当股价大幅下跌时，都会伴随成交量的放大。因此，价跌量增是打压式建仓的显著特征之一。

第二，打压式建仓过程中，K线图上会留下非常恶劣的走势形态，如跳空下跌、大阴线等。

第三，当主力建仓接近尾声的时候，总会在K线图上留下止跌企稳的信号，如底部十字星或者在底部收出大阳线，如图4-9所示。

从2021年10月19日开始，宇晶股份的股价一路振荡下行，特别是2021年10月28日，该股股价出现大幅下跌走势，与此同时，成交量出现放大态势。

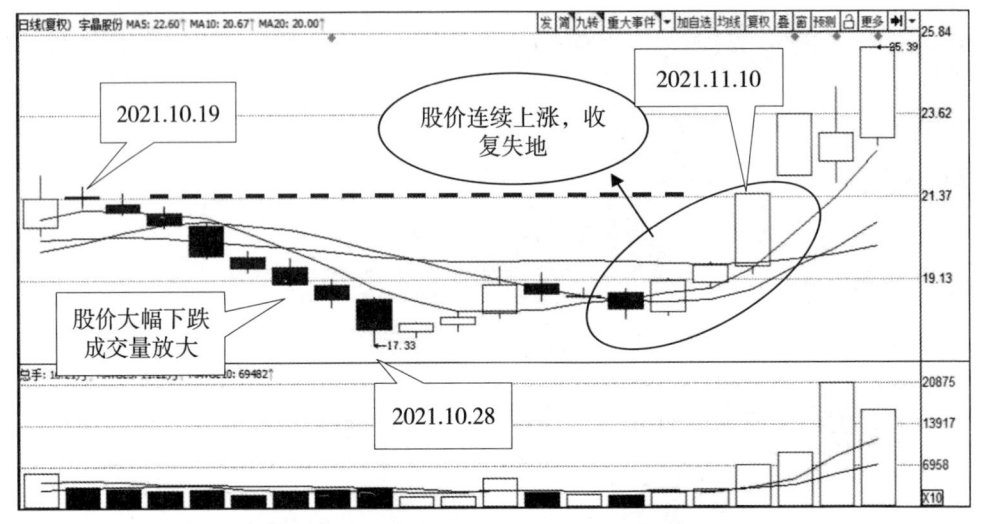

图4-9 宇晶股份（002943）日K线走势图

这次打压之后，股价没有继续下跌，而是经过几个交易日的横盘整理后出现反转向上的走势。2021年11月10日，该股股价就收复了大幅下跌前的价位，此时投资者可以酌情买入该股。

由此可见，之前的下跌属于主力采用打压方式建仓的过程。

二、横向振荡式建仓

在相当长的时间内，主力庄家将股价的波动幅度压缩至极低的水平，股价K线的走势近乎一条直线，这是典型的横向振荡特征。

横向振荡式建仓是主力庄家建仓时经常使用的一种方法。主力庄家资金实力较强，能够将股价控制在一个相对较窄的价格区域。股价涨跌幅度较小，一些短线交易者根本找不到入场的机会。

投资者可以在主力完成振荡式建仓，即股价向上突破振荡区域后买入该股，以博取未来股价上涨带来的利润。

横向振荡式建仓在盘面上会呈现如下特点。

第一，在横向振荡式建仓期间，股价呈现上拉下压的走势，同时，成交量会呈现出不规则放量与缩量的形态。

第二，从长期来看，股价K线几乎呈现一条直线。

第三，在横向振荡式建仓期间，每个交易日股价K线是阴线与阳线交替出现，甚至会多次出现十字星线。

下面来看一下华宝股份的案例，如图4-10所示。

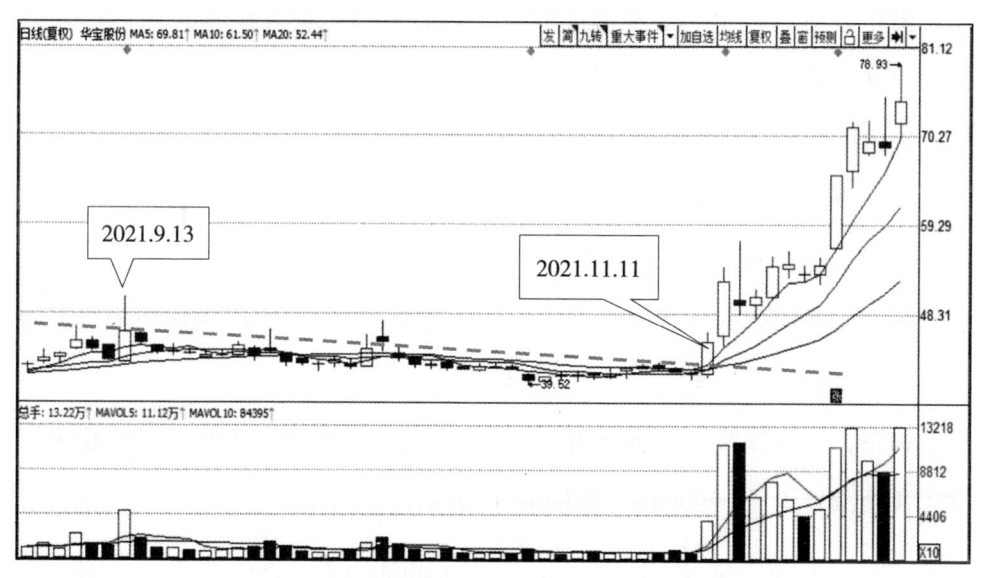

图4-10 华宝股份（300741）日K线走势图

自2021年9月初开始，华宝股份的股价一直呈直线向右下方倾斜的走势，且成交量呈现萎缩态势，说明主力庄家控盘实力较强，而且能够用较低的成本完成建仓操作。

2021年11月11日，股价突破振荡区域，标志着主力建仓工作基本完成，投资者可以迅速跟进，买入股票。

三、箱体振荡式建仓

箱体振荡式建仓与横向振荡式建仓相似，也是将股价控制在一定的区域内上下振荡，主力庄家则在股价振荡过程中完成建仓吸筹。通常来说，主力资金量都非常大，要想悄悄地进驻某一只股票并不是一件容易的事，因此，很多主力都是通过很长一段时间才能完成建仓。这段时间里，主力为了不让投资者看出自己建仓的痕迹，就会利用手中的筹码和资金使股价出现剧烈的上下振荡，在股价上下振荡过程中完成建仓。与横向振荡式建仓相比，主力在建仓过程中，还可以通过高抛低吸来降低持仓成本。

投资者可以在主力完成振荡建仓，即股价向上突破振荡区域后买入该股，以博取未来股价上涨带来的利润。

箱体振荡式建仓在盘面上会呈现如下特点。

第一，在箱体振荡式建仓期间，股价会呈现上拉下压的走势，同时，成交量也会呈现放大且不稳定状态。

第二，在箱体振荡式建仓期间，每个交易日K线会出现阴线与阳线交替出现的情况，甚至会多次出现十字星线。

第三，在箱体振荡式建仓期间，股价会出现横盘整理走势，股价整个波动范围全部处于一个通道内，如图4-11所示。

图4-11　上海亚虹（603159）日K线走势图

上海亚虹的股价在2021年5月中旬上行至16.30元左右后，开始了一系列剧烈振荡走势。当股价振荡一段时间后，成交量开始不规则变化。通过股价走势特点，投资者可以判断主力正在这个价格区间内采用振荡方式逐步建仓。2021年9月7日，股价突破振荡区域，标志着主力建仓工作基本完成，投资者可以迅速跟进，买入股票。

四、拉高式建仓

当主力处于空仓状态时，市场或者个股由于突发性利好消息的影响，走势突然转强，主力为了不踏空行情，往往会采用"向上买入"的手法完成建仓。由于市场或个股表现较为强势，没有投资者愿意以较低的价格卖出股票，因此，主力不得不将股价一步步拉高，通过收集流出的获利盘完成建仓。

投资者发现主力在拉高建仓后，可以在股价出现回调且不跌破拉高区域时买入股票，但要保持清醒的头脑，随时准备撤出。因对于投资者来说，追涨已经被拉高的股票风险是非常大的。

拉高式建仓的股票，在盘面上会呈现如下特征。

第一，拉高式建仓发生在股价相对较低的位置或者涨势初期。

第二，拉高式建仓往往伴随着股价的上升，成交量也逐步放大。在股价拉升到一定高位后，股价开始盘整，成交量出现缩减态势。

第三，拉高式建仓过程中，各类洗盘K线形态如带长上影线的阳线、十字线等会常常出现。

下面来看一下台基股份的案例，如图4-12所示。

台基股份的股价在2021年4月初经历了一段时间的盘整，成交量萎缩至极低的水平。自4月23日开始，该股股价连续上升，成交量同步放大。观察该股的运行态势可以发现，在股价振荡上升过程中，出现了很多小阴线和带长上影线的K线，说明主力在拉升股价的同时，也在不断地洗盘。成交量也呈现出逐级增长的态势，却又没有出现异常放大，说明主力在尝试通过拉高股价的方式完成建仓操作。

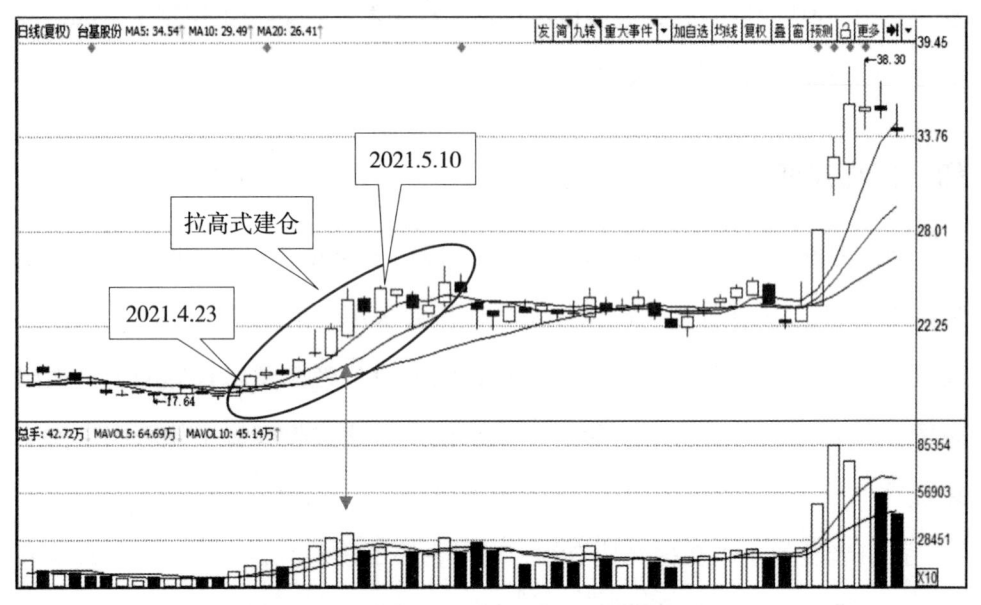

图4-12 台基股份（300046）日K线走势图

2021年5月10日，该股股价拉升至阶段高点后，转入了横向振荡态势，说明主力庄家要利用手中获得的筹码进一步完成吸筹操作。当其吸筹结束时，股价上升的拐点也会到来。

五、极阴式建仓——放量大阴线

主力庄家为了降低建仓成本，合理管控建仓时间，有时候会利用外围的一些利空因素，突然加大打压力度，并趁机迅速完成建仓操作。这类建仓方法，很容易在K线图上留下一根带下影线的放量大阴线。

极阴式建仓在盘面上会呈现如下特点。

第一，股价经过一段时间的缓慢下跌或遇到突发性利空消息后，主力借机发力向下打压股价，在K线图上出现一根大阴线或带下影线的中阴线，且成交量呈现异常放大态势。

第二，巨量大阴线出现后，股价开始缓慢上行，说明主力利用这根大阴线完成了建仓目标，未来股价上升的概率很大。

第三，在其后的缓慢上升过程中，股价也可能会出现短暂的回调，但这已经属于主力的洗盘行为了，只要股价没有创下新低，就可认定主力建仓完毕。

下面来看一下*ST西域（现为西域旅游）的股价走势情况，如图4-13所示。

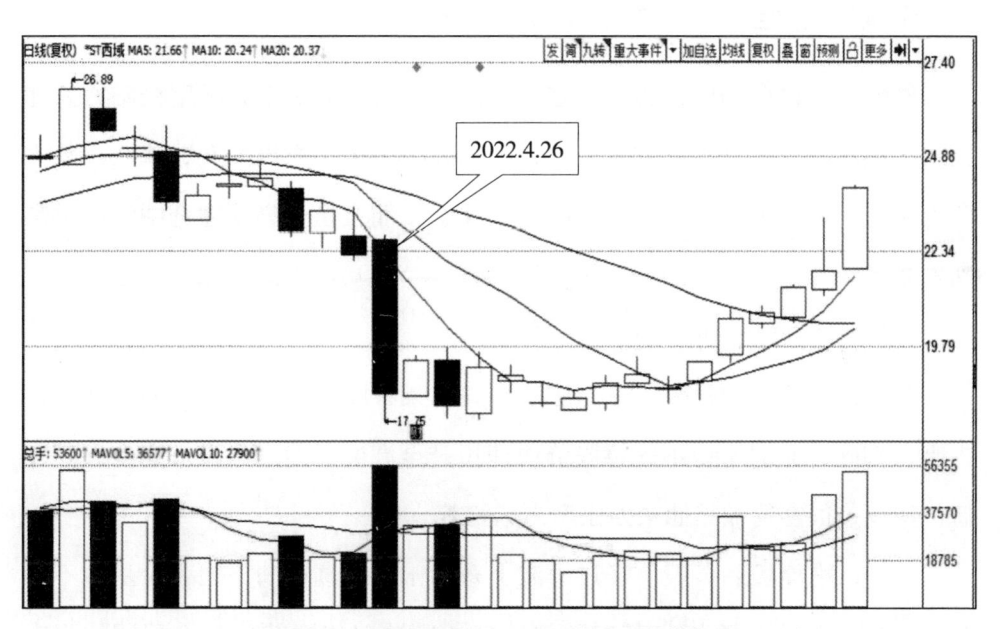

图4-13 *ST西域（300859）日K线走势图

*ST西域的股价在2022年4月初经历了一波小幅下跌，给投资者一种股价处于下行趋势的感觉。4月26日，该股股价突然大幅下挫，甚至到达了创业板20%跌幅的限制，直至收盘最终跌幅为16.82%。

观察4月26日当日的量价形态可以发现，伴随着股价大幅走低，成交量出现了大幅放量的态势，这是由于很多散户被突如其来的下跌给打乱了阵脚，因为恐慌而纷纷卖出股票，主力则趁机在低位收集筹码。

从主力角度来看，此时无疑是最佳的建仓时机：股价已经被打到较低的位置，该股由于年报转为盈利，正在申请"摘帽"；未来"摘帽"一旦成功，势必会出现一波上升行情。4月26日之后，该股股价开始了振荡上升走势。

由此可见，4月26日几乎就是主力庄家最后的建仓时刻。收出大阴线，这也是主力庄家在建仓末期经常使用的手段，即突然大幅打压股价。

六、极阳式建仓——涨停板上建仓

与极阴式建仓相反，还有一些主力庄家在特殊情况下会采用极阳方式建仓，即先将股价拉升至涨停板位置，然后在涨停板上方逐渐完成建仓。从本质上来说，涨停板上建仓也属于拉高式建仓，而且是拉高式建仓中的一种特殊形态。

极阳式建仓在盘面上会呈现如下特点。

第一，由于各种原因，主力庄家事先对某只股票没有建仓，为了在短期内吸入筹码，此时不得不先将股价快速拉升至高位，然后再进行建仓。若在低位建仓，很容易被其他主力庄家入场抢筹。

第二，涨停板后，股价经过一波上升后出现振荡行情，但股价基本不会跌破涨停板的收盘价格。若有涨停缺口，则缺口位置就是股价回调的强支撑位。

第三，当主力控制股价在高位振荡一段时间，完成既定的吸筹任务后，就会正式开启上升行情。

下面来看一下焦作万方的案例，如图4-14所示。

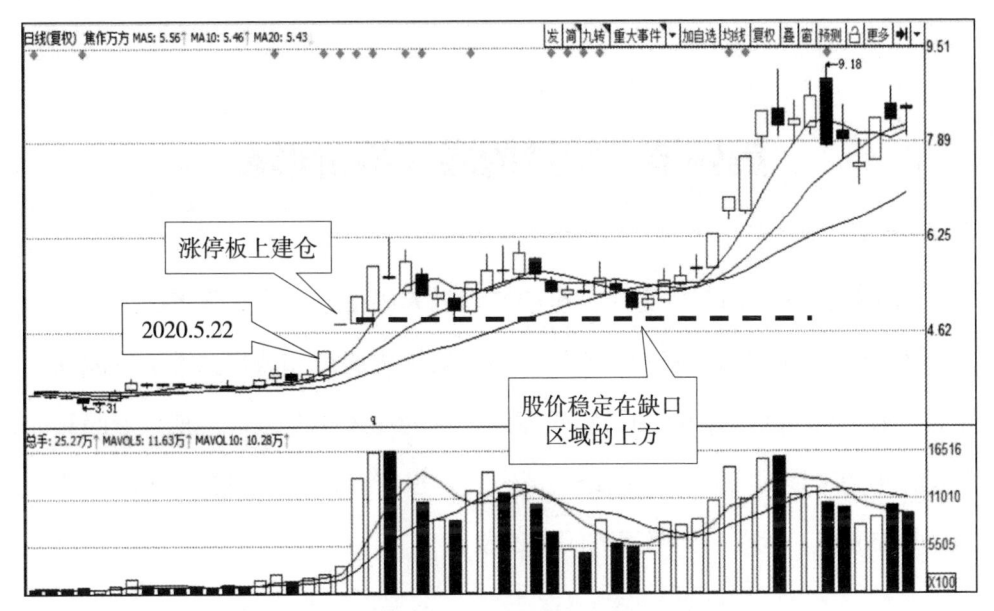

图4-14 焦作万方（000612）日K线走势图

2020年5月，稀土永磁概念成为市场炒作热点，而焦作万方是中国稀土的第三大股东。市场传闻焦作万方与中国稀土存在重组的可能（事后，焦作万方公告予以澄清），受此传闻刺激，焦作万方股价在5月22日直接涨停。

次日，该股股价再度涨停，成交量大幅增加，说明面对突然传来的利好消息，很多资金事先并不知情，因而不得不采用拉高建仓的方式收集筹码。待股价连续拉出两个涨停后，该股换手率大幅增加，而股价却维持在一个较高的水平，并没有大幅走低，这说明有资金开始入场建仓。

其后，股价虽然也有过小幅下跌，但没有跌破涨停拉升时形成的缺口位置，由此，投资者可以认定此前的拉升属于庄家拉高建仓。

此后股价大幅走高，说明此时主力已经完成了建仓，并正式开始拉升股价。

第四节　特殊的吸筹量价形态

通常情况下，由于主力庄家坐庄所需的筹码量是十分庞大的，其为了隐藏吸筹行为，会刻意拉长建仓周期，减少短期内股价和成交量方面的波动。不过，在一些特殊时段或由于特殊原因，主力庄家也会采取短期大量吸筹的行动，并在K线图上留下一些经典形态。从投资者的角度来看，出现这些经典的K线形态，就是主力吸筹的明确迹象。

一、巨量金针大探底

主力庄家发力向下打压股价是为了吸筹，而自底部向上拉升同样是为了吸筹。因而，当股价被打压至底部区域后反弹，形成金针探底形态，成交量同步放大，则意味着主力加大了吸筹力度，股价反转的时机就要到了。

金针大探底在盘面上会呈现如下特点。

第一，在股价下跌末期，突然出现一根带长下影线的阴线，这是多空力量对比发生反转的直接表现，也是主力庄家加大建仓力度的一种表现。

第二，从K线形态上来看，下影线越长，成交量越大，说明主力庄家建仓完成度越高，未来企稳反转向上的概率越大。

第三，从形态上来看，金针探底的最低点就是主力庄家建仓的重要防御阵地。后期，股价一旦跌破该位置，则意味着股价将进入下跌趋势，投资者宜止损离场。

下面来看一下*ST赛为（现为赛为智能）的案例，如图4-15所示。

2022年4月，在大盘持续下行的带动下，*ST赛为的股价也持续走低，并出现了加速下跌态势，不过从成交量上来看，并未出现太大的波动。

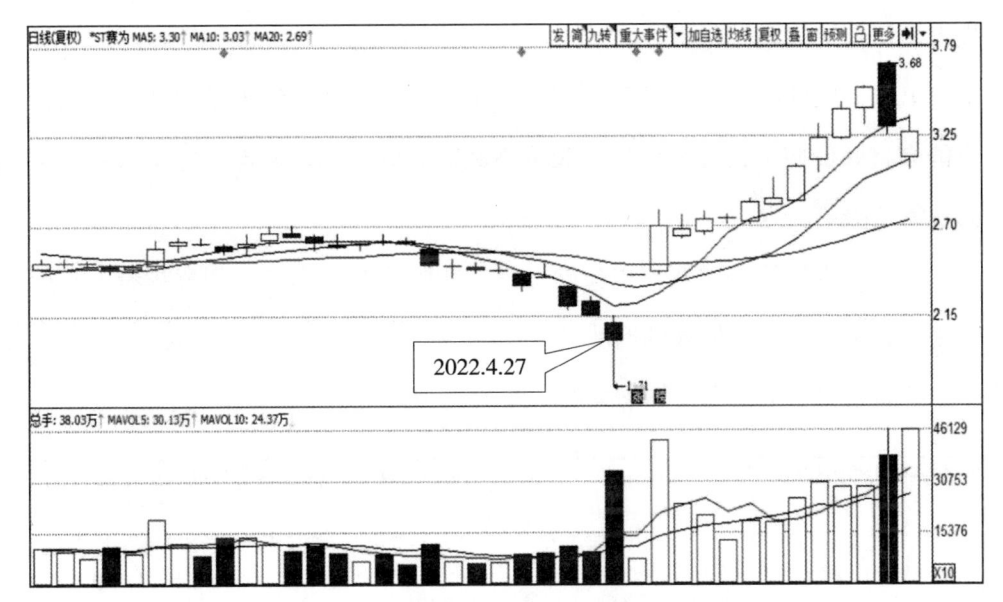

图4-15 *ST赛为（300044）日K线走势图

2022年4月27日，在大盘股指大幅下跌后反向上攻的影响下，*ST赛为的股价经历了大幅超跌到反弹的过程。当日，该股股价一度触及20%的跌停限制，随后该股股价出现反弹，并在K线图上留下一根带长下影线的阴线。与此同时，成交量大幅放大。

其实，看到这种情况，投资者就应该明白必然是有主力资金开始入场了，散户是不会有这么大量的资金来托起股价的。

此后，该股股价出现了一波快速上升行情。

二、底部放量大阳线

股价经过一波持续下跌或低位盘整后，成交量出现了极度萎缩态势。此时若股价K线突然拔地而起，成交量异常放大，则意味着有新的资金开始入场吸筹，股价未来存在反转向上的可能。

底部放量大阳线建仓在盘面上会呈现如下特点。

第一，底部放量大阳线属于典型的吸筹信号，说明主力已经开始入场，投资者可考虑入场做多。

第二，底部大阳线出现后，有时候主力庄家为了吸纳更多的低价筹码，可能会将股价向下打压。但只有股价不跌破大阳线的最低点，方可认定是主力庄家的吸筹行为。

第三，当股价经过调整重新向上突破大阳线的最高点，则意味着上升行情来临，投资者可积极入场追涨。

下面来看一下上海新阳的案例，如图4-16所示。

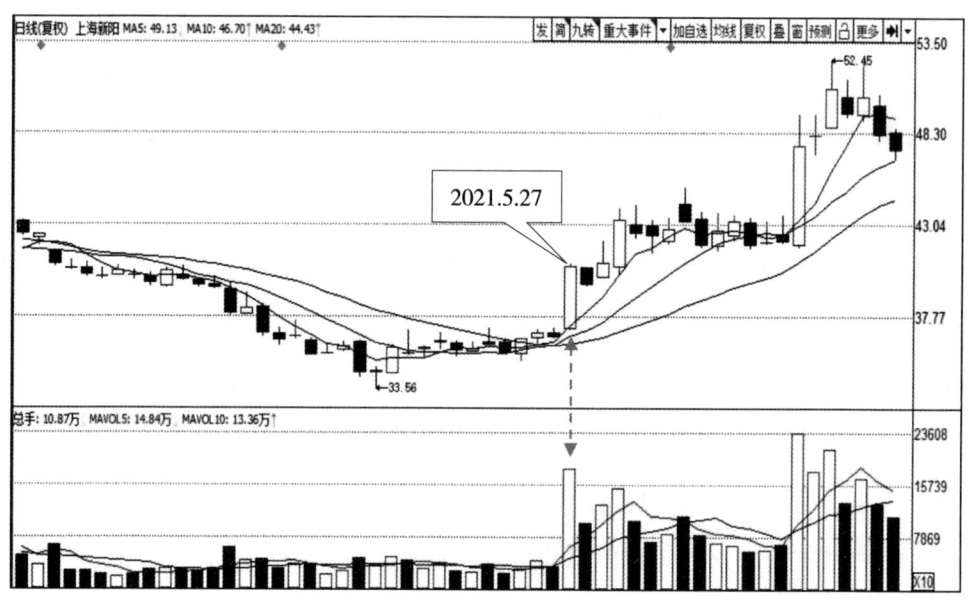

图4-16 上海新阳（300236）日K线走势图

上海新阳的股价从2020年7月开始一路下跌，成交量也随着股价的下跌不断萎缩。股价在下跌的最后阶段突然加速，不过成交量并未出现明显放大，说明主力可能开始吸筹操作，但吸筹效果并不是很理想。

2021年5月27日，该股突然被大幅拉升，成交量也同步出现大幅上升，这说明主力庄家很可能加大了建仓力度，这也是主力庄家吸筹进入尾声的一个信号。此后，该股股价经历了短暂的回调后，正式进入上升通道。

三、底部空中加油形态

空中加油，是指核心K线是带有长上影线的跳空高开低走的小阴线，如同上涨到高空稍作加油停顿状，以备后市继续前行。股价在利好消息的刺激下高开高走后，主力庄家反手向下打压股价，很多散户会因恐慌纷纷出逃，主力庄家此时则借机在低位大肆收集筹码。

底部空中加油建仓在盘面上会呈现如下特点。

第一，股价当日高开低走，收出一根带长上影线的阴线。

第二，收盘时带有缺口更好。

第三，上影线越长越好。

第四，空中加油形态出现当日，成交量要比前几日放大数倍，且成交量很快又回到正常水平。

下面来看一下飞力达的案例，如图4-17所示。

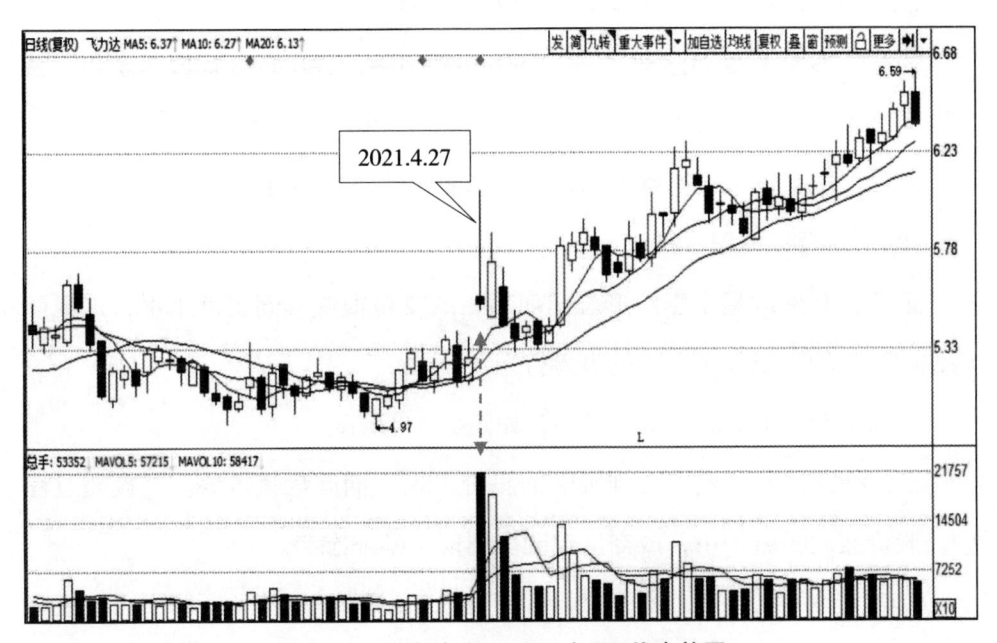

图4-17　飞力达（300240）日K线走势图

2021年4月27日，飞力达的股价经过振荡盘整之后突然跳空高开，随即股价快速上涨。但由于当日抛盘过多，股价随后节节下跌，最终该股股价在K线图上留下一根带长上影线的阴线。

此时，投资者观察当日的成交量可知：当日成交量创下了一段时间内的新高。两个交易日后，该股成交量又恢复到了以前的水平，这更可印证4月27日当日有主力庄家的资金开始入场。

此后，该股股价正式开启了一波振荡上升走势。

四、底部放量上影线

底部放量上影线形态与底部空中加油形态相似，只是长长的上影线，会让散户多增添几分恐惧感。其实，主力庄家就是利用这根长长的上影线来恐吓散户，以达到迫其交出筹码的目的。

底部放量上影线建仓在盘面上会呈现如下特点。

第一，股价开盘后迅速冲高，盘中冲高回落，并出现大幅振荡走势，最终收出一根带长上影线的K线（可以是阴线、阳线或十字线）。

第二，成交量放大得越大越好，至少要比前一交易日放大三倍以上。

第三，上影线越长越好。

第四，底部放量上影线形态出现后，成交量很快回到正常水平，这更可以说明之前的放量属于主力的吸筹行为。

下面来看一下安利股份的案例，如图4-18所示。

自2021年4月开始，安利股份的股价进入了横向盘整走势。在盘整过程中，股价波动幅度很小，成交量也同步出现了萎缩态势。

2021年6月2日，该股股价跳空高开高走，涨幅一度超过10个点。正当所有的投资者都看好这只股票，以为股价要结束盘整启动上升行情时，主力庄家反手向下打压股价，并在K线图上留下了一根长长的上影线，同时，成

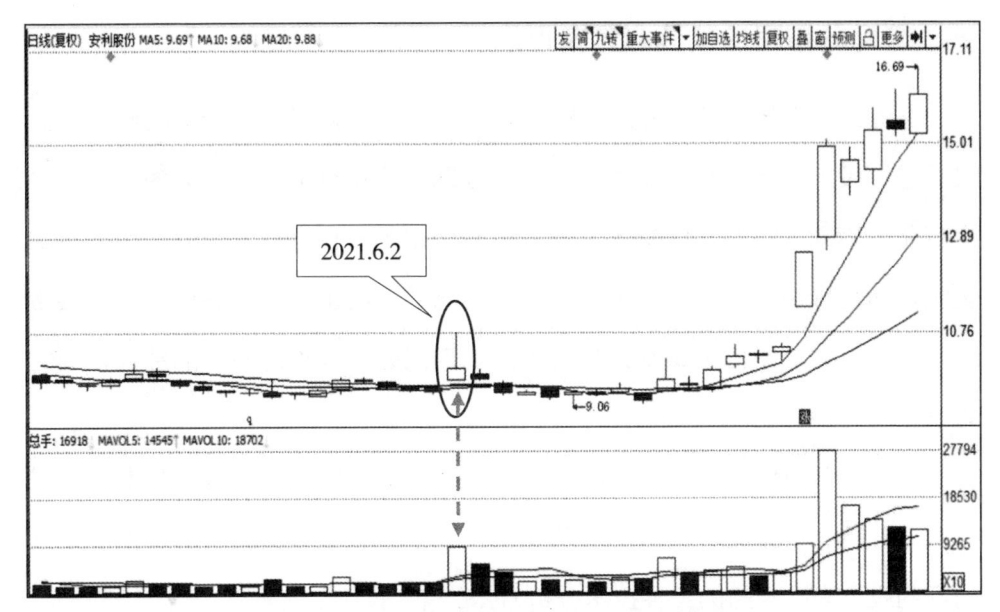

图4-18　安利股份（300218）日K线走势图

交量相比前一交易日放大5倍有余。

此后，该股股价重新回到盘整行情，给散户一种先前的上攻只是一次诱多行为的感觉，很多想要追高入场的散户看到这种情况，不得不抛出手中的筹码。当股价调整一段时间后，主力正式开启了拉升走势，这更印证了先前的冲高回落其实是主力庄家吸筹的一个动作。

第五节　识别主力建仓——筹码分布技术

在识别主力动向方面，筹码分布技术无疑是非常好用的技术分析工具之一。通过筹码分布指标，投资者可以大致判断某只股票筹码的分布范围，特别是主要的密集区。一般来说，主力建仓阶段，筹码主峰会逐渐下行，并在底部形成主要的筹码单峰。

一、筹码分布理论及核心分布形态

筹码，本身是博彩行业的术语，在股市中指的是投资者持有的股票。大家知道，股市中每天都在交易，整个市场的平均持仓成本也会因为交易而产生变化。不同的价位，成交量不同，对整个市场的持仓成本也会产生一定的影响。通常来说，当股价位于市场平均持仓成本的上方时，股价上升就会相对容易；反之，股价下跌则会相对容易。筹码分布理论对股价的影响也与之有一定的关系。

筹码分布理论是指根据筹码流动的特点，对标的股或指数的成交情况进行汇总分析，得出某一时段的筹码结构（即各个价位成交股票的数量），从而预判股价未来走势的一种技术分析方法。

通常情况下，在炒股软件K线图界面点击右下方的"筹码"或"成本"等类似标签（不同的炒股软件会有不同的标注），就可以调出筹码分布图，如图4-19所示。

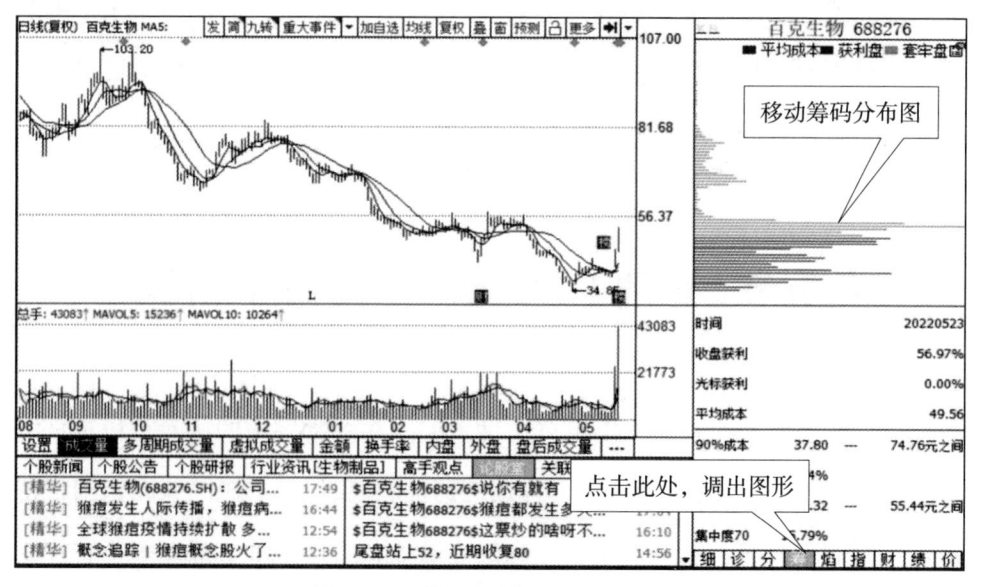

图4-19 筹码分布图（同花顺）

在股价运行过程中，随着成交量的变动，筹码分布也会呈现各种不同的形态。在筹码移动过程形成的诸多形态中，有两种形态需要投资者特别关注，这两种筹码分布形态会对股价走势产生相当大的影响。

1. 筹码下移，底部形成单峰

随着股票价格逐渐走低，市场上的持仓成本也会随之不断地降低，筹码也会逐渐向底部集中。

投资者若善于观察股价下行与筹码峰变化之间的关系，就可以发现：随着股价的下行，顶部的筹码峰会逐渐变小，并逐渐向底部聚集。

此后，当股价进入底部区域并开始横向振荡时，也就是主力庄家开始建仓时，此时底部筹码峰会呈现逐步放大的态势，并形成明显的底部筹码主峰。

投资者在观察盘面与筹码峰变化时，需要注意以下几点。

第一，随着股价的不断走低，筹码峰也会同步呈现下移状态。当股价不再下跌时，筹码峰就会在底部呈现明显的聚集形态。

第二，当上方筹码峰逐渐萎缩甚至消失，底部筹码峰逐渐聚集甚至形成单一主筹码峰时，通常意味着主力吸筹即将完成。

第三，股价完成向上突破，并站在底部筹码峰上方，则意味着股价筑底完成，说明主力吸筹建仓结束。未来，随着股价的上涨，各条均线开始呈多头发散排列。

第四，股价很快站到筹码单峰顶部位置，说明股价已经脱离了筹码密集区，未来股价将发动一波上涨行情。

第五，股价上涨后，若出现回调走势，该筹码峰位置会成为股价的一个较佳的支撑位。

第六，股价上涨时，通常情况下成交量会随之放大，这时投资者要分两种情况来考量：其一，股价上涨时，成交量放大明显，则筹码峰必会随之上移，这是一种常见的筹码移动形态；其二，股价上涨时，成交量放大不明显，筹码峰未随股价的上涨而明显上移，则说明主力很可能已经锁仓，未来股价上涨的空间较大。

下面来看一下海量数据的案例，如图4-20所示。

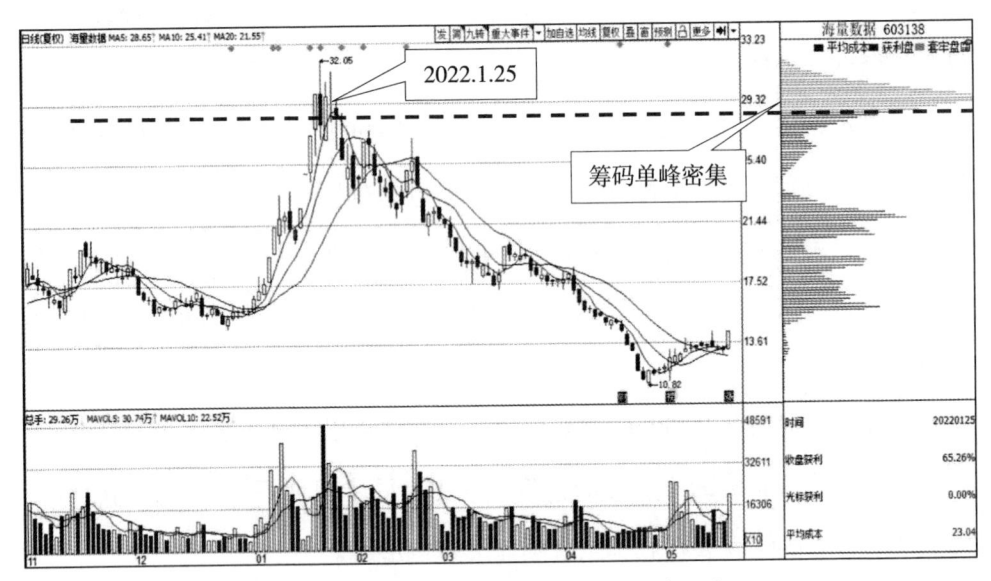

图4-20　海量数据（603138）筹码分布形态一

自2021年年底到2022年年初，受数字基建利好的刺激，海量数据的股价出现了大幅拉升走势。随着股价的攀升，该股的持仓成本持续走高，主要筹码峰向顶部靠拢。特别是2022年1月25日前后，该股的筹码已经在顶部形成一个主要的筹码主峰。

其后，随着股价持续走低，顶部筹码峰逐渐萎缩，筹码开始向下移动。

可以再观察一下该股其后的走势，如图4-21所示。

海量数据的股价出现下跌后，成交量随之不断萎缩，筹码峰也逐渐下移。到了2022年4月27日，该股股价创出阶段新低，此时顶部筹码主峰已经基本消失，整个筹码分布图呈现多峰发散形态。筹码未在低位出现聚集现

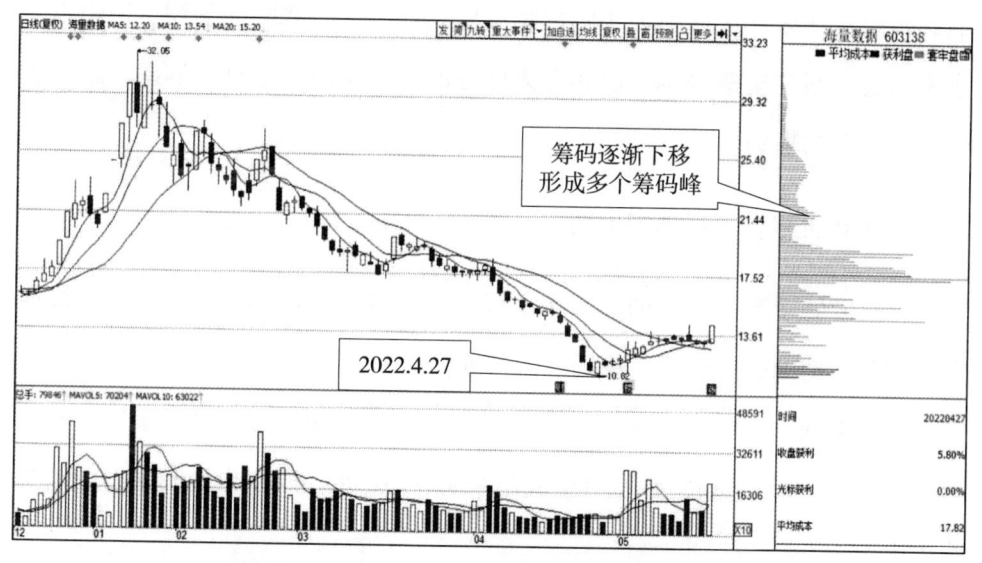

象，也意味着主力庄家并未完成建仓，投资者可继续保持观察。

图4-21 海量数据（603138）筹码分布形态二

下面再来看一下2022年5月该股票的筹码分布情况，如图4-22所示。

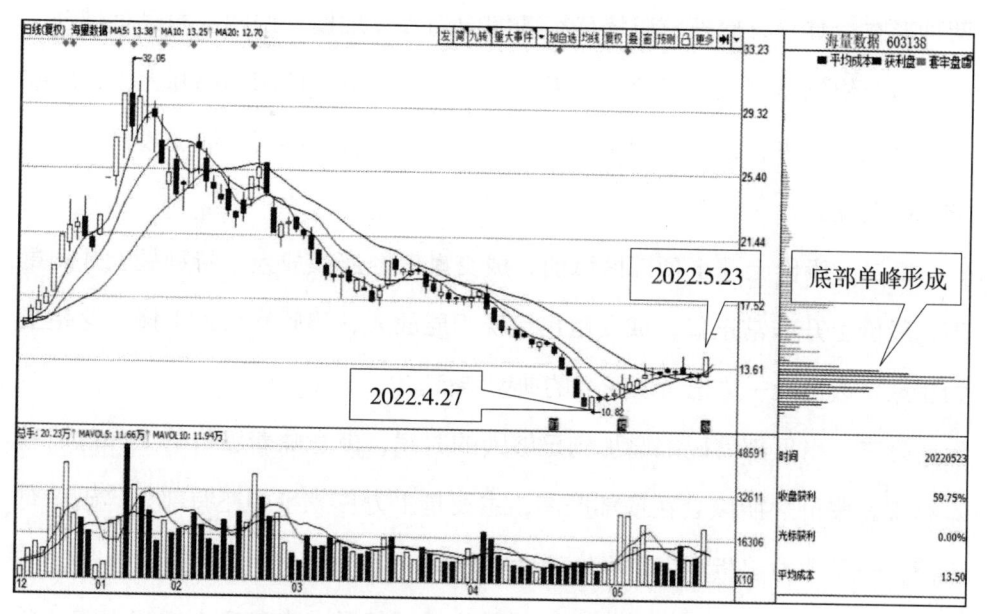

图4-22 海量数据（603138）筹码分布形态三

从图4-22中可以看出，自2022年4月27日开始至5月底，海量数据的股价呈现了明显的横向振荡态势，成交量也经历了由放大到萎缩的过程。此时，筹码却在底部区域出现了明显的聚集，上方筹码峰明显萎缩，说明主力庄家通过不断的振荡吸筹，已经让大部分高位套牢散户放弃了筹码，未来股价存在上涨的基础。

2. 筹码上移，顶部单峰出现

当股价处于上升趋势时，市场上投资者的持仓成本不断上升，筹码峰也会随之不断地上移，低位主筹码峰则会逐渐消失。

通常来说，当股价进入顶部区域后，筹码会迅速在顶部区域聚集，从而形成新的筹码峰，这也是股价即将见顶的一个征兆，同时也说明主力已经开始出货。

股价上升阶段的盘面特点包括以下几个方面。

第一，随着股价的上升，筹码峰会迅速上移，此时底部筹码峰可能会有两种形态：其一，底部筹码峰虽有萎缩但仍颇具规模，说明主力虽有减仓，但整体仓位仍然很大，股价上升无忧；其二，随着股价和筹码峰上移，底部筹码峰迅速消失，说明主力庄家并没有留底仓，股价能否持续上攻具有很大的不确定性。

第二，股价上涨至顶部区域前，成交量已经连续放大。特别是上升的尾声，股价上升非常迅猛，成交量也呈现明显放大，筹码峰加速上移，这是主力庄家一边拉升一边出货所形成的典型特征。

第三，当顶部筹码峰增加到足够大的时候，就意味着股价的上升行情基本结束。股价之所以会在顶部振荡，主要是主力庄家手中还有部分筹码没有出清，一旦主力出货结束，股价就会立即反转向下。

第四，股价向下跌破顶部主要筹码峰时，就是主力庄家出货结束的一个明确信号，此时投资者应选择卖出手中的股票。

下面来看一下星帅尔的案例，如图4-23所示。

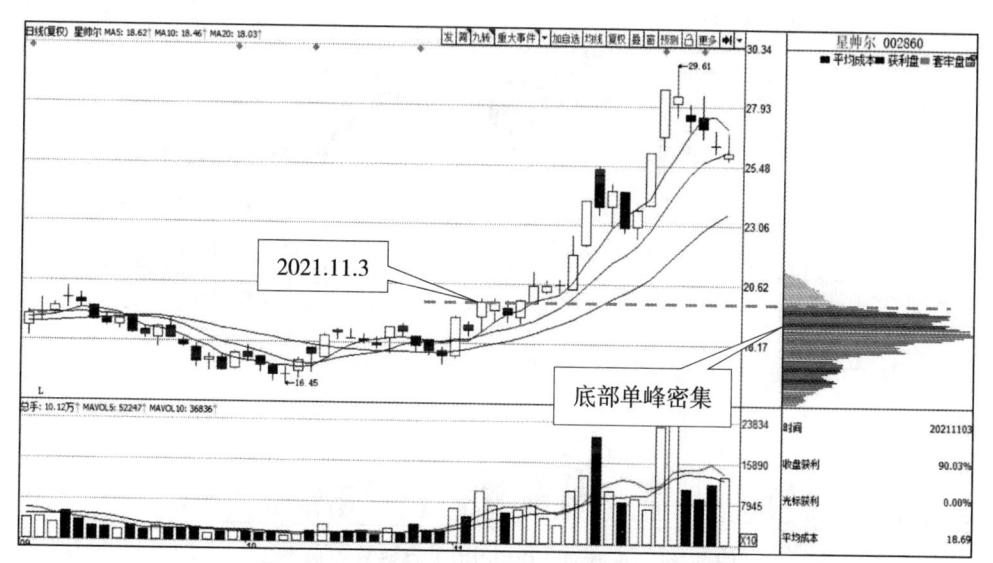

图4-23　星帅尔（002860）筹码分布形态一

星帅尔在2021年10月到11月初出现了一波盘整行情。随着股价的盘整，该股筹码迅速向底部聚集，并形成了明显的底部筹码峰。

2021年11月3日，星帅尔的股价直接跳空高开高走，并站在了底部主筹码峰的上方，这意味着主力庄家已经建仓完毕，即将开始拉升。

此后，随着股价的上扬，筹码峰也随之不断上移。

下面再来看一下该股票之后的筹码分布情况，如图4-24所示。

从图4-24中可以看出，随着股价逐渐攀升，筹码峰也逐渐上移。在股价上升过程中，形成了明显的多峰发散排列，而且底部主要筹码峰并未消失，这说明主力庄家并未完成出货，投资者可以保留一定的仓位。

此后，该股股价出现了一波横向振荡走势，如图4-25所示。

星帅尔的股价经过一段时间的盘整后，成交量出现了萎缩态势。与此同时，先前发散的筹码峰开始在顶部聚集，并形成了顶部筹码峰，且底部筹码峰已经基本消失。

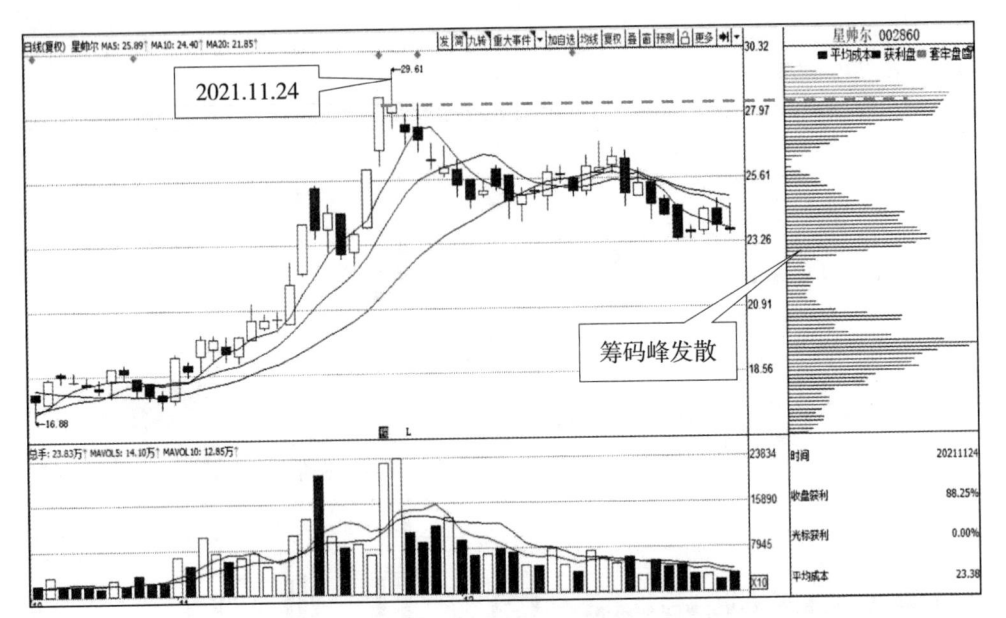

图4-24　星帅尔（002860）筹码分布形态二

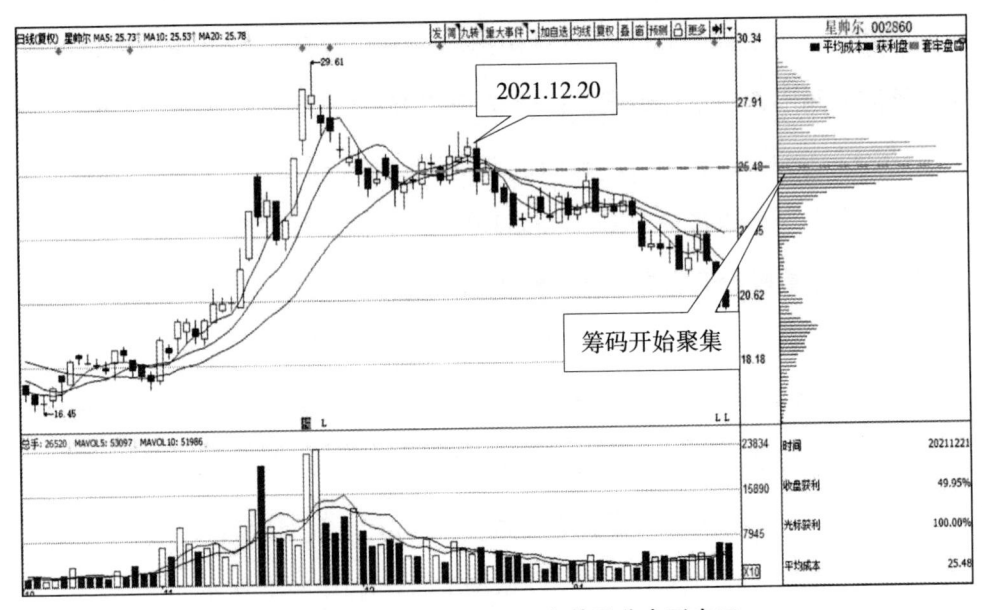

图4-25　星帅尔（002860）筹码分布形态三

2021年12月20日，该股股价跌破了振荡盘整区域，这通常意味着主力庄家已经完成出货，一波下跌行情即将开始，投资者应考虑卖出股票。

二、底部吸筹阶段筹码形态

对于很多投资者来说，主力庄家何时属于吸筹，何时完成吸筹，判断起来都是非常困难的。筹码分布理论中一些关于筹码移动的分析，可以在一定程度上帮助投资者提升判断的有效性和准确性。

利用筹码分布理论判断主力庄家吸筹动作时，以下几点需要特别关注。

第一，通常来说，若筹码没有全部或绝大多数移动到底部区域，则意味着主力庄家并未完成建仓，短期内应该不会大力拉升股价。这也是我们判断主力建仓程度时，要观察底部筹码峰规模的原因。

第二，底部筹码峰足够大，且上方没有显著筹码峰，则意味着股价向上拉升不会有较多套牢盘，此时主力才愿意拉升股价。主力庄家不是散户的"解套人"，他们对散户不会那么友好，他们拉升股价的时机肯定是最为恰当的时候，即拉升最容易的时候。

第三，股市中有一句话是"上峰不移，下跌不止"。这也就意味着，只要顶部筹码峰仍然存在，主力庄家的建仓就不会完成。同时，这也意味着大量套牢盘仍在高位，主力庄家也不会贸然拉升股价。主力庄家的选择要么是继续横盘振荡，要么借助市场的力量再度向下打压股价，直至顶部套牢盘割肉离场。

下面来看一下宇晶股份的案例，如图4-26所示。

宇晶股份的股价自2022年年初出现了一波大幅下跌走势，进入2月后，该股股价下跌的速度开始减弱。2月11日，该股股价再度突然大幅向下打压，成交量同步出现放大态势。从盘面上来看，存在部分主力庄家进场的可能，不过，观察此时的筹码分布图可知，顶部的筹码峰仍然存在，这至少说明主力庄家也只是刚刚入场，并未完成建仓操作，距离拉升股价还有很长的路要走。

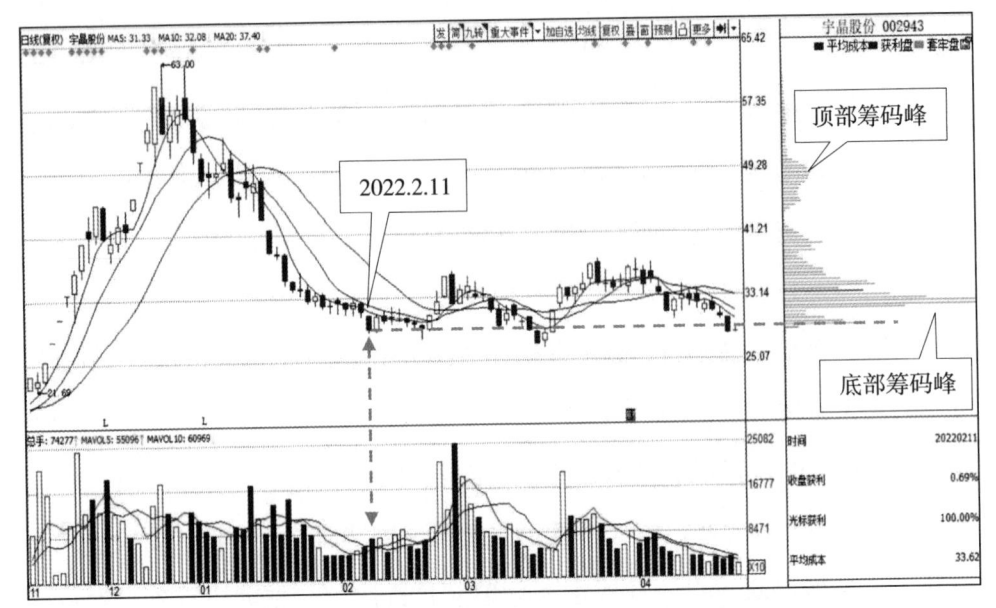

图4-26 宇晶股份（002943）筹码分布形态一

其后，该股股价出现了较长时间的振荡整理走势，顶部筹码峰也逐渐下移，底部筹码峰逐渐拉长，如图4-27所示。

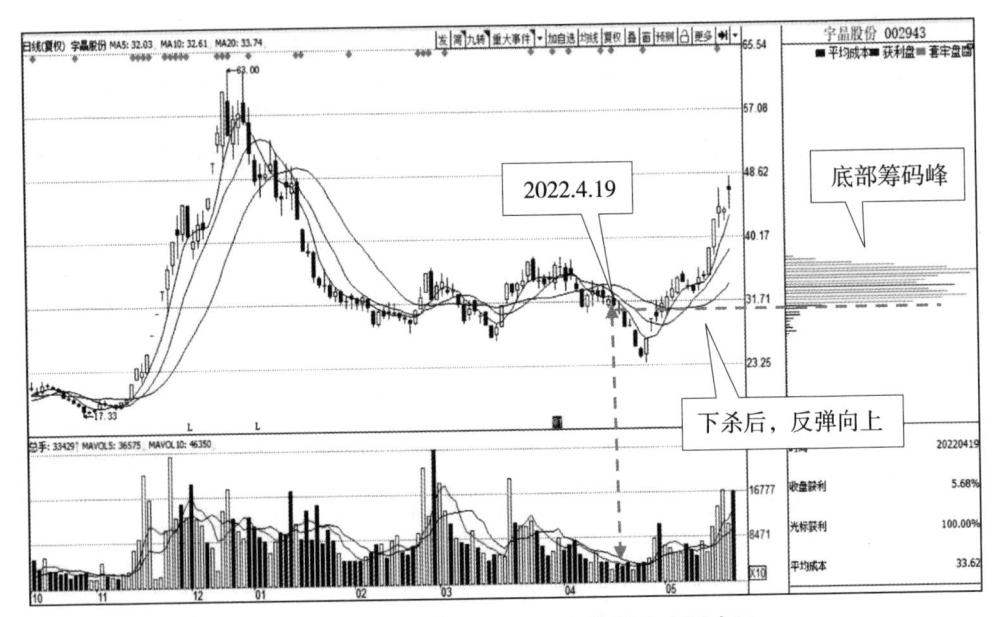

图4-27 宇晶股份（002943）筹码分布形态二

宇晶股份的股价经过一段时间的盘整后，直到2022年4月19日，顶部筹码峰才全部下移至底部区域，这意味着主力庄家建仓接近完成。

其后，正当投资者期待股价上攻时，主力庄家却向下打压股价，很多散户因心生恐惧而被迫抛出筹码，主力庄家则趁机收集低价筹码。该股股价连续大幅下跌几个交易日后，主力再度反向大幅拉升股价，随后该股股价很快走出一波上攻行情。

由此可见，在实战操盘过程中，投资者不仅要掌握主力庄家的建仓动态，还要对主力庄家的操盘手法有所掌握，拉升前先打压就是其经常使用的策略。

第六节　跟庄前行——主力吸筹尾声形态研判

通常来说，主力庄家吸筹结束后就会进入拉升环节，因此，对于普通散户来说，把准了主力庄家吸筹的节奏，判断准了吸筹结束的信号，就相当于找到了赚钱的"金钥匙"。不过，主力庄家都是非常狡猾的，他们根本不可能让散户轻易发现自己即将拉升股价。一般来说，股价启动前，主力庄家往往会"大做文章"。

一、最后一跌

大家喜欢用"黎明前的黑暗"来形容黎明到来前那段最难熬的时光。从温度上来看，一天中气温最低的时间并不是午夜，恰恰是黎明前的那段时间。市场上，股价启动上涨前的那段时间也同样是最难熬的。有时，主力庄家为了拉升股价更容易，或者在低位吸入更多的廉价筹码，往往会在即将拉升前加大对股价的打压力度，形成"最后一跌"形态，如图4-28所示。

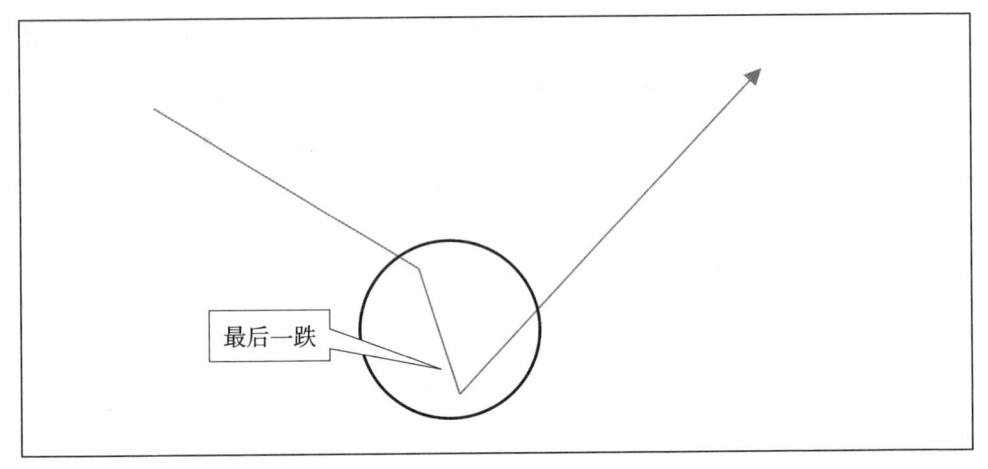

图4-28 "最后一跌"形态

该形态的盘面特征如下。

第一，从整体上来看，股价已经处于下跌趋势中，而且这种下跌还有进一步加速的迹象，这就给投资者的心理造成了极大的压力。

第二，从外围环境来看，整个市场做空气氛较浓，很多超级绩优股以及先前的抗跌股都开始补跌。

第三，股价再度大幅放量下跌，且距离各条均线较远。成交量放大一方面属于恐慌盘出逃的结果，另一方面则为主力庄家进场的信号。在市场上，能够有交易量，本身就代表了多空两方面对当前价格的认可。

在股价暴跌时，散户疯狂出逃，而此时能够接盘的，必定是资金实力雄厚的主力庄家。换句话说，股价暴跌就是主力庄家有意制造出来的走势，其目的是想要迫使散户恐慌性出逃。若没有散户恐慌性出逃，主力庄家还会继续向下打压股价。反之，只要主力庄家掌握了较多筹码，即使股价跌得再深，也很容易被拉回来。

下面来看一下江苏神通的案例，如图4-29所示。

江苏神通的股价在2022年4月以后出现了加速下跌态势，这给投资者的心理造成了极大的压力。2022年4月28日，在大盘大幅走低的影响下，主力庄家再度大幅向下打压股价，股价K线大幅远离均线。由于打压力度加大，很多散户被迫放弃了手中的筹码。

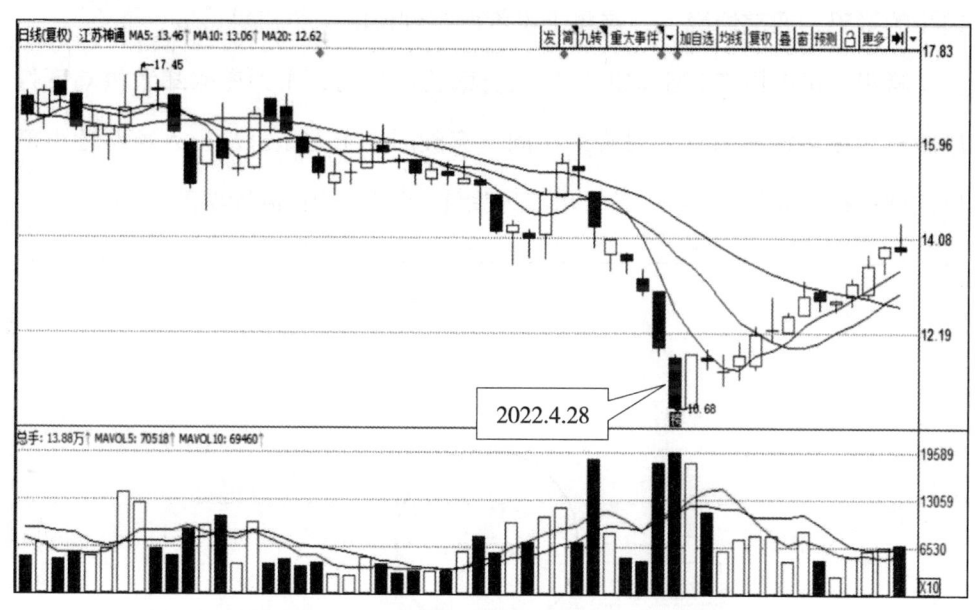

图4-29 江苏神通（002438）日K线走势图

其实，在这种环境下的放量下跌，往往都是股价的"最后一跌"。此后，该股股价迅速出现了一波反向上攻走势。

二、欲扬先抑

即使主力庄家已经收集了足够多的筹码，并且拉升已经迫在眉睫，他们有时也不会选择直接向上拉升，而是先发力向下打压股价，然后再反向拉升，如图4-30所示。

该形态的盘面特征如下。

第一，股价经过一段时间的横向盘整后，成交量已经萎缩至极低的水平，这是股价即将变盘的一个显著信号。

第二，股价横向盘整过程中，各条均线呈现明显的黏合状态，这也是股价重新选择突破方向的前兆。

第三，该股的筹码开始呈现底部密集形态，股价上方已经没有或者只有很少的筹码，通常情况下，这属于股价调整到位的一个信号。

第四，正当投资者坚定地认为股价即将反攻时，主力庄家却大幅向下打压股价。很多投资者认为股价即将向下突破时，主力庄家却出人意料地再度反向向上拉升股价，很多下车的散户就错过了最佳的接回股票的机会。

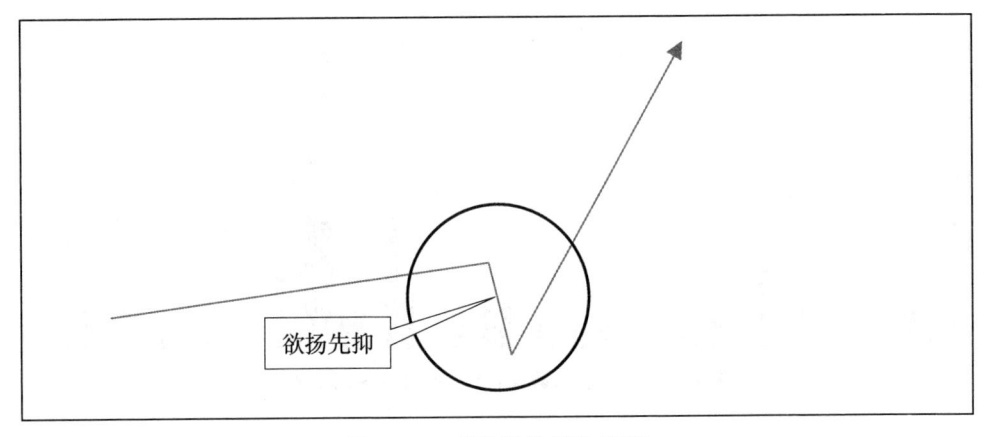

图4-30 "欲扬先抑"形态

下面来看一下招商南油的案例，如图4-31所示。

招商南油的股价经过一段时间的横向盘整，股价波动幅度逐渐缩小，成交量同步出现萎缩态势，这说明股价正在选择突破方向。

2022年4月22日，该股股价小幅放量上升，观察此时的筹码分布图可知，此时该股的筹码大都集中于底部区域，上方已经没有多少筹码了，说明该股有结束盘整、启动上升的可能。

正当投资者积极准备入场时，该股股价却连续大幅向下打压，给人一种行情就要走坏的感觉，很多投资者基于恐慌而卖出股票，主力随后则出人意料地反向向上拉升股价。

2022年5月5日，该股股价一举突破盘整区域，正式进入上升通道。

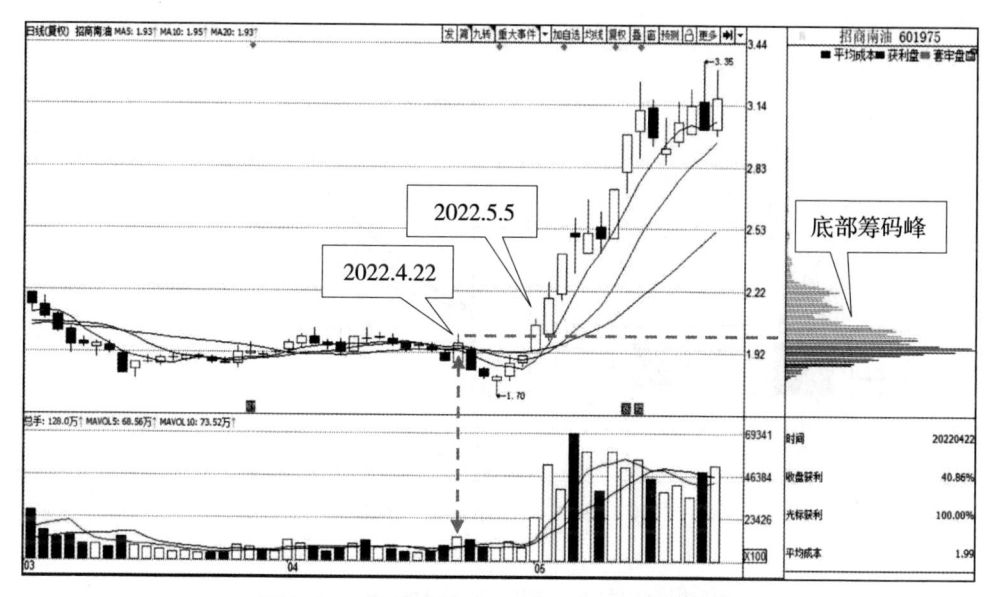

图4-31　招商南油（601975）日K线走势图

三、出水芙蓉

出水芙蓉，是指在股价盘整过程中，各条均线出现黏合状，某日股价大幅上涨，拉出一根大阳线，且此阳线一举突破多条均线的形态，如图4-32所示。该形态属于强烈的看涨形态。主力庄家在吸筹即将结束时，有时也会出现这种经典的看涨K线形态。

该形态的盘面特点如下。

第一，股价经过多日盘整，波动幅度已经很小，成交量同步萎缩，底部筹码峰也已经形成。

第二，某一日股价低开高走，并一举突破多条均线。

第三，股价突破均线当日常常以涨停报收。

第四，股价突破之后，各条均线由黏合状变为发散状，且方向向上。

第五，股价突破各条均线当日，成交量出现了放大态势。

第六，"出水芙蓉"形态出现后，股价K线已经站到了底部筹码峰的上方。

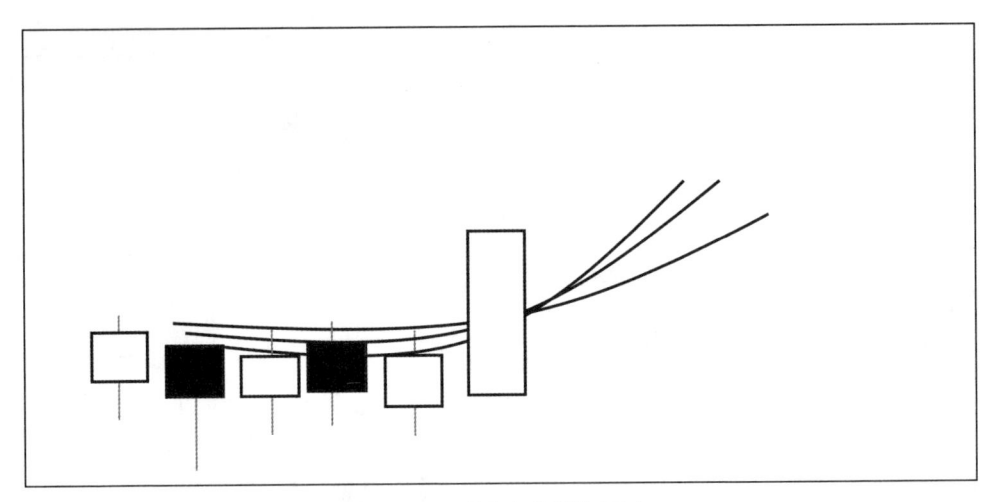

图4-32 "出水芙蓉"形态

下面看一下云南能投的案例，如图4-33所示。

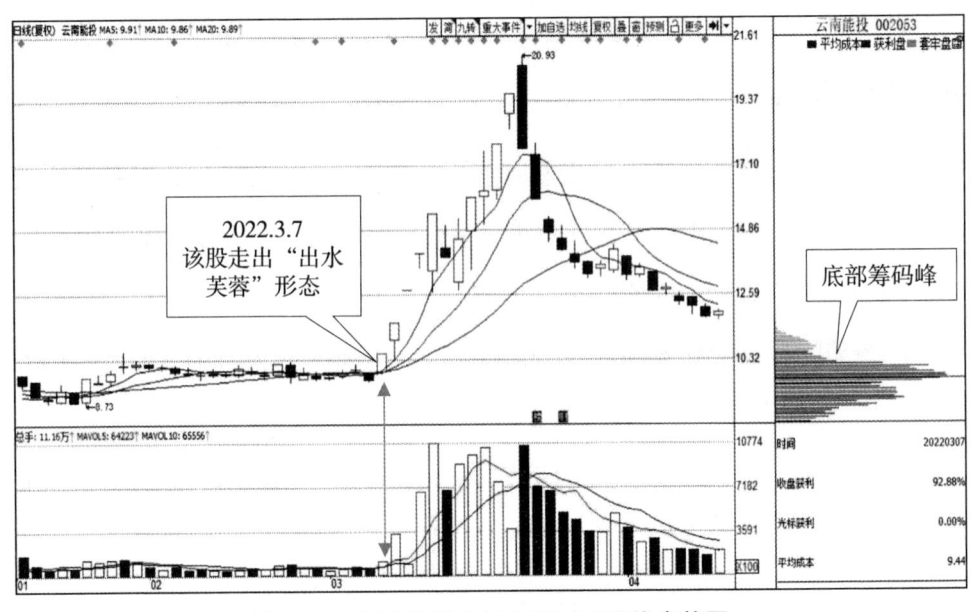

图4-33 云南能投（002053）日K线走势图

2022年2月到3月初，云南能投的股价走出了一波盘整行情，该股的各条均线逐渐黏合在一起。

经过一波盘整后，2022年3月7日，云南能投的股价突破盘整区域，且当天的K线一举突破多条均线的压制，形成"出水芙蓉"形态，这预示着该股股价将要发动一波快速上涨行情。该股的成交量相比前几个交易日有明显放大，说明有资金流入，投资者可以考虑买入该股。

观察此时的筹码分布图可知，当日股价K线已经站到了筹码峰的上方，这是主力庄家完成建仓的一个典型信号，投资者可积极入场追涨。

四、突破底部盘整区域

K线在前一波下跌行情结束之后并未立即反弹向上，而是走出了一波横向盘整走势。其后股价向上突破盘整区域，意味着股价即将启动反弹行情，这属于典型的买入信号。有时，股价在底部盘整过程中还会形成一些经典的底部形态，如头肩底形态、双底形态、三重底形态等，如图4-34所示。

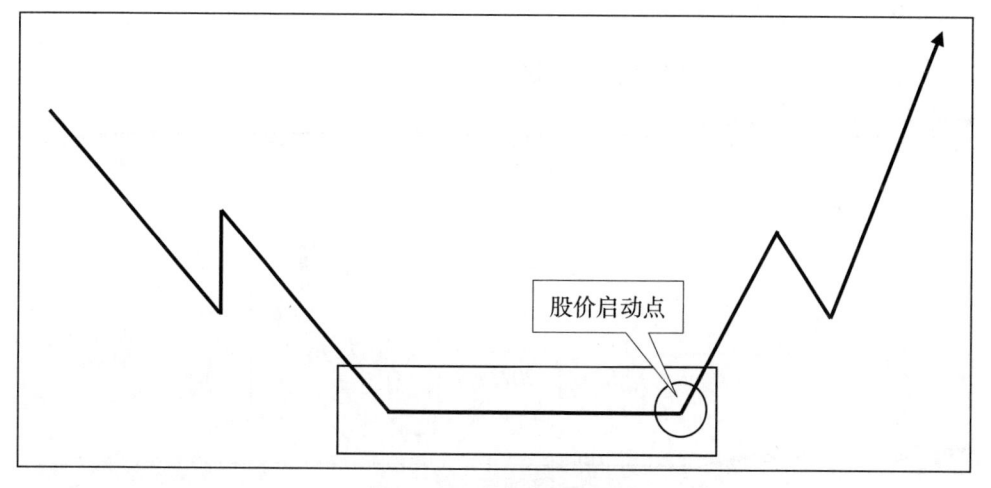

图4-34　底部盘整区域

该形态的盘面特征如下。

第一，K线底部横向盘整发出的是行情由坏转好的反转信号，如果股价在上涨过程中能够伴随成交量的放大，则行情发生反转的可能性更大。

第二，当股价上涨到下跌之前某一反弹高点时，上涨就会遇到一定的阻力。这时第一浪上涨有顺势结束的可能。股价如果能够突破这一阻力位，则上涨很有可能会继续，投资者此时就可以大胆买入股票了。

第三，股价向上突破盘整区域时，K线也会同步突破多条均线，各条均线也会由黏合状转为多头发散排列，这也是典型的买入信号。

第四，股价横向盘整过程中，成交量会呈现出萎缩状态，而股价突破盘整区域时，成交量会逐级放大。

第五，经过一段时间的盘整，前期套牢的投资者会选择割肉离场，主力也会悄悄吸筹建仓，底部筹码峰会逐渐拉长。某日股价大幅上攻，且股价位于筹码峰顶部位置，股价上方已经没有较大的筹码峰，这时股价上攻的阻力会小很多。

第六，突破盘整区域的典型信号包括突破均线位、突破双底或头肩底等底部形态的颈线位等。

下面来看一下牧高笛的案例，如图4-35所示。

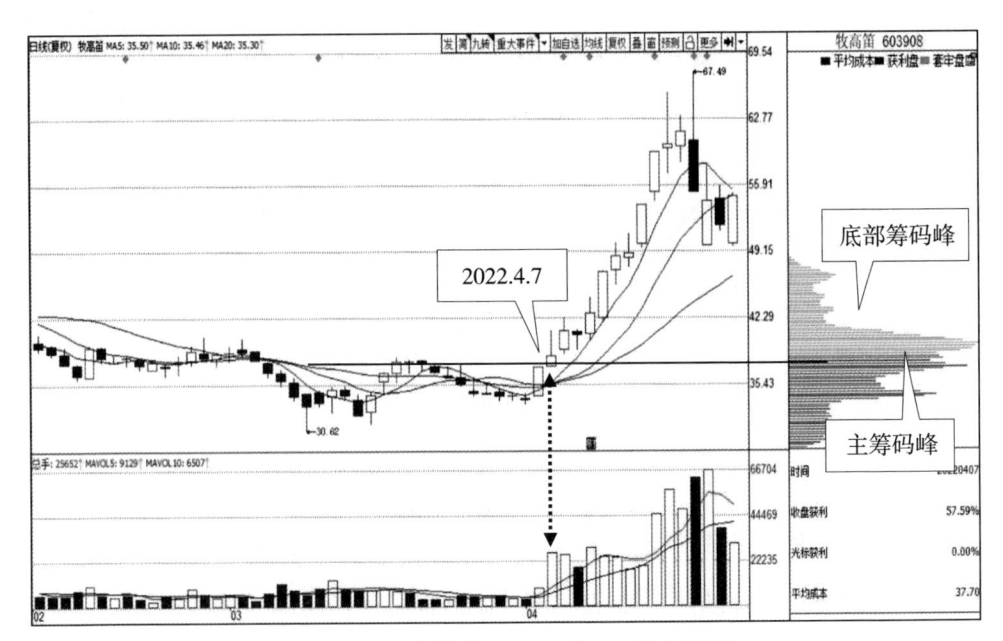

图4-35　牧高笛（603908）日K线走势图

牧高笛的股价自2022年1月中旬启动了一波下跌走势。到了3月，更是走出了经典的双底形态。与此同时，筹码已经聚集于底部区域，说明主力庄家的建仓即将完成。

观察此时的筹码分布图可知，此时筹码已经基本集中于底部区域了。投资者可对股价走势保持关注，一旦股价突破重要阻力位并站在底部筹码峰上方，即可放心入场。

2022年4月7日，该股股价向上突破了小双底的颈线，且成交量同步放大了很多倍，只是股价存在一个冲高回落的迹象。与此同时，该股股价K线还没有完成对底部筹码峰的突破，投资者可耐心观望下一个交易日的股价走势。次日，该股股价再度上攻，不仅成功站稳小双底的颈线位，还站到了底部筹码峰的上方，投资者可据此入场建仓。

第五章
洗盘：庄家清洗浮筹的策略

洗盘是贯穿主力整个坐庄过程的动作。无论是建仓阶段还是拉升阶段，洗盘动作都会出现。投资者只有清楚地识别这些洗盘动作，才能不被主力轻易"洗掉"。

在主力的整个拉升过程中，始终有一部分股票掌握在投资者手中。当股价上涨后，投资者手中的股票就会因为获利而逐渐卖出。在这种情况下，当主力将股价拉高出货时，这些股票也会随主力卖出，这将大大增加主力的出货难度。为了锁定投资者手中的筹码，主力必须通过洗盘促使投资者手中的股票充分换手，借以提升投资者的持仓成本，使这些股票不会轻易地流出。

当主力采取洗盘动作时，会有一部分投资者将手中的筹码卖掉，也会有一部分投资者买进股票。由于后买进股票的投资者成本更高，对获利也就有了更高的要求，因此这些投资者不会轻易地卖出股票，这样，主力就完成了锁定筹码的目的。

第一节　庄家洗盘的心理战

洗盘是拉升的前奏，但很多散户都倒在了洗盘的环节。很多投资者熬过了最艰难的打压式建仓，却没有笑到最后，其实就是在主力庄家洗盘环节丢掉了筹码。

从主力庄家的角度来看，洗盘对于后面的拉升是极其重要的。

第一，洗盘可以让意志不坚定者下车。主力启动拉升后，股价短期内会出现较大幅度的上涨，很多意志不坚定者很可能中途离场，这就会给主力庄家的拉升造成较大的压力。因此，为了后面拉升顺利，主力庄家必须先通过洗盘将这部分意志不坚定者洗出去。

第二，通过提高换手率，提升平均持仓成本。在洗盘过程中，并不是散户抛出的所有筹码都被主力庄家吸走了，大部分筹码是从一部分散户手中转向了另外一部分散户手中。对于主力庄家来说，这种转移是十分有意义的，因为通过这种换手，市场平均持仓成本提升了，而且后上车者必然对盈利有更高的期待，这就为主力庄家的拉升提供了帮助。

一、突破散户心理底线

其实，所有的投资者入场前都会对主力庄家的洗盘有所预估，但绝大多数人还是因为没有经受住主力庄家的洗盘而割肉离场，为何？因为主力庄家的洗盘往往会突破散户的心理防线，让散户根本不敢相信这是主力庄家在洗盘，而是认定这就是趋势反转。

下面来看一下数字政通的走势情况，如图5-1所示。

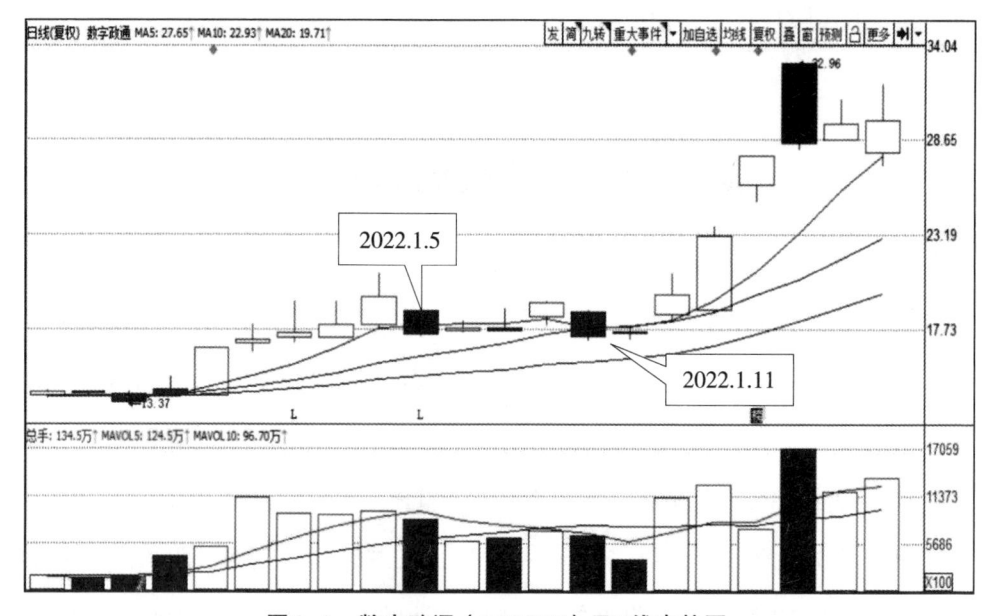

图5-1　数字政通（300075）日K线走势图

数字政通的股价经过一波拉升建仓后，2022年年初，该股股价出现盘整走势。其实，这种盘整走势是主力庄家因为洗盘需要而刻意为之。尽管很多投资者能够预期到主力庄家可能会洗盘，但在1月5日，当该股大幅下跌11个点时，仍然让很多人心有余悸，很多散户因为心理承受不住这种下跌的压力而选择了离场。

其后，该股股价出现反弹走势。不过，几个交易日后的1月11日，该股股价再度下跌10个点以上，这种下跌方式大大超过了投资者的心理预期，于是纷纷选择离场。

该股股价再经过两个交易日的盘整后，重新出现了大幅上攻走势，一波真正的拉升正式开始了。

二、让散户兑现盈利，赶紧出局

相比而言，让很多散户止盈出局要比止损出局更容易。因此，主力拉升股价前，几次试盘行动就可以达成让散户出局离场的目标。很多散户由于心态不够成熟，在获得了一点儿盈利后，就会患得患失，急不可耐地抛售股票。这种心理对主力庄家向上拉升股价是十分不利的，很容易造成上攻时筹码松动，因此，主力庄家往往会在大幅拉升前，先将这部分人震出局。

在市场上，很多上涨了百分之几十甚至几倍的牛股，在拉升前都会有大幅震仓的动作，让很多产生了一点儿盈利的散户出局。当然，很多人事后会对自己的选择非常懊恼，觉得自己距离捕捉大牛股只差了那么一点点，甚至自己已经在车上了，只是主力庄家稍稍一震仓，就把自己震下了车。若自己意志再坚定点儿，就可以把握这波行情了。其实，被震仓出局的散户距离捕捉大牛股仍旧十分遥远，因为自己的心态和操盘计划仍然没有达到捕捉牛股的水平，仍需要在股市中不断地磨炼。

下面来看一下星光农机的走势情况，如图5-2所示。

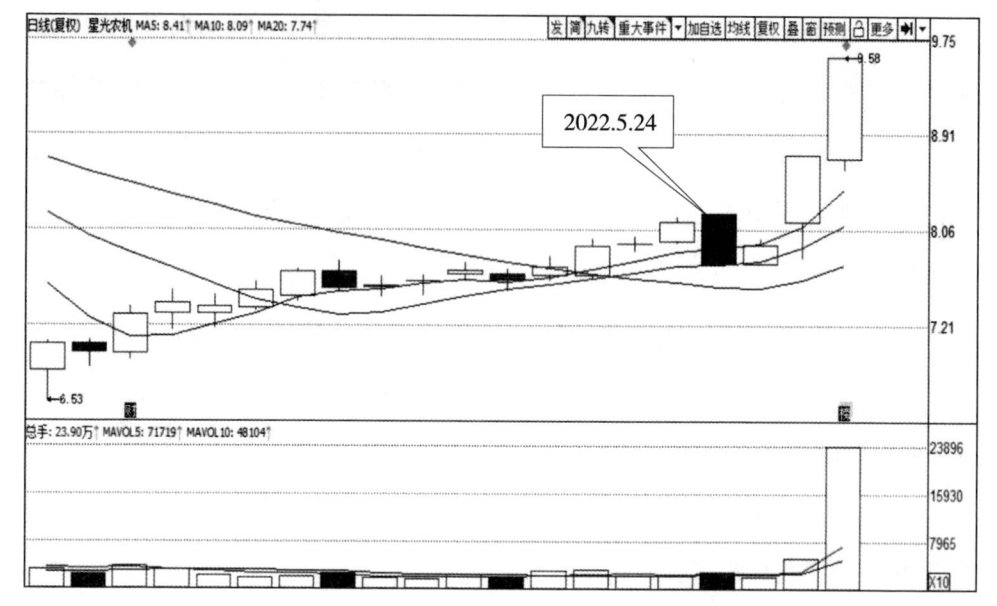

图5-2　星光农机（603789）日K线走势图

自2022年4月底，星光农机的价格触底后出现了一波小幅上升走势。随着股价的小幅振荡上升，很多底部入场的投资开始产生了盈利。不过，对于主力庄家来说，这点儿盈利根本不算什么，为了更大幅度地拉升，主力庄家进行了一次幅度较大的洗盘。

2022年5月24日，该股股价高开后大幅走低，股价K线不仅跌破了5日均线，跌幅也有将近5个点。对于这只上升缓慢的股票来说，5个点的跌幅算是相当大的，很多散户将近一个月的盈利被吞噬了一大半，于是很多人选择了止盈离场。

接着，主力庄家在外围环境利好的配合下，连续大幅向上拉升股价。让5月24日放弃手中筹码的散户后悔不迭。

三、让散户恐慌，再把恐慌放大

投资者回顾股价上涨行情时，总会有这样一种感觉：要是自己能够在股价启动伊始介入就太好了。其实，股价启动伊始，是持仓中最难把握的一段行情。

股价刚刚启动时，等待散户的可能不是股价的快速拉升，而是一波幅度极大的洗盘。有时候，为了让散户放弃手中的筹码，主力庄家会刻意将K线形态做得非常恶劣，让散户感到恐慌。

下面来看一下隆平高科的股价走势情况，如图5-3所示。

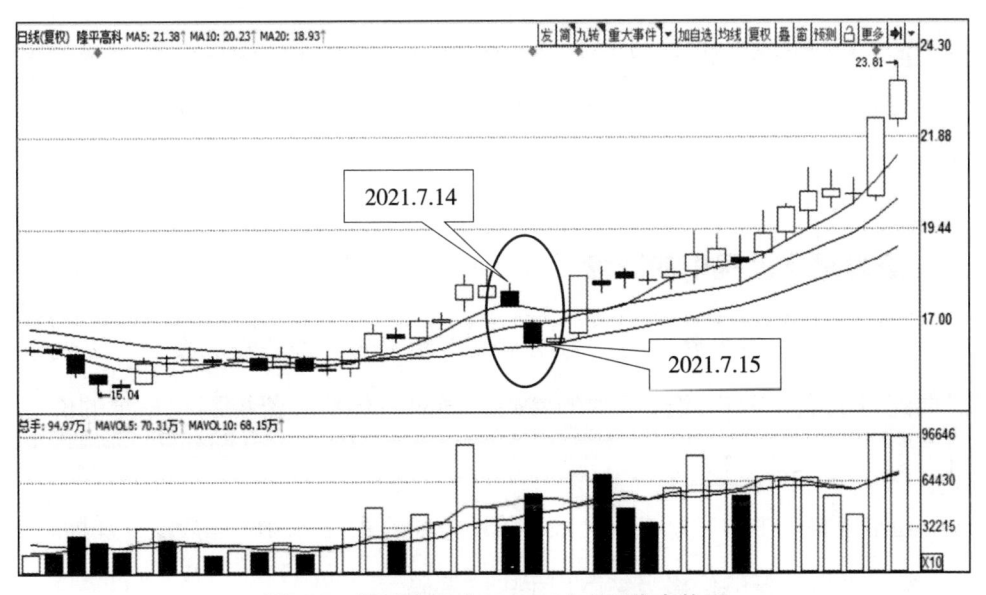

图5-3　隆平高科（000998）日K线走势图

2021年6月下旬开始，隆平高科的价格触底后出现了一波小幅上升走势。随着股价的小幅振荡上升，很多底部入场的投资开始产生了盈利。

不过，任何股票的上攻之路都不是一帆风顺的。2021年7月14日和7月15日，主力庄家连续两个交易日大幅向下打压股价，该股股价K线连续跌破5日均线和10日均线，走势进一步恶化，让很多散户因为恐惧而选择了离场。

此后，主力庄家稍作停顿，又开始了新一轮的拉升。由此可见，该股先前的下跌只是一次短暂的洗盘。

第二节　庄家洗盘的时机

主力庄家在坐庄过程中，会不定时地进行洗盘行动。比如，股价短线涨幅过大时，股价即将拉升前，主力庄家都可能会进行洗盘。同时，洗盘的时机不同，洗盘的级别也会有所不同。有的洗盘只是日内级别的，也就是一个交易日完成，有的洗盘可能会持续几周甚至几个月完成，这就是级别较大的洗盘了。

一、吸筹建仓过程中的洗盘

吸筹过程中的洗盘，是主力庄家最常使用的一种洗盘场景。主力庄家需要通过洗盘让散户放弃手中的筹码，同时还想将股价控制在一定的价位以下。

通常来说，主力庄家在建仓吸筹阶段洗盘，主要的目的包括以下几种。

第一，以较低的价格吸纳散户手中的筹码。

第二，在吸筹过程中防止股价升高，刻意打压股价。

第三，通过制造恐慌，让散户割肉。

总之，在吸筹建仓过程中，洗盘几乎是无时无刻不在的。主力庄家不仅要吸入足够的筹码，还要将股价控制在很低的水平，这就是其核心目标。股价几乎每上升几个点就会有一波洗盘，有时在一个交易日内也会不间断进行洗盘。从这一点也能看出，为何在底部区域股价上涨总是特别困难，且很多投资者都拿不住股票，原因就在这里。

下面来看一下金风科技的案例，如图5-4所示。

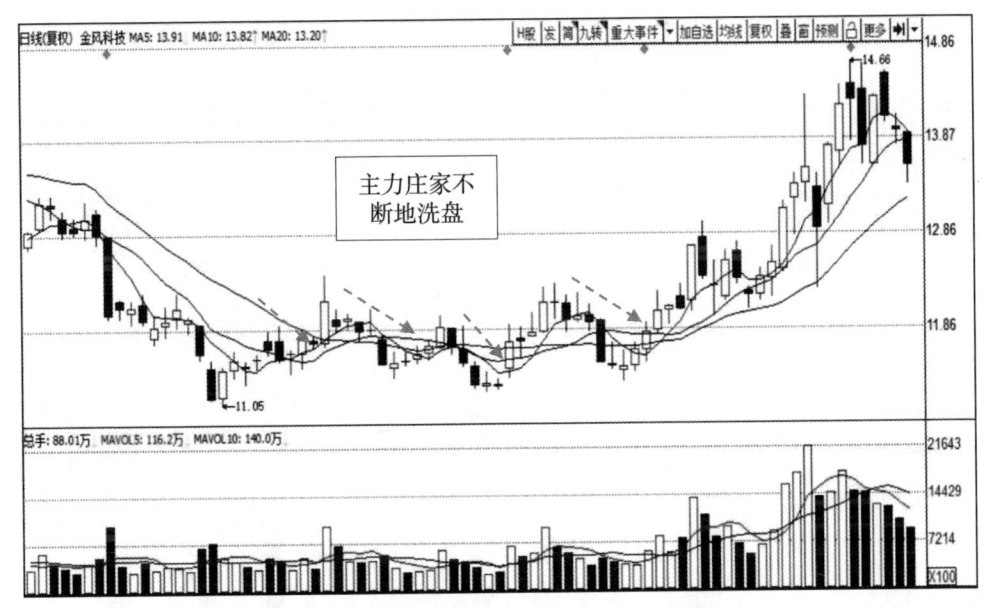

图5-4 金风科技（002202）日K线走势图

金风科技的股价在2021年5月至7月出现了横向盘整走势。从该股股价走势来看，此阶段属于主力庄家吸筹建仓时期。观察该股的走势可以发现：该股股价出现一波小幅上升后，很快就会转入调整。

也就是说，该股股价的波动始终被控制在一个相对狭窄的区间内，这说明主力庄家为了吸收到足够的廉价筹码，在控盘时也是费尽心机。

二、拉升前期的洗盘

通常来说，主力庄家每次拉升股价前都会进行一次洗盘，将持股意志不坚定者洗出去。而且越是规模较大的拉升，拉升前的洗盘力度也会越大。

拉升前期洗盘的目的包括以下几项。

第一，将获利浮筹清洗出去，以防止拉升过程中增添阻力。

第二，主力高抛低吸，降低持仓成本。

第三，主力再吸入一些廉价筹码。

下面来看一下五矿稀土（现为中国稀土）的案例，如图5-5所示。

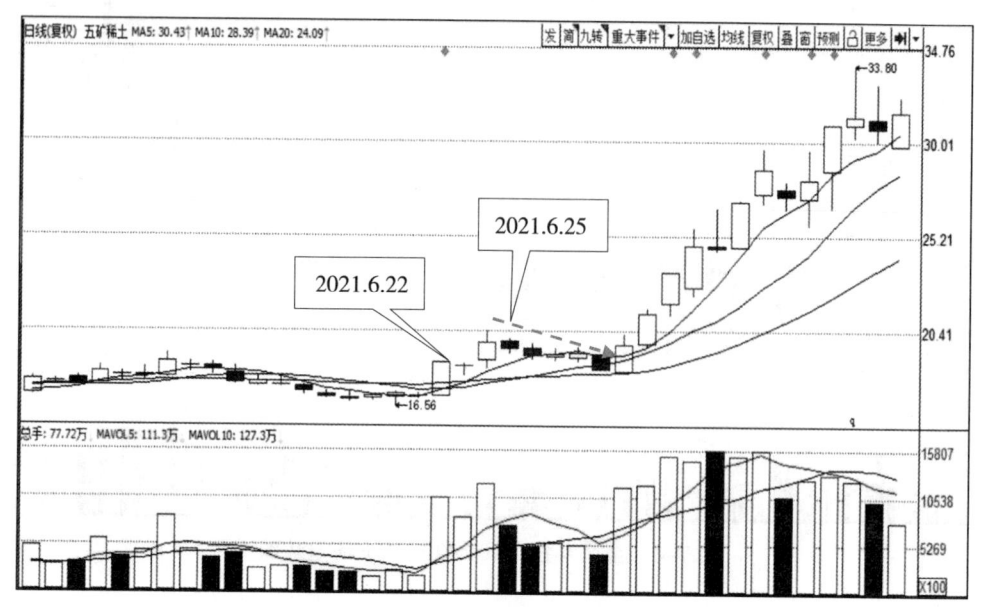

图5-5　五矿稀土（000831）日K线走势图

五矿稀土的股价经历了一波横向振荡后，在2021年6月22日直接上攻，向上放量突破了多条均线，形成"出水芙蓉"形态，这属于典型的股价启动形态。

不过，该股上涨几个交易日后，6月25日股价出现了调整走势，而且这波调整一直持续了一周左右。伴随着股价的回调，成交量同步萎缩，说明此阶段属于主力庄家拉升阶段的洗盘行为。

当主力庄家洗盘结束后，股价迅速开始了快速拉升行情。

第三节　日内级别洗盘模式

日内洗盘，即主力庄家的全部洗盘动作在一个交易日内完成，洗盘结束后，股价会迅速恢复上升行情。这种洗盘模式多出现在快速上攻期的强势股身上。也就是说，主力已经开始进入快速拉升阶段，为了保持股票的热度，不愿意花太多时间在洗盘上。日内级别的洗盘，概括起来可以细分为三种基本模式，即高开低走、低开低走和盘中剧震。

一、高开低走式洗盘

高开低走式洗盘，多见于股价启动快速上涨的前期。股价先是承接前日上升态势大幅高开，随后股价在抛盘的压力下逐渐走低，最终在K图上留下一根长长的大阴线，给投资者的心理造成极大的震撼。很多投资者在当日就会做出卖出决策，特别是先前入场、已经产生了一定盈利的投资者，为了防止股价运行趋势的逆转导致亏损，会在当日选择获利了结。

高开低走式洗盘，在盘面上会呈现如下几个特点。

第一，早盘在利好消息或前日股价大幅走高的推动下出现大幅高开态势。其后股价并未继续走高，而是出现了振荡走低的态势。

第二，从分时线走势图来看，股价虽偶有反弹，但力度基本不大，显示空方极为强势，多方处于无力反攻的态势。

第三，从成交量来看，由于股价属于高开低走态势，因而成交量会明显放大。其实这也是主力能够在一个交易日内完成洗盘的原因，也就是说，在一个交易日内，将该洗出去的筹码都清洗完了。

第四，从K线图上来看，股价经过大幅回落后，仍未跌破5日均线或10日均线，且整个股价上升的趋势并没有被破坏。

下面来看一下科陆电子的案例，如图5-6所示。

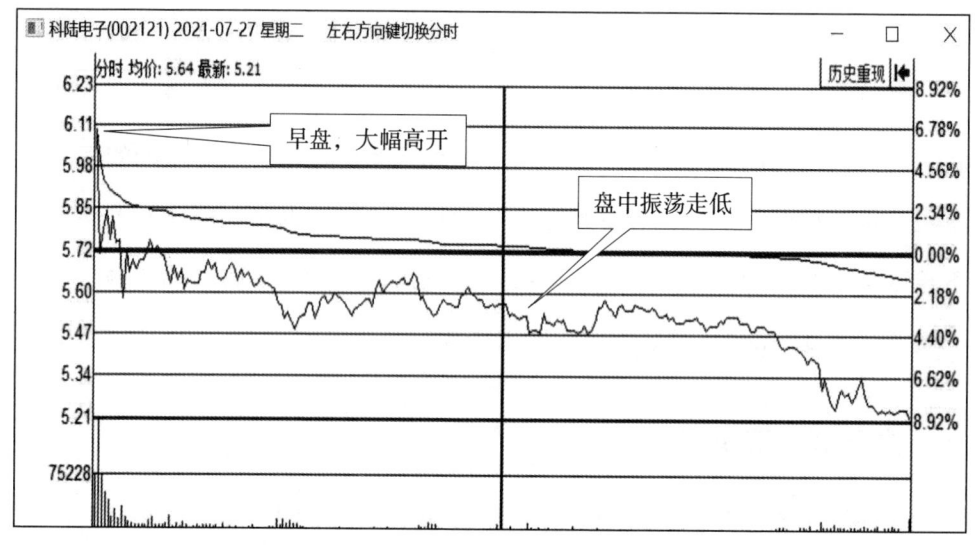

图5-6　科陆电子（002121）分时走势图（2021.7.27）

2021年7月27日，科陆电子的股价在前两个交易日连续涨停的影响下大幅高开。不过，该股股价并未像前两个交易日一样再度冲击涨停板，而是出现了振荡走低态势。

在股价下跌过程中，几乎没有形成一次强有力的反弹，给人一种多方实力不足的感觉。很多散户特别是已经有了一定盈利的投资者为了保住自己的利润，此时就会选择离场观望，而这也正是主力庄家希望看到的。

下面再来看一下该股的日K线走势图，如图5-7所示。

科陆电子在利好消息的推动下，2021年7月23日股价结束了盘整，直接拉升至涨停板。

下一交易日（7月26日），该股股价再度收出涨停板，强势尽显。7月27日，该股股价高开低走大幅回落，成交量出现了大幅放量态势。至于当日该股属于趋势反转还是主力洗盘，从当日的走势上不好下结论。不过，当日股价并未跌破5日均线，投资者仍可保留一定仓位。

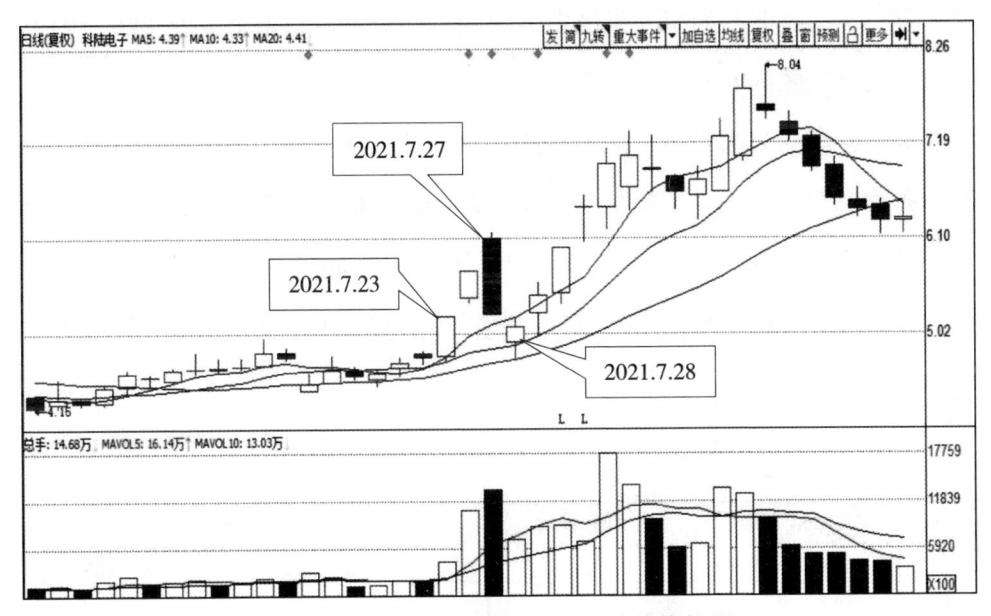

图5-7　科陆电子（002121）日K线走势图

7月28日，该股低开高走，收出一根假阳线。但此假阳线刚好位于10日均线的上方，说明10日均线对该股仍有较强的支撑作用。

此后该股股价继续上扬，7月27日的回调属于洗盘无疑。投资者可在股价重新突破7月27日高点时加仓入场。

总之，当无法判断主力到底是洗盘还是股价趋势反转时，暂时离场或部分减仓都是一种明智的选择，待趋势明朗后可以重新加仓。

二、低开低走式洗盘

股价经过一波上涨之后低开，且开盘之后股价仍旧保持振荡走低的态势。低开低走式洗盘，对投资者的震慑作用很强，毕竟主力庄家连拉高开盘的动作也没有，大有将散户全部"闷杀"的感觉，于是很多先前入场的投资者，无论有无盈利，都会因为恐慌而选择离场。

低开低走式洗盘的盘面特征包括如下几点。

第一，早盘低开为全天股价走势奠定了一个基调，整个盘面走势日内也没有出现一次像样的反攻。

第二，从成交量来看，由于股价属于低开低走态势，因而成交量通常会呈现萎缩态势，几乎没有多少场外资金会介入。场内的散户想要出去，就必须接受更低的价格，此时，主力庄家的买单正在下面等着。

第三，从K线图来看，股价经过调整后，仍未跌破5日均线或10日均线，且整个股价上升的趋势并没有被破坏。

下面来看一下茂硕电源的案例，如图5-8所示。

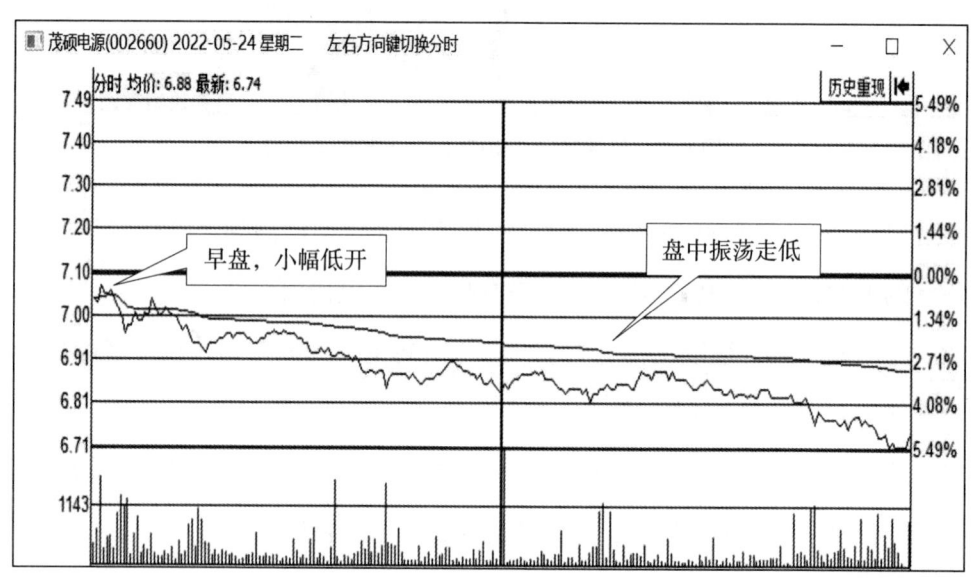

图5-8　茂硕电源（002660）分时走势图（2022.5.24）

2022年5月24日，茂硕电源的股价在早盘低开之后，稍作反弹就转入了振荡下跌走势。该股分时线下行过程中，几乎没有出现像样的反弹。到了收盘时段，股价下跌幅度超过了5个点。投资者若难以判断此时的下跌属于洗盘还是趋势反转，可以对照K线图来综合研判。

下面再来看一下该股的日K线走势图，如图5-9所示。

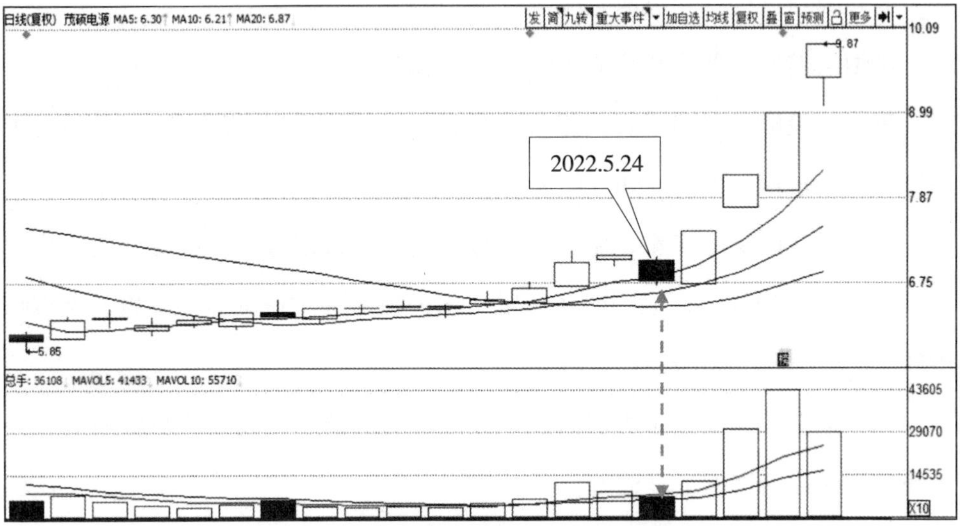

图5-9　茂硕电源（002660）日K线走势图

受光伏产业利好的推动，茂硕电源的股价在2022年4月出现了振荡上升走势。到了5月下旬，该股股价上涨速度加快，但5月24日该股股价出现了低开低走走势，在K线图上留下了一根中阴线，且成交量同步出现了萎缩。

从日K线图可以看出，该股回调时伴随着成交量的萎缩，这属于典型的洗盘形态。投资者盘后判断相对容易一些。

次日，该股股价低开高走，放量收出大阳线，更可印证先前的回调仅仅是上涨途中的一次洗盘。

总体来说，这种低开低走式洗盘是相对温和的，投资者只要控制好仓位和止盈位，一般都不容易被洗出去。

三、盘中剧震式洗盘

盘中剧震式洗盘，是一种波动非常剧烈的洗盘方式。股价在一个交易日内的波动幅度可能会超过10个点，让投资者根本无法辨明主力庄家的操盘方向。因此，面对这种剧震式洗盘，很多散户都会选择退避三舍。然而，主力庄家就是靠着这种方式快速完成洗盘的。

盘中剧震式洗盘的盘面特征包括如下几点。

第一，股价高开或平开后出现冲高走势，而后反向振荡下跌。虽然盘中可能会出现规模较大的反弹，但最终股价仍以大幅下跌报收。

第二，从成交量来看，由于股价盘中出现了大幅振荡，成交量自然也会出现较大规模的放大，但一般还是以不出天量为宜。一旦出现天量，就意味着整个股价运行的态势会彻底改变。

第三，盘中剧震是主力庄家急于完成洗盘的结果，因而洗盘结束后，股价也会很快重新进入上升通道。

下面来看一下冀东装备的案例，如图5-10所示。

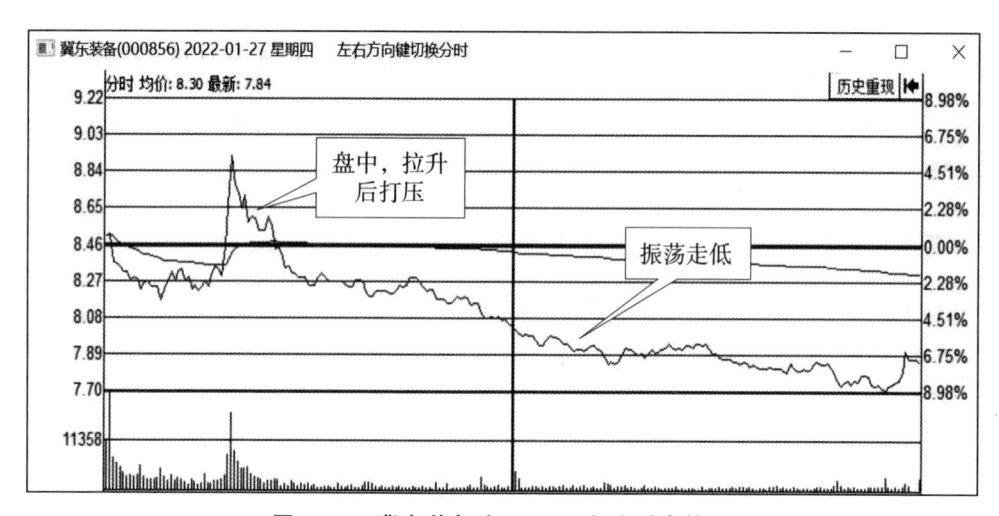

图5-10　冀东装备（000856）分时走势图

冀东装备的股价在2022年1月26日涨停后，于1月27日出现了大幅振荡走势。该股在盘中时段出现了一波快速上升走势，但很快又被打压下来，给人一种明显的诱多感觉。此时，很多投资者认定主力庄家正在出货，因而不得不争相出货。此时，主力庄家则趁机接下廉价筹码。

投资者还可结合K线走势来综合研判股价的运行态势,如图5-11所示。

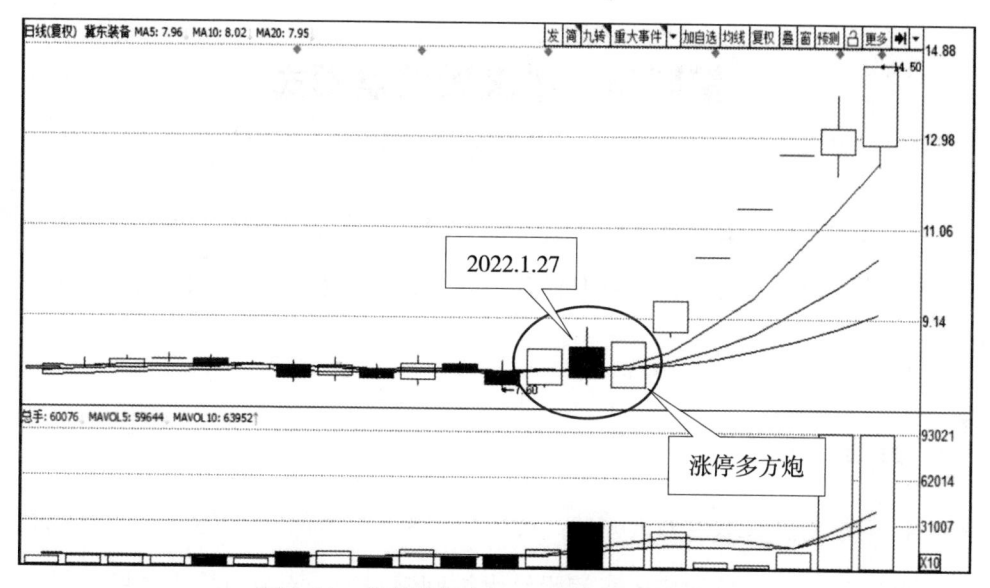

图5-11　冀东装备(000856)日K线走势图

冀东装备的股价经过一段时间的横向盘整后,于2022年1月26日直线拉升形成涨停板,这是典型的股价启动迹象,于是很多投资者开始看好该股。

不过,正当投资者开始憧憬股价上升时,1月27日,该股盘中出现剧烈振荡,很多投资者开始对股价突破方向产生怀疑,于是纷纷卖出手中的股票,成交量明显放大就是这种情况的一个反映。

次日,该股股价低开高走,再度收出一个涨停板,并与1月26日的涨停板构成了涨停多方炮形态。该涨停板基本宣布前一个交易日的洗盘行动已经结束,该股正式进入上升通道。

第四节 小波段洗盘模式

小波段洗盘，是指整体持续时间相对较短的洗盘，多出现在主力庄家建仓末期或股价上攻行情已经展开阶段。小波段洗盘持续的时间一般为3到10个交易日。

一、打压式洗盘

打压式洗盘是指主力大幅拉高股价后，利用市场积累的较多获利盘的获利回吐欲望，猛然反手打压，使股价大幅回落，把一部分投资者恐吓出场。一般情况下，主力在进行打压式洗盘时，都会利用大盘的弱势或者利空消息，此时向下打压会收到事半功倍的效果。有时股价还会故意跌破一些重要支撑位或者技术点位，给投资者造成一定的恐慌。

此时，投资者可以采取设置固定止损位的方式，以抵抗主力的洗盘。投资者可以把止损位设置得低一些，如一些重要支撑位的下方，只要保证还能有盈利就可以了。这样，无论主力怎样打压股价，也不会触及自己的止损位了。

打压式洗盘在盘面上会呈现如下特征。

第一，股价被大幅拉升后出现下跌走势，股价可能会跌破一些重要的均线、技术点位或其他技术支撑位等，但是很快就会收复这些重要的位置。

第二，主力在打压股价时，成交量往往处于缩减态势。虽然股价下跌幅度较大，但成交量很少。

下面来看一下晋西车轴的案例，如图5-12所示。

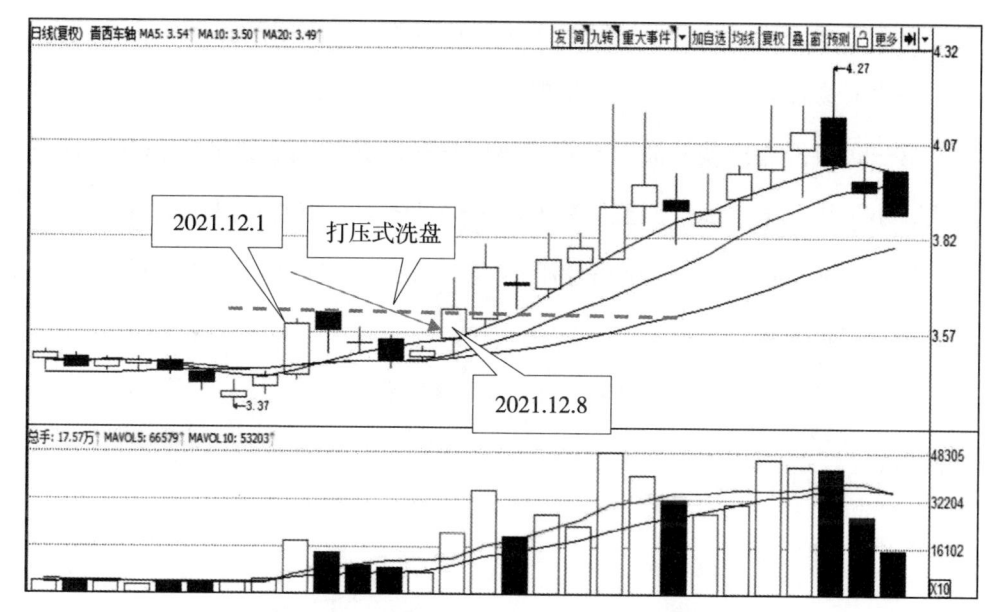

图5-12 晋西车轴（600495）日K线走势图

晋西车轴的股价在2021年11月经历了一波横向振荡后，于12月1日突然出现大幅拉升，成交量同步放大。

正当所有投资者都以为股价将进入上升通道时，该股却开始了振荡回调走势。观察此时的成交量可知，随着股价走低，成交量也同步萎缩，且股价K线一直没有跌破20日均线，这更说明此时的回调像是洗盘。

2021年12月8日，该股股价高开高走，盘中剧震，但最终还是突破了回调前的最高价。至此，主力庄家的洗盘就结束了。

此后，该股股价重新回归上升通道。

二、横向振荡式洗盘

横向振荡式洗盘一般发生在股价有了一段较大幅度的上涨之后，主力通过小幅振荡的方式进行洗盘，促使短线获利盘流出。

通常情况下，横向振荡式洗盘过程中，股价会在某一重要支撑位附近获得足够的支撑，或者股价维持在一个相对狭窄的区域内振荡。

横向振荡式洗盘在盘面上会呈现如下特征。

第一，股价在出现一波上攻行情或收出一根大阳线后，随后出现多根小阴线、小阳线、十字线，但整体来说股价仍处于某一重要支撑位上方。

第二，成交量呈现出逐渐缩减的态势，而其越接近整理形态的尾端，成交量缩减得越厉害。

下面来看一下特力A的案例，如图5-13所示。

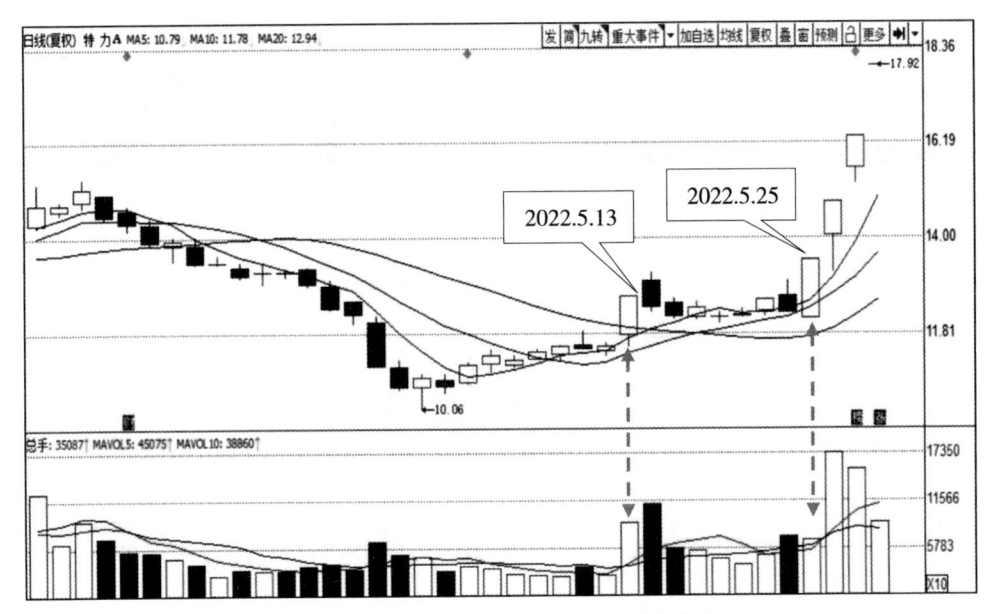

图5-13 特力A（000025）日K线走势图

特力A的股价在2022年4月经历了一波横向振荡后，于5月13日突然出现放量拉升，当日并以涨停报收。

次日该股高开后，并未延续上攻态势，而是反向出现了调整走势。此后，该股股价一直呈横向振荡态势，股价波动幅度不大，基本围绕5日均线波动，且成交量持续萎缩，这是典型的横向洗盘形态。

2022年5月25日，该股股价低开高走，再度强势涨停，且突破了调整前的最高价。至此，主力庄家的洗盘操作就结束了。

此后，该股股价重新回归上升通道。

三、边拉边洗式洗盘

边拉边洗式洗盘常常出现在单边上扬的市场中，庄家把拉升与洗盘融为一体。庄家通过这种方式可以压缩短线投资者的利润空间，加速短线投资者的换手，以减轻股价上涨带来的抛售压力。投资者此时需要做的就是拿稳手中的股票，不要轻易被"洗出"。

边拉边洗式洗盘在盘面上会呈现如下特征。

第一，股价沿S形通道上升，且每次上升的幅度都不是很大。股价在上涨过程中不断创出新高，与此同时，股价在下跌过程中形成的低点却一次比一次高。

第二，在股价上涨过程中，虽然股价时有下跌，但跌幅都不是很大，而且股价的整体趋势是向上的。

下面来看一下深圳能源的案例，如图5-14所示。

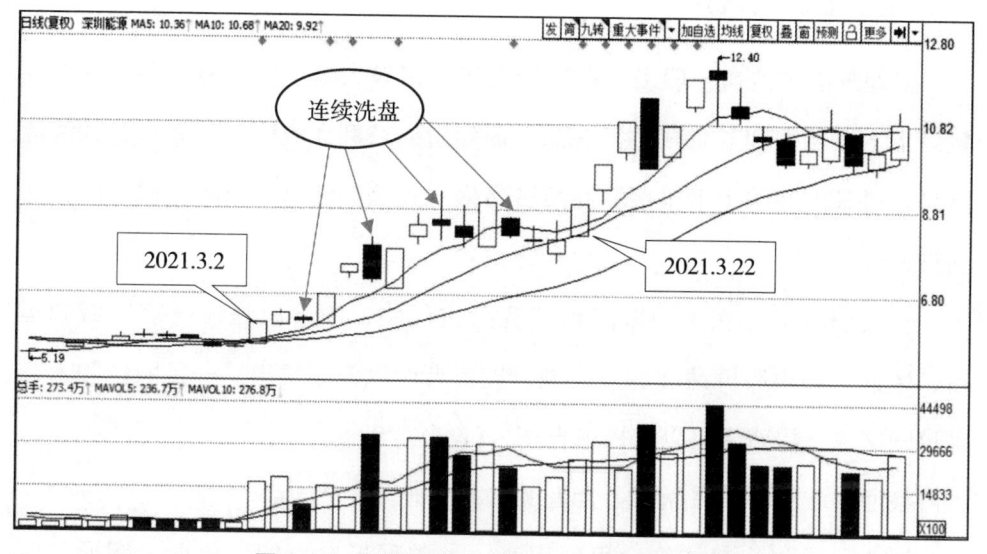

图5-14　深圳能源（000027）日K线走势图

深圳能源的股价在2020年年底到2021年3月初经历了一波横向振荡后，于2021年3月2日突然出现放量拉升走势，当日并以涨停报收。

此后，该股出现了振荡式上攻态势。主力庄家出现了多次拉升与洗盘，股价一路边拉升边洗盘，到了3月22日，该股股价放量大涨，标志着该股洗盘结束。

此后，该股股价正式进入快速上升通道。

第五节　大周期洗盘模式

相对于小波段洗盘，大周期洗盘持续的时间更长。这类洗盘一般发生在股价已经出现了一波上涨走势之后，短线获利盘积累较多，主力庄家想要进一步拉升股价，就必须下大力气将一些筹码清洗出去。

最典型的大周期洗盘方式，包括整理形态式洗盘和次级运动式洗盘。

一、整理形态式洗盘

整理形态式洗盘一般发生在股价有了一段较大幅度的上涨之后，主力反复以上下振荡整理的方式进行洗盘，促使短线获利盘流出。整理形态式洗盘就是通过长时间的上下振荡，使投资者根本无法搞清楚后市的发展方向，从而被迫离场观望。

一般情况下，在主力振荡整理洗盘过程中，股价总是在一定区域内运行，因此，如果股价跌破这一区域，投资者可以考虑卖出。一旦股价向上突破这一区域，投资者可以选择加仓买入。

整理形态式洗盘在盘面上会呈现如下特征。

第一，股价走势往往会呈现出某一种整理形态，如三角形、楔形、旗形、矩形等。

第二，成交量呈现逐渐缩减的态势，而且越接近整理形态的尾端，成交量缩减得越厉害。

各类整理形态的操作方法和要点大同小异，这里以上升旗形为例进行介绍。

上升旗形属于旗形形态中的一种，也是常见的股价K线整理形态，通常在一段上涨行情之后出现。该形态表现为：股价在上升过程中出现了一小段振荡下跌行情，如果将下跌的低点和回升的高点分别用直线连接起来，就形成了两条向下倾斜的平行线，看上去就像一面迎风飘扬的旗帜，如图5-15所示。

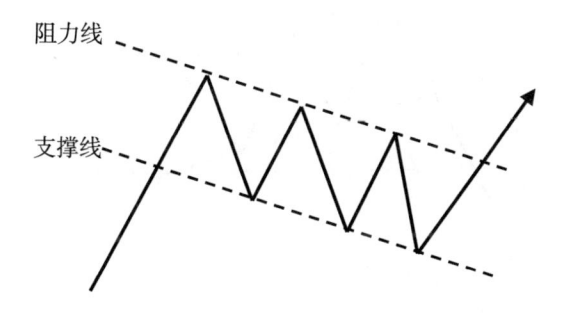

图5-15 上升旗形

上升旗形的形成经历了这样的过程：股价在急速上升的过程中成交量逐渐增加，最后达到一个短期高点；这时前期获利的投资者开始卖出股票，由于上方抛压严重，股价开始下跌，经过一番紧密的短期波动后形成了一个向下倾斜的平行四边形。人们将这一平行四边形形象地比喻为"旗面"，而将之前的上涨行情比喻为"旗杆"。股价一般会以向上突破的方式结束上升旗形整理，从而再次进入上升轨道。

上升旗形常常会被庄家用来清洗市面上的浮动筹码，一旦散户投资者纷纷看空而卖出股票，庄家就会迅速将股价拉升到一个很高的价位。

该形态的操作要点包括如下几个方面。

第一，当在快速上涨后出现了上升旗形形态，且成交量呈逐渐萎缩态势，则投资者不宜将股票卖出，仍以观望为佳。

第二，当股价突破上升旗形的上边线时，表示股价已经整理完毕，将继续上涨。这时投资者应该把握买入机会，适量加仓。

第三，股价向上突破后可能会有小幅回抽，但回抽的力量往往很弱，会在旗形的上边线附近获得支撑，然后再度上涨，如图5-16所示。当投资者看到回抽后重新上涨的情形，便可考虑加仓买入。不过，这种小幅回抽有时候可能不会出现。

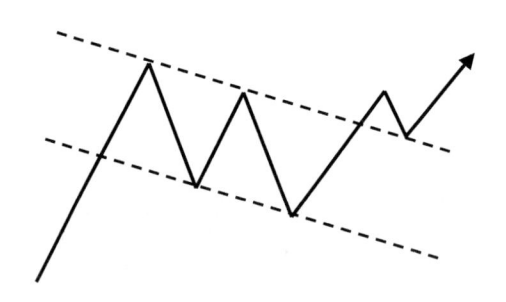

图5-16　上升旗形的扩展形态

第四，上升旗形必须出现在一段快速上涨行情之后才有意义，在下跌行情中出现倾斜向下的平行四边形不能看作上升旗形。

第五，旗杆的长度，即从股价开始大幅快速上涨（旗杆的形成点）到旗杆的顶点之间的垂直距离越大，那么后市上涨的幅度也越大，这一距离也是上升旗形理论上的最小升幅。

下面来看一下东风汽车的案例，如图5-17所示。

2020年11月到12月，东风汽车的日K线图上出现了上升旗形形态。

2020年10月底，东风汽车的股价经过微调后开始加速上涨。11月5日，该股以涨停的方式收出一根光头大阳线；11月6日，该股股价冲高未果，掉头向下，这一天的收盘价也成为该股走势的短期高点。

由此开始，东风汽车走出了一段振荡下跌走势，成交量也呈现出逐渐萎缩的态势。将股价逐渐下降的高点和低点分别相连，形成了一个向下倾斜的平行四边形，这是典型的上升旗形形态，预示着后市将会上涨。看到这种形态后，投资者应保持观望姿态，不宜卖出股票。

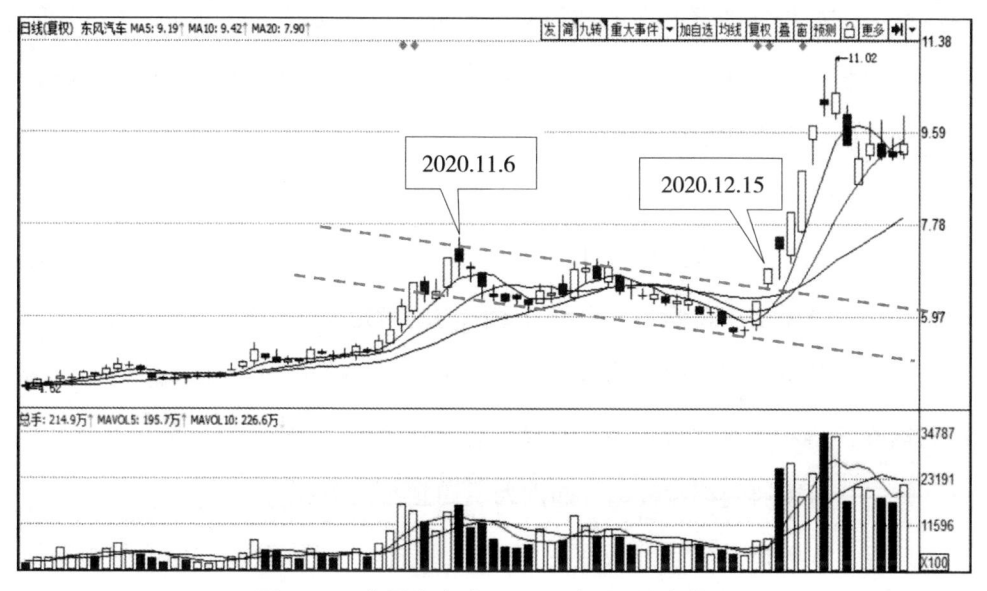

图5-17　东风汽车（600006）日K线走势图

2020年12月15日，股价成功突破上升旗形的上边线，上升旗形构筑完成。投资者可以在当日逢低买入。

此后，该股股价正式进入上升通道。由此可见，先前的振荡整理行情只是主力庄家的洗盘动作而已。

二、次级运动式洗盘

相比普通的洗盘与股价调整，次级运动的调整规模可能会很大，而且持续的时间会很长。"次级运动"这一名称最早见于道氏理论。

道氏理论将股票价格的趋势运动划分成三类，即主要运动、次级运动和日间波动。关于这三种运动，《道氏理论》一书的作者汉密尔顿曾经这样解释：

"关于道氏理论，我们需要牢记在心的是股市有三种运动，即股市整体上升或下跌的波段，历时1~3年；次一级的回调或反弹，可能历时几天到几周不等；再有就是股市的日间波动。这三种运动同时存在，类似于向前的波浪，翻滚的波涛伴随着回撤的波浪冲向岸边。也许可以这样讲，股市次级的运动使其强有力的主要运动暂停了一段时间，不过，即使我们能有所阻碍，自然规律依旧占支配地位。"

次级运动有如下几个特点。

第一，它与主要运动的方向相反，即牛市期间的次级运动都是下跌运动。在主力庄家坐庄过程中，次级运动的方向肯定是下行的。

第二，回调或反弹的幅度要小于主要运动运行的幅度。若其超出主要运动的幅度，将不再是次级运动，而是主要运动了。

第三，持续时间相对较短。通常为三周到数月不等。

第四，次级运动不可能改变主要运动的方向。也就是说，无论主力如何打压洗盘，股价并不会跌到先前起涨的位置，否则就不是次级运动，而是主要运动了。

第五，从成交量来看，次级运动发生过程中，成交量呈现萎缩态势，毕竟这属于典型的洗盘行为。

下面来看一下冠豪高新的股价走势情况，如图5-18所示。

冠豪高新的股价自2020年11月6日正式开启了上攻走势，其主要运动为上升趋势。其后，该股在上升过程中，主力庄家曾多次进行洗盘。该股股价在2020年12月3日、2021年1月6日和2021年2月2日，分别出现了三波规模较大的回调走势，这是典型的次级运动，主要是为了清洗上升过程中形成的浮筹，主力庄家刻意采取的打压行动。

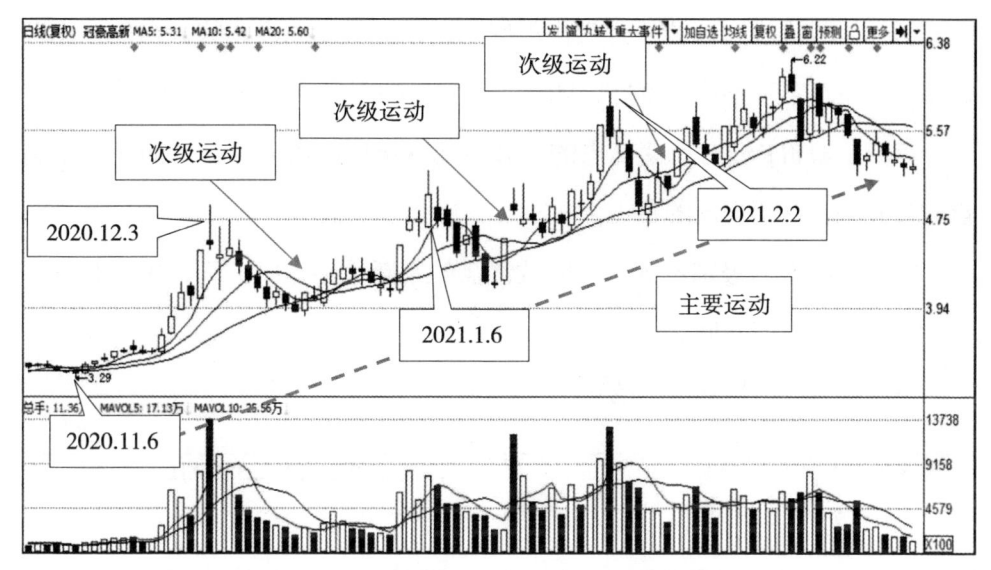

图5-18 冠豪高新（600433）日K线走势图

第六节 与庄共舞——对主力洗盘结束的判断

通常来说，主力洗盘结束意味着股价将迎来新的一波上升行情，而且这一波上升行情可能会比之前的建仓阶段涨幅更大。

一、股价突破前期高点

无论是日内洗盘、小波段洗盘还是大周期洗盘，从股价走势来看，股价收跌或下行都是其共同的特征。因此，当股价重新向上突破前期高点（洗盘启动前所形成的最高点），则意味着主力庄家洗盘结束，新的拉升行情即将开启。

不过，与单纯地突破前期高点不同，主力洗盘结束后突破前高，在盘面上会呈现如下几个典型的特征。

第一，股价经过一波拉升后出现回调，且成交量同步萎缩。当然，这种调整可以呈现各种不同的形态，如几个交易日的回撤、各类整理形态等。

第二，股价K线对前期高点的突破，成交量应以放大为宜，而且这个高点应该是洗盘开始启动的高点。

第三，洗盘的级别不同，对完成洗盘的判断也会有所不同，未来股价上升的幅度也会有所不同。

下面来看一下科陆电子的案例，如图5-19所示。

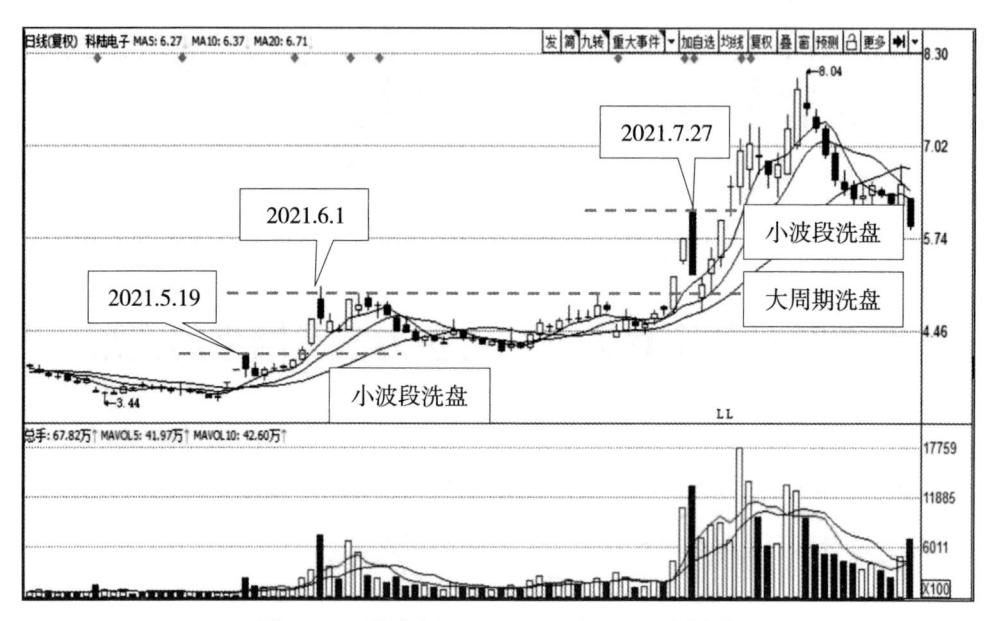

图5-19　科陆电子（002121）日K线走势图

科陆电子的股价自2021年5月启动了一波振荡上升走势，主力庄家在拉升股价的过程中，采取拉升一波、洗盘一波的控盘方式。自启动上涨以来，5月19日、6月1日和7月27日分别展开了三波洗盘行动，不过6月1日展开的洗盘规模明显较大，而且持续时间比较长。

对于普通散户来说，无法预判洗盘会持续多长时间，因此明智的选择是，当主力庄家开始洗盘时，先减掉一部分仓位，待主力完成洗盘（重新突破洗盘前高点）时再加仓买入。

回顾科陆电子的几波洗盘走势，可以发现每次洗盘结束，都是以股价放量突破洗盘前高点为典型信号。

二、股价对整理区域的突破

前面曾经介绍过，大周期洗盘中，最核心的一种模式就是以整理形态模式洗盘。这类洗盘结束的信号相对比较好判断和掌握，即以股价K线完成对整理区域的有效突破为标志。这里有这样几点需要特别关注。

第一，在相对较长的时间内，股价K线的波动呈现出了明显的某种整理形态，如楔形、旗形、三角形、矩形等。

第二，股价K线放量突破整理区域的上方压力线，可以作为突破整理区域的信号。这个上方压力线包括楔形、三角形、矩形和旗形的上边线。

下面来看一下科瑞技术的案例，如图5-20所示。

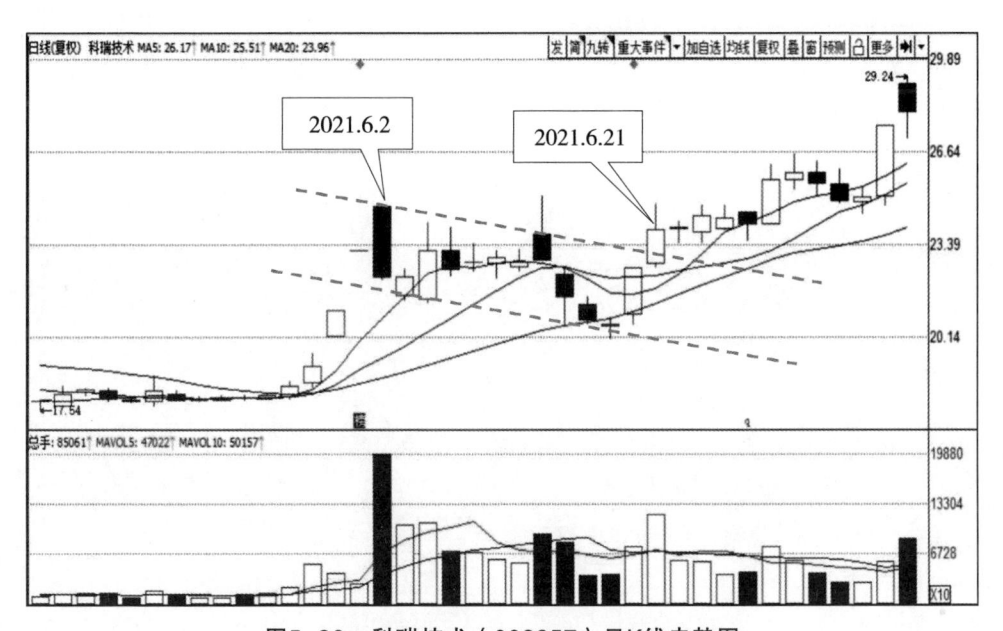

图5-20　科瑞技术（002957）日K线走势图

2021年6月，科瑞技术的日K线图上出现了上升旗形形态。

2021年6月2日，经过一波拉升后，科瑞技术高开低走收出一根光头大阴线，这一天的收盘价也就成了该股走势的短期高点。此后，该股股价进入了振荡整理行情。在该股股价振荡整理过程中，形成了明显的上升旗形形态。

2021年6月21日，科瑞技术的股价放量向上突破了上升旗形形态的上边线，这意味着股价完成了对整理形态的突破，主力庄家的洗盘动作已经完成。未来，该股将会展开新一轮上升行情。

第六章
拉升：庄家拉升股价的策略

拉升阶段是主力庄家最主要的利润生成阶段，也是散户追涨风险最小、利润最大的阶段。

第一节　拉升阶段的心理战

股价进入拉升阶段后，会出现一波明显的上涨行情。相比建仓阶段的涨幅，拉升阶段的股价涨幅更大，而且上涨势头更猛。按理来说，投资者应该能够很容易识别拉升行情，毕竟股价上升的幅度很大，而且整个上攻过程可能会持续较长的时间。不过，即使如此，大多数投资者仍旧难以捕捉到上升行情，这一方面与主力庄家的操盘手法有关，另一方面也与主力庄家能透彻把握散户的心理有直接关系。

一、能而示之不能

《孙子兵法·计篇》写道："兵者，诡道也。故能而示之不能，用而示之不用。"主力庄家将这一思想吃得非常透，而且能够活学活用。在股票交易领域，主力庄家明明要拉升股价，却总是做出要打压的样子，或者明明股价是上涨的，也会让散户感觉到股价随时可能会跌下来。

进入拉升阶段后，在前半段拉升过程中，股价上升的幅度一般都不算大，基本上保持前进一大步、后退一小步的模式，而在后半段则会采取急速拉升的模式。

从以往的拉升来看，往往是那些从缓慢拉升逐渐过渡到快速拉升，其间又夹杂着若干次幅度较大的洗盘的拉升，才可能是涨幅最大的拉升。反之，一些行情一启动就爆拉的股票，后期的涨幅往往都不是特别理想，当然"妖股"除外。

主力前期的拉升过程中，肯定不是每日都上涨的模式，而是上升几个交易日就反向洗盘几个交易日，然后再上升、再反弹。即使是拉升的交易日，股价也不是直接拉上去的，而是要经历多次振荡波动。总之，整个上升过程会让散户投资者感觉非常难以把握股价下一步的走势，担心主力存在力有不逮的情况，股价很可能会结束上涨并转入下跌模式。其实，这正是主力庄家希望散户产生的感觉，只有这样，主力庄家的拉升才能顺利进行。否则，大家都持股不动，主力庄家后面就没法玩了。

下面来看一下泛亚微透的案例，如图6-1所示。

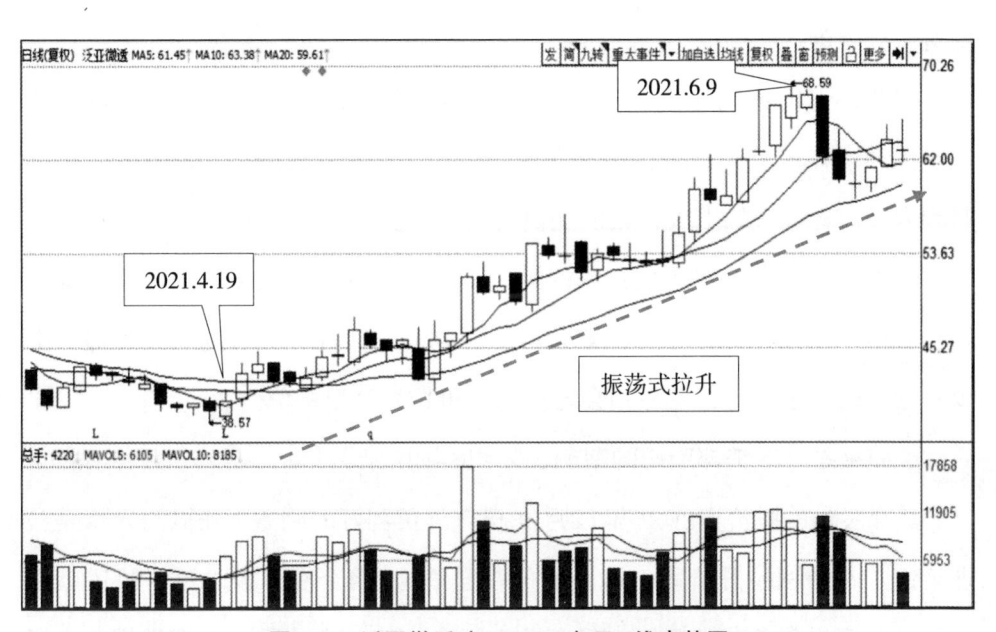

图6-1 泛亚微透（688386）日K线走势图

自2021年4月19日开始，泛亚微透的股价走出了振荡式拉升行情。该股股价自底部38.57元启动上涨，到了6月9日，股价上涨至68.59元，涨幅超过50%。不过，尽管这波股价涨幅不小，但每波上升后就会转入下跌。

股价上升过程中，不断地穿插着阴线和长上影线K线。这样的走势，让投资者很难掌握股价上涨的规律，散户非常担心入场后，股价反手进入下跌通道。

其实，这就是主力庄家想要的效果。当散户心理不断地犹豫时，股价已经被拉升到很高的位置了。

二、望而生畏不敢进

拉升，是主力庄家最难隐藏动机的一个阶段。在缓慢上攻阶段，主力庄家可以利用散户的犹豫心理，通过不断地示弱和诱空来让散户不敢下定入场的决心。不过，当股价进入快速上攻期，主力庄家再想掩饰拉升意图，就会变得十分困难。

因此，这时主力庄家就不再掩饰自己的意图，直接连续大幅拉升股价（多出现涨停板）。此时，很多散户会因为先前错失入场机会而懊恼，但此时因为股价连续大幅上攻，股价涨幅已高，很多人并不敢买入。

在股市中，大家都清楚：股价经过一段时间的上攻后，若出现涨停板，则当股价不再涨停时，就意味着阶段顶部到来。因此，在快速拉升阶段，很少有散户敢入场抢筹，主力则会趁机将股价拉升至目标价位。

下面来看一下美邦股份的案例，如图6-2所示。

美邦股份的股价自2021年12月28日在外贸利好的刺激下正式进入快速拉升阶段。在快速拉升阶段，该股股价曾连续拉出4个涨停板。这一阶段就是让很多散户投资者非常懊恼，又不敢大胆介入的一个阶段。大家都想着入场能够收获涨停板带来的收益，但又不可避免地会担心涨停若不能持续，股价势必会转为大幅下跌走势。

事实也是如此，从2022年1月4日开始，该股股价不再涨停，而是涨停结束后就立刻转为跌停。总之，这就是疯狂的拉升阶段，收益与风险同在。

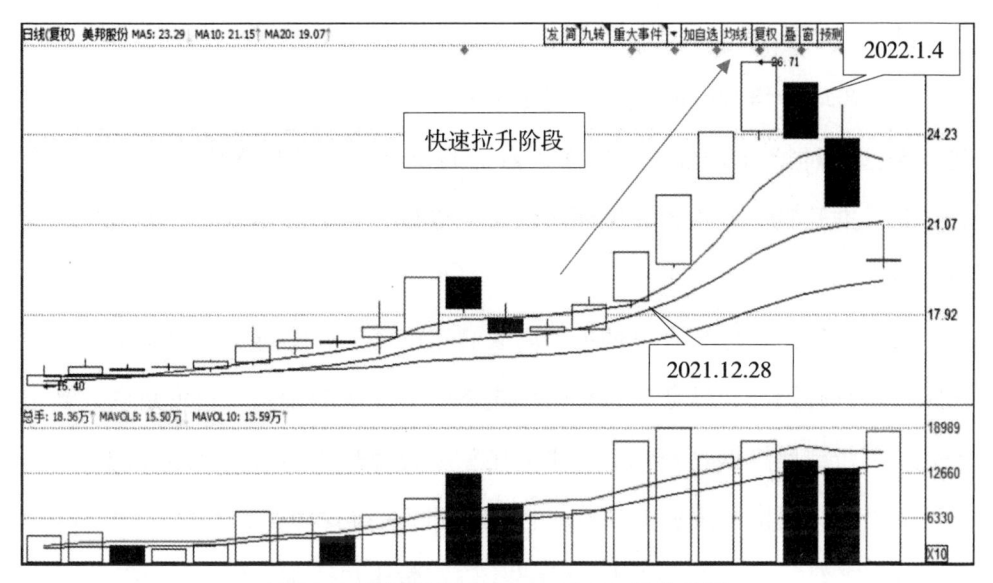

图6-2　美邦股份（605033）日K线走势图

第二节　拉升时机的选择

主力庄家的操盘手法非常丰富，而且在坐庄前，对各种可能出现的情况都会有一定的预判和应对计划。从理论上来说，主力庄家的拉升肯定是在完成建仓，经过充分洗盘，将市场上的浮筹清洗完毕后才进行的。但是，在实战中，有时候可能会出现突发情况，比如个股或整个大盘出现重大利好消息，此时，主力庄家也会趁机提前拉升，毕竟借助外力拉升要比自己拉升来得更容易，获利也会更大一些。

一、顺势拉升

对于主力庄家来说，最理想的情况就是建仓完毕后，整个市场都能同步迎来牛市。此时，主力庄家就可以借助整个市场回暖和交易火热顺水推舟，轻松地完成股价的拉升。

整个市场趋势向好时，会有很多场外资金纷纷入场抢筹，主力庄家则会趁机制造一种抢筹的态势，这样，自有的资金与场外追涨资金可以形成合力，联手推升股价。主力庄家还可以趁机进行一定的高抛低吸，进一步降低持仓成本。

顺势拉升，总是给人一种主力庄家沾了市场的光的感觉。事实上，主力庄家在建仓开始前，就会对整个市场走势做出一定的预判。也就是说，当市场处于下行或底部振荡行情时，主力庄家就已经开始为市场回暖做准备了，自己的坐庄计划也是按照市场回暖的预期时间进行安排的。

下面来看一下2020年3月到7月的上证指数走势情况，如图6-3所示。

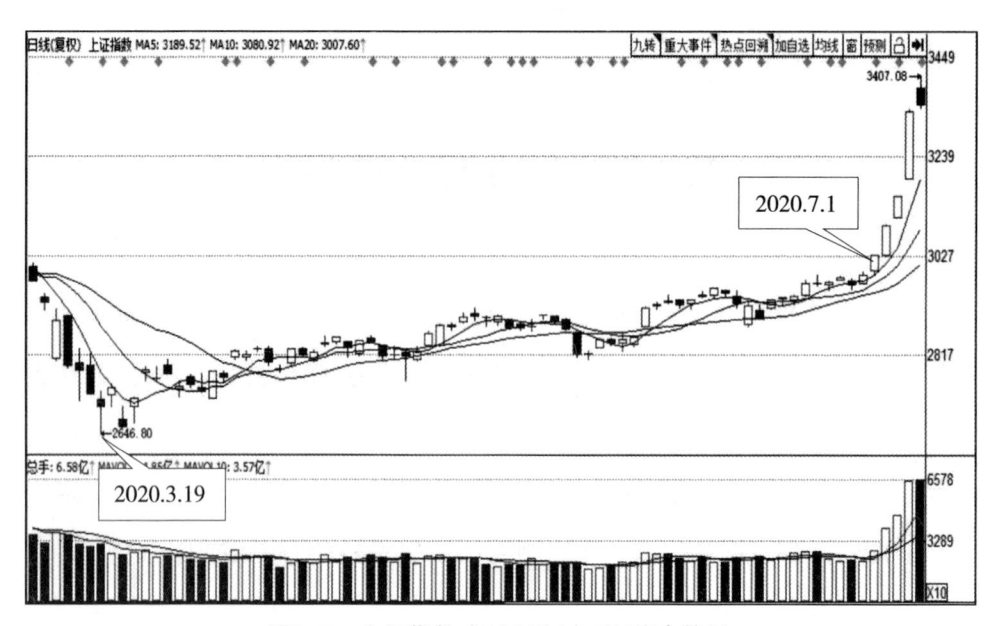

图6-3　上证指数（000001）日K线走势图

在2020年年初，受疫情影响，整个大盘出现了大幅下挫的走势。上证指数在2020年3月19日触及阶段底部后，出现了振荡上升走势，并且这种上升态势在7月1日出现了加速。

下面再来看一下睿创微纳的股价走势情况，如图6-4所示。

图6-4　睿创微纳（688002）日K线走势图

睿创微纳的股价在2020年3月触及阶段底部后出现了拉升走势。从成交量以及股价走势来看，此阶段很可能属于主力庄家入场建仓阶段。

2020年5月6日，该股股价到达阶段高点后出现横向振荡走势，这属于典型的横向振荡洗盘走势。

到了2020年7月1日，该股股价在大盘开始拉升的带动下，启动了连续上攻走势。主力庄家在此阶段的拉升就属于典型的借势拉升，即借助大盘整体上升的"势"完成个股股价的拉升。

二、借利好拉升

相比于借大盘势能拉升股价，借个股利好启动拉升行情的情况更为普遍。事实上，主力庄家对坐庄个股的熟悉程度远非普通散户可比，有些利好因素，在其出现之前，主力庄家就已经有了一定程度的掌握。因此，在这些较大利好出现前，主力庄家基本已完成了建仓与洗盘等操作。

具体来说，借利好拉升的情况分为两种。

第一种，事先有预期的利好。当然，这里的预期并非整个市场有预期的利好，而是主力庄家通过市场调研或者对标的企业的了解，已经大致预判到可能会出现某种利好。此时，主力庄家就会根据利好出现的大致时间，提前进行建仓和洗盘规划。总之，在利好出现时，主力庄家的仓位与市场上的浮筹，要达到一种相对有利于拉升的状态。

第二种，突发性利好。这类利好并非主力庄家事先有预期的，但主力庄家肯定会对市场出现的利好有所准备，否则，主力庄家也就不会坐庄和控盘了。一般来说，出现突发性利好，对于主力庄家来说，意味着自己的建仓并不充分，此时主力庄家会采取拉升加仓的方式，以较快的速度和稍高的成本完成建仓。在这种情况下，涨停板上吸筹也是主力庄家的选择之一。

下面来看一下东风科技的股价走势情况，如图6-5所示。

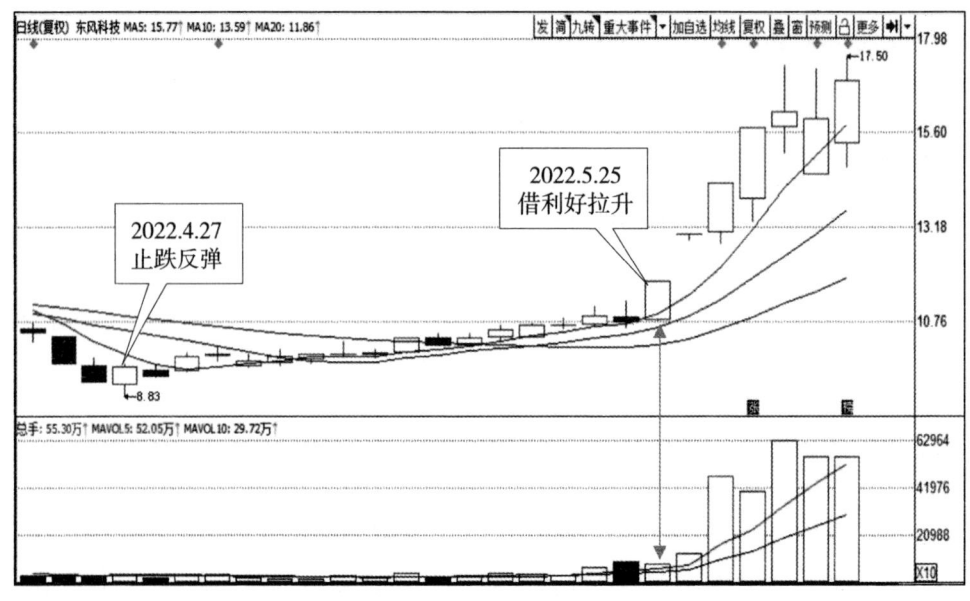

图6-5 东风科技（600081）日K线走势图

东风科技的股价经过一波下跌后，自2022年4月27日出现止跌企稳信号。此后，该股股价一直沿着5日均线小幅缓慢上升。与此同时，该股成交量出现了持续萎缩态势。在此期间，主力庄家可能已经进场，但由于成交量持续低迷，因此主力庄家的仓位比重也不可能太大。

2022年5月25日，该股在新能源汽车政策刺激叠加东风汽车股改落地的双重利好影响下，强势涨停。此后该股连续上涨，其成交量也同步出现了大幅放大的态势。

由此可见，此时主力庄家对该股股价的拉升，就是典型的借利好拉升。当然，在拉升初期，主力庄家也有进一步夯实仓位的可能。

三、建仓完毕后拉升

如果外部环境没有更好的拉升时机，主力庄家在该拉升的时候也会采取拉升行动。当然，这里有一个条件，就是外部环境不能太差。若环境太差，主力庄家也可能再度向下打压股价，也就是再来一次深幅洗盘，然后通过快速拉升做一个V形底。总之，毕竟主力庄家通过建仓活动已经吸入了大量的筹码，他们也无法接受满仓套牢的现实，只要时机允许，主力庄家还是会在短期内将股价拉离建仓成本区。

整个2021年10月期间，上证指数一直处于横向振荡趋势，如图6-6所示。

上证指数在2021年10月前后一直处于横向宽幅振荡阶段。10月27日和10月28日，上证指数连续大幅下挫，其后经过几个交易日的缓冲，股价重新开始振荡上扬。

下面再来看一下安博通的股价走势情况，如图6-7所示。

安博通的股价在2021年9月底触底后出现了横向盘整走势。从股价走势以及成交量情况来看，主力庄家很可能在此阶段已经开始入场建仓。

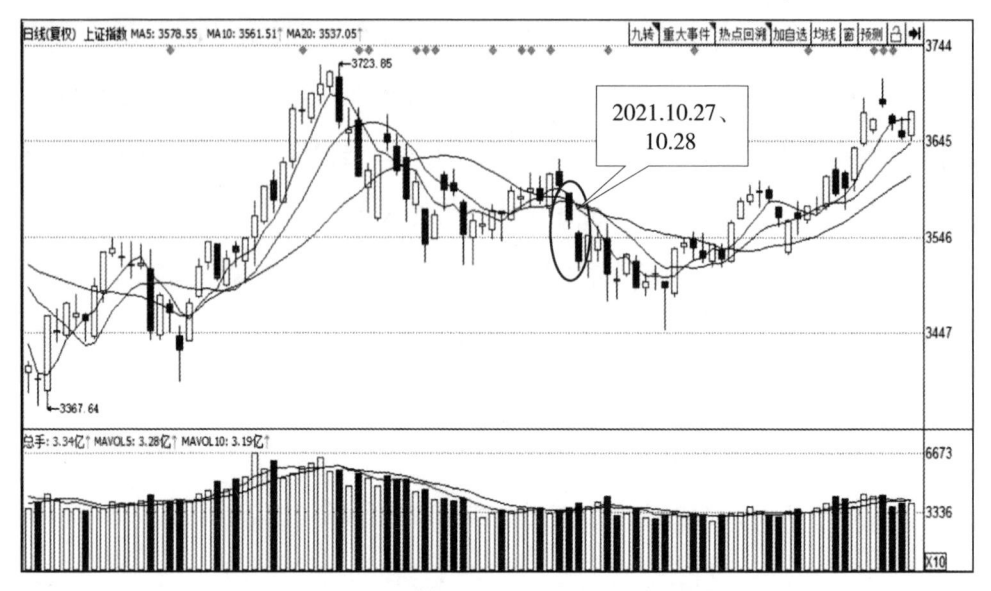

图6-6　上证指数（000001）日K线走势图

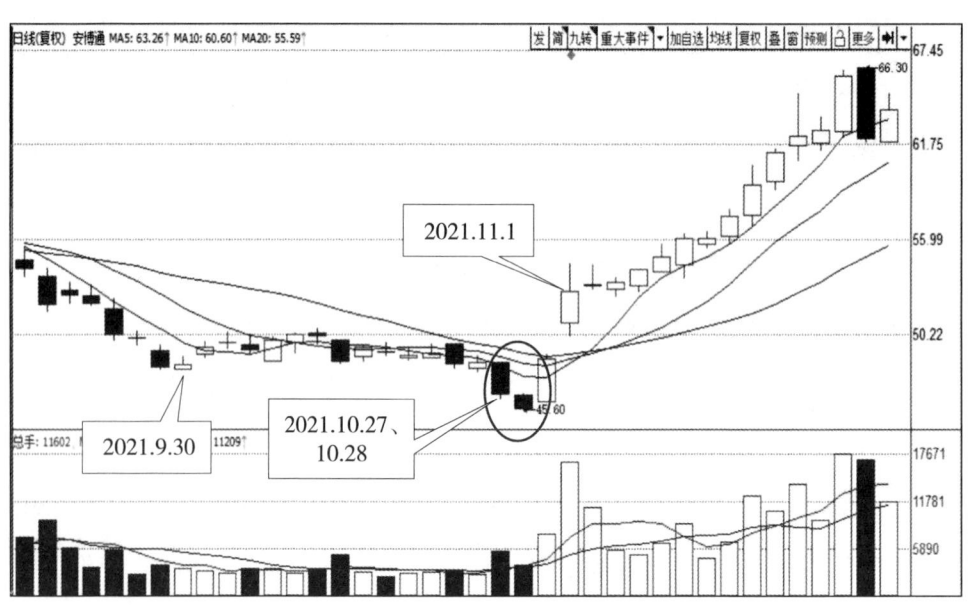

图6-7　安博通（688168）日K线走势图

该股股价盘整了一个月后，到了2021年10月底，各条均线已经呈现黏合状，这通常意味着股价拉升即将来临。

不过，前面介绍大盘走势的时候大家知道，在2021年10月27日和10月28日两天，大盘指数连续大幅下挫。而安博通的主力庄家先是趁势打压，完成最后一次洗盘，而后不再跟随大盘下挫，而是先于大盘走出了拉升走势。这说明在先前股价横向盘整过程中，主力已经吸入了足够的筹码，对于股价拉升不能再等待了。10月27日和10月28日的大盘指数下跌，只是为主力庄家提供了一次洗盘机会。

第三节　拉升前的经典试盘手法

主力庄家完成建仓，即将启动拉升股价前，常常需要对整个股票盘面的压力与支撑情况进行测试，以便为未来的股价拉升做准备。本节介绍的几种试盘手法，主力庄家在拉升前有时会使用其中的一种，有时可能会综合使用多种。

一、长上影线试盘

长上影线试盘，可以测试上方抛盘压力的情况，是主力拉升前最喜欢使用的一种试盘方法。通常来说，若上方抛盘过大，那么主力庄家可能会暂时放弃拉升股价的想法，继续在盘整区间振荡洗盘，直至盘面筹码经过充分换手后，达到主力庄家拉升股价的理想要求。

长上影线试盘的研判要点如下。

第一，长上影线出现后，股价回落的幅度很大，甚至以阴线或大阴线报收。这意味着上方抛盘很大，主力庄家还会继续洗盘。

第二，长上影线出现当日，一般成交量都会出现明显放大。但若放量过大，甚至出现天量，也意味着主力庄家还将继续洗盘。

第三，长上影线出现后，若股价回调的幅度不大，但成交量有所放大，且成交量未达到巨量的水平，主力可能会立即转入拉升阶段。

第四，当股价能够在收盘时突破长上影线的最高点，则意味着股价拉升行情可能已经启动。

总之，主力从建仓到拉升前这一阶段，可能会进行多次长上影线试盘。

下面来看一下奇安信的股价走势情况，如图6-8所示。

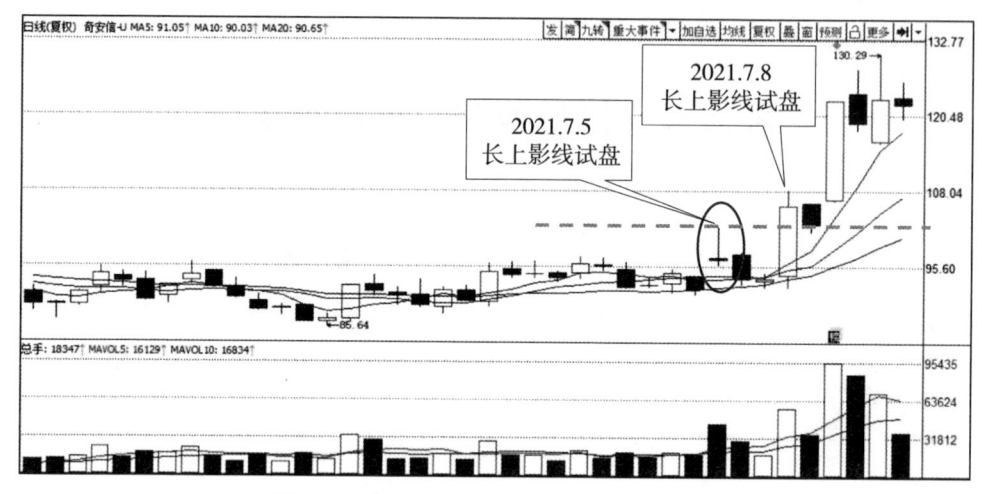

图6-8 奇安信（688561）日K线走势图

奇安信的股价在2021年3月到7月出现了横向盘整走势。从主力庄家的角度来看，这就是典型的入场建仓期。

2021年7月5日，该股股价跳空高开高走后回落，最终留下了一根带长上影线的K线。

此后，该股股价出现了两个交易日的回调。由此可见，先前的长上影线形态就是典型的主力试盘动作。

2021年7月8日，该股股价高开高走，放量向上突破了7月5日的最高点。这意味着主力庄家正式开始拉升股价，投资者可考虑积极入场。

二、长下影线试盘

　　长下影线形态，也是主力庄家试盘过程中经常出现的一种K线形态。这种长下影线形态，多是由于股价先被大幅向下打压，而后又被拉升所形成的。下影线越长，说明下方的承接力量越强。

　　通常来说，当主力庄家吸筹到一定程度后，即将拉升前，有时会故意向下打压一下股价，这样做有两个目的：其一，通过恐吓散户，逼迫其交出手中的廉价筹码；其二，观察下方承接力量有多强。若股价向下打压一定幅度后，瞬间被拉升而起，则说明下方承接力量较强，股价已经到了跌无可跌的程度，未来股价就剩下上涨一条路了。

　　长下影线试盘的研判要点如下。

　　第一，长下影线出现时，下影线越长，说明下方承接力量越强，未来企稳反弹的概率越大。

　　第二，长下影线出现后，若股价迅速反弹至支撑位上方，则意味着试盘成功，未来股价很可能会快速转入上升通道。

　　第三，长下影线出现后，若股价继续下跌，且跌破了长下影线最低点，则意味着试盘还将继续，投资者宜保持观望。

　　下面来看一下安凯客车的股价走势情况，如图6-9所示。

　　安凯客车的股价在2022年2月到3月初出现了横向盘整走势。从盘面上来看，主力庄家很有可能在此期间进行吸筹操作。

　　2022年3月9日，该股股价在多日横向盘整的基础上，突然出现大幅下挫态势，给人一种股价即将跳水的感觉，如图6-10所示。

　　从图6-10中可以看出，2022年3月9日开盘后，该股股价一路振荡走低。到了下午，该股股价突然被大幅打压，给人一种股价即将暴跌的感觉，很多投资者纷纷卖出手中的股票。其后，该股股价又被一股资金拉升而起，当日最终留下了一根带长下影线的K线。

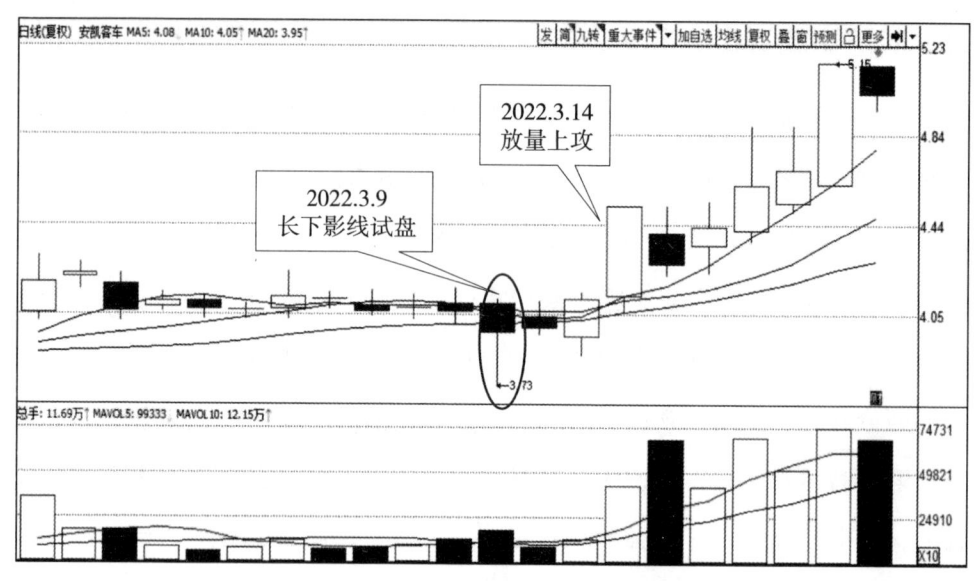

图6-9　安凯客车（000868）日K线走势图

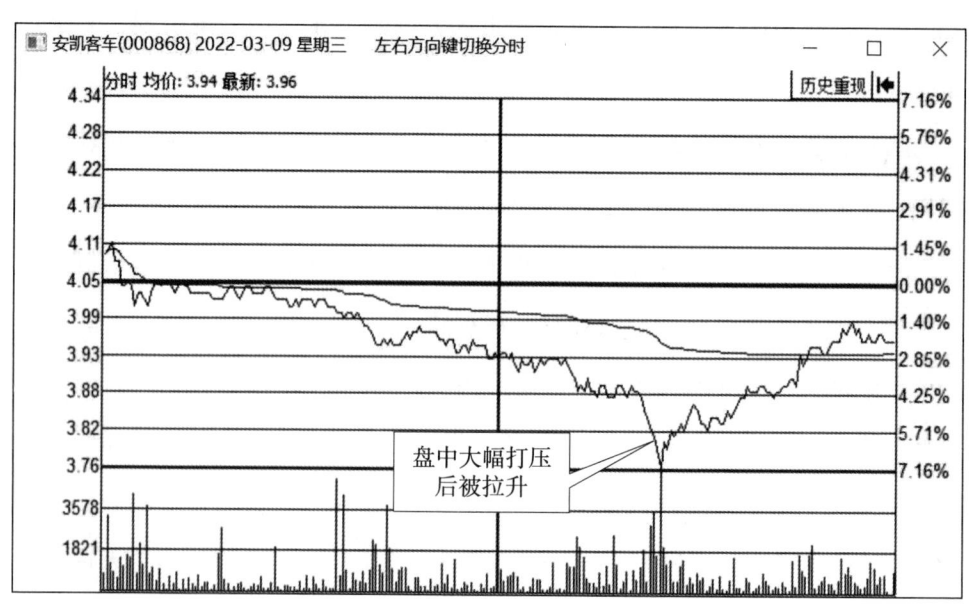

图6-10　安凯客车（000868）分时走势图（2022.3.9）

2022年3月14日，该股股价放量上攻，以涨停态势突破了盘整区域。这意味着股价将开始拉升行情，而先前的长下影线，不过是主力庄家的一次试盘行动而已。

三、涨停试盘

涨停试盘，是一种相对激进的试盘方式。主力庄家通过将股价拉升至涨停板位置，来测试股价的抛盘和跟风盘情况。通常情况下，股价涨停之后，大多会出现一定幅度的回调。但是，当试盘结束后，股价往往会出现较大幅度的上涨，很多短线牛股在启动前，都曾出现过涨停试盘的情况。

涨停试盘的研判要点如下。

第一，涨停板出现时，成交量是一个非常重要的参考因素。正常来说，股价涨停，成交量必然会放大，但若放出巨量，则需考虑股价形成短线高点的可能。

第二，股价达到涨停位时，若抛盘相对较小，则说明市场筹码锁定良好，主力庄家就可以放心大力拉升股价了；反之，则需要继续进行回调洗盘。

第三，股价达到涨停时，跟风盘的情况也是主力庄家要考虑的方面，若跟风盘很多，主力庄家也可能趁机启动拉升行情。

下面来看一下焦点科技的案例，如图6-11所示。

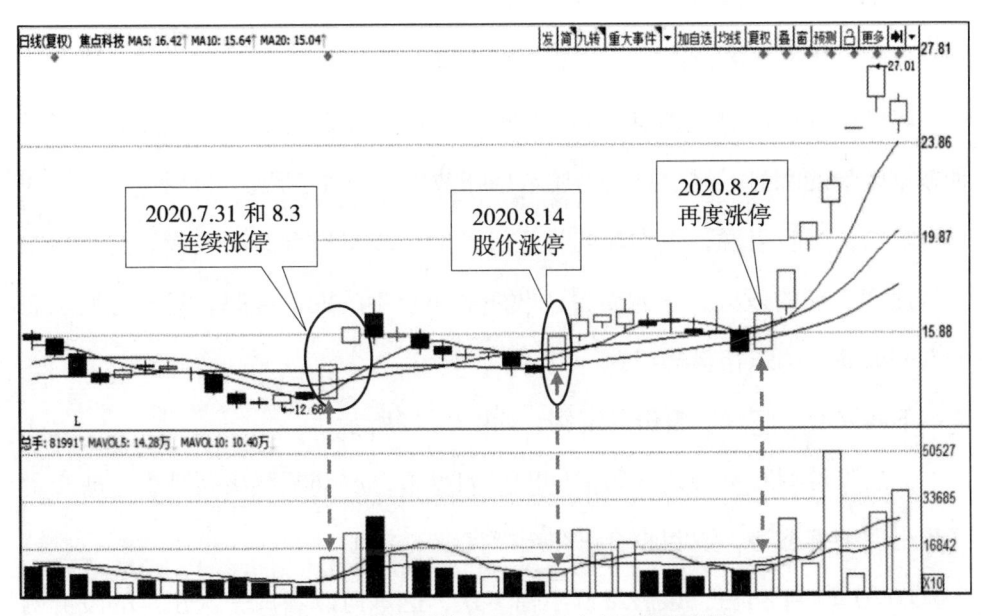

图6-11　焦点科技（002315）日K线走势图

焦点科技的股价在2020年7月到8月底出现了横向振荡走势。不过，该股股价在振荡过程中，主力庄家不断地进行试盘。

2020年7月31日、8月3日，该股连续两次涨停；8月14日涨停；8月27日再度涨停。不过，前几次涨停后，股价很快转入回调整理走势，说明从主力庄家的角度来看，涨停试盘后，上方还有很多抛盘，有必要进一步洗盘。

2020年8月27日，该股股价再度涨停，成交量虽有放大，但放量并不明显，说明抛盘已经很小了，比较符合主力拉升的需求。

此后，该股股价正式进入上升通道。

四、反向打压试盘

反向打压试盘也是主力庄家在拉升前经常使用的一个策略。当股价横向盘整一段时间后，正当所有的散户等着主力庄家拉升股价时，其反而向下打压股价，给人一种股价即将向下突破的感觉。很多散户纷纷卖出手中的股票后，主力庄家则再度反向大幅拉升股价。

反向打压试盘的盘面特征包括如下几点。

第一，股价经过长期盘整后，突然出现破位下跌态势，给盘面造成了一种非常凶险的态势，这也是主力庄家恐吓散户的一种手段。

第二，一般来说，主力反向打压股价时，成交量会有所放大。这也是主力打压要实现的效果，一方面想让散户放弃手中的廉价筹码，另一方面也需要看一看底部的承接盘情况。

下面来看一下梦洁股份的案例，如图6-12所示。

梦洁股份的股价经过一段时间的横向盘整，波动幅度逐渐减少，成交量同步出现萎缩态势，说明股价正在选择突破的方向。

2020年4月24日，该股股价小幅下跌，这本可以看成一次正常的股价调整。此后的两个交易日，该股股价连续下行，且成交量有放大迹象，给人一种行情走坏的感觉，很多投资者基于恐慌而卖出了股票。

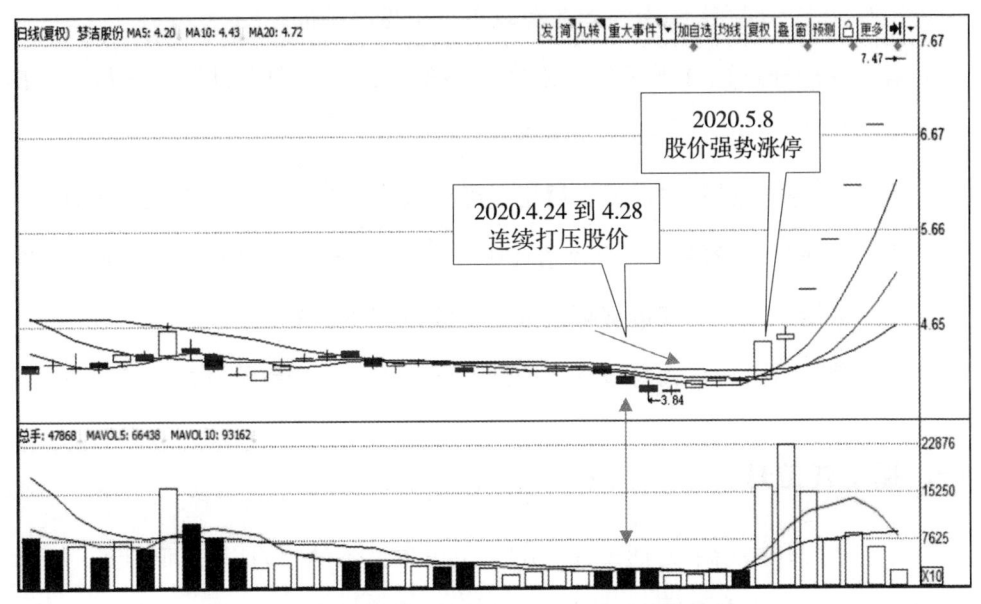

图6-12　梦洁股份（002397）日K线走势图

此后该股股价经过几个交易日的底部盘整后，于5月8日突然大幅拉升，形成了经典的"出水芙蓉"形态。由此可见，先前的下跌只是主力庄家打压式试盘的一种手段而已。

此后，该股股价一举突破盘整区域，正式进入上升通道。

第四节　主力拉升的基本模式

拉升是主力保证盈利最重要的阶段。当投资者发现主力已经开始拉升时，一定要第一时间跟进买入，不要等到股价已经涨到很高的位置再买入。

主力拉升时间的长短，取决于主力的实力和操盘风格，以及大市的情况和市场氛围。一般短线拉升行情持续一周至两周，中线拉升行情在一个月左右，长线拉升在三个月左右，也有少数大牛股的拉升时间可能超过一年。主力的拉升动作体现在K线走势上，有以下三个盘面特征。

第一，拉升过程处于股价上涨期，各条均线方向向上且呈多头排列，5日均线、10日均线的上升角度比较陡峭。

第二，在拉升过程中，成交量呈现稳定放大态势，价量关系配合良好。

第三，在拉升阶段，主力经常在中高价区连拉中长阳线，阳线的数量多于阴线的数量，阳线的实体涨幅也大于阴线的实体跌幅。

主力常用的拉升方式有逼空式拉升、振荡式拉升和台阶式拉升等三种。

一、逼空式拉升

逼空式拉升是指主力通过连续的大举进攻，不给空方以任何机会，从而完成股价拉升的一种控盘形式。当主力经过充分地洗盘，已经掌握较多的筹码时，一旦市场行情转好或者个股出现利好，主力就会采取连续大幅拉升的方式将股价带到一个较高的位置，形成逼空式拉升。

逼空式拉升的买入点在股价刚刚启动之时。如果投资者不能及时买入股票，由于后期股价上涨速度过快，投资者很难买入股票，或者即使买入股票，花费的成本也比较高，因此，投资者需要密切关注主力完成洗盘到开始拉升的这段时间股价走势情况。

逼空式拉升在盘面上会呈现出如下特点。

第一，逼空式拉升过程中，股价会沿着5日均线上涨，即使偶尔出现跌破5日均线的情况，也会很快收复跌破的位置，重拾升势。

第二，逼空式拉升过程中，股价的日K线走势以大阳线或中阳线为主，很少出现阴线。

第三，逼空式拉升过程中，成交量呈现急剧放大态势。除了出现涨停，成交量一般都会逐级提高。

下面来看一下百川股份的案例，如图6-13所示。

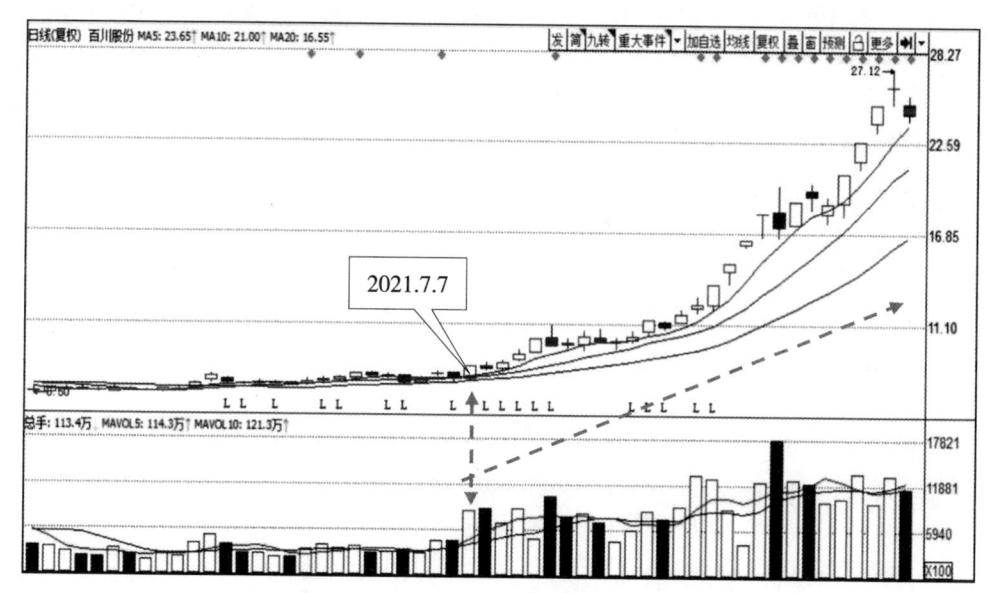

图6-13　百川股份（002455）日K线走势图

百川股份在2021年7月初结束盘整，之后开始了一轮振荡上升走势。此后，主力采取了逼空式拉升手法，该股股价一直沿着5日均线连续上涨，到了8月中旬，该股股价已经翻了三倍有余。

股价放量突破长期盘整位时，就是主力庄家拉升的启动点，也是散户追涨的入场点。

二、振荡式拉升

振荡式拉升是主力将股价拉升一段距离后，就会调整一段时间，有非常明显的边拉升边洗盘的特点。通过采用这种方式拉升股价，主力可以不断地降低持仓成本，调整筹码结构，同时也降低了普通投资者的盈利空间，提高了其持仓成本。

对于普通投资者来说，判断主力是否属于振荡式拉升非常重要。一旦辨明主力在振荡式拉升股价，且股价波动范围较大，就可以在低点买入股票，然后在高点将其卖出，如此循环高抛低吸，能够实现投资收益最大化。

振荡式拉升在盘面上会呈现出如下几个特征。

第一，在振荡式拉升过程中，股价下跌过程中形成的低点一个比一个高，上涨过程中形成的高点也一个比一个高。

第二，在振荡式拉升过程中，股价会沿着某一个通道上升，股价只有在上涨末期才会向上突破通道的上沿。

第三，在振荡式拉升过程中，会出现很多带有长上影线和下影线的阴线或阳线，如图6-14所示。

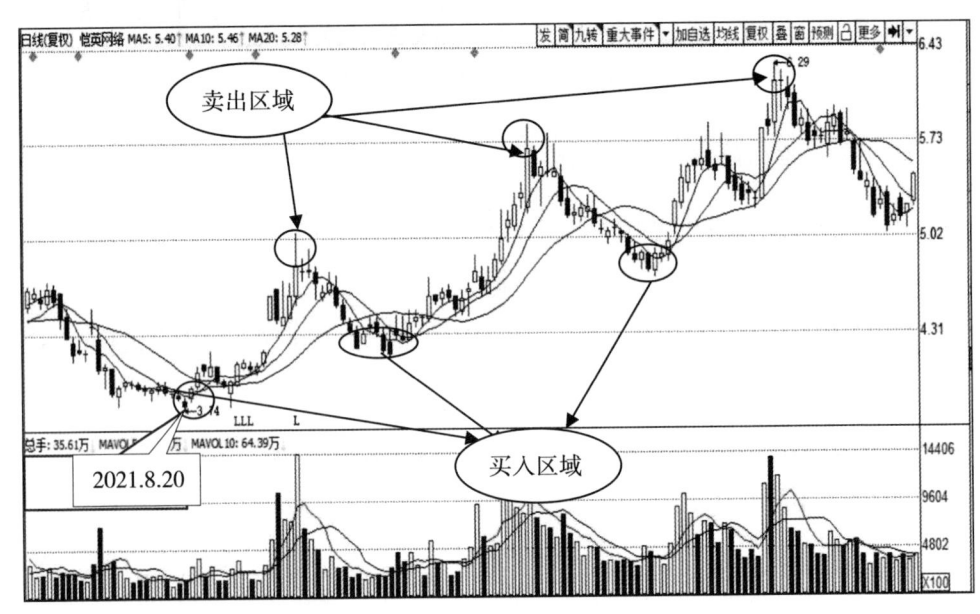

图6-14　恺英网络（002517）日K线走势图

恺英网络的股价从2021年8月20日触底反弹后开始出现了一波上升走势，这里主力采用了振荡式拉升的手法。该股在振荡中不断攀升，整体走势维持在一个倾斜向上的平行通道内。

投资者一旦确认股价运行轨迹，就可以在通道内进行波段操作。当股价下跌到通道下沿区域时，可以选择买入股票；当股价上涨到通道上沿时，可以卖出股票。这样，在这波上涨行情中，投资者可以完成数个波段的操作，从而使自己的获利达到最大化。

三、台阶式拉升

台阶式拉升是指主力将股价拉高一截后就整理休息一段时间，然后再拉高一截，之后再休息一段时间，在K线组合上形成一个一个台阶形的走势。台阶式拉升适用于主力实力较强、运作项目基本面优良、后市存在重大题材的大盘绩优股。一般情况下，拉升的台阶越多，台阶之间落差越大，说明主力的实力越强，后市上涨空间也越大。

在台阶式拉升中，每个台阶的内部，股价的涨跌幅度都不会太大，所以，投资者最好减少操作次数，以长期持股为主。

台阶式拉升在盘面上会呈现出如下特征。

第一，在K线组合上形成一个一个的台阶，且一个台阶比一个台阶高，这是台阶式拉升最显著的特点。

第二，在台阶式拉升过程中，股价在台阶上盘整时，一般不会跌破调整平台，或者即使跌破平台也会被迅速拉起。

第三，台阶式拉升与振荡式拉升相似，也会在K线图上留下很多带有长上影线和下影线的阴线或阳线，如图6-15所示。

电光科技的股价从2020年7月初开始了一波上升走势。主力将股价大幅拉升一段空间后，就开始在一定的价格空间内横盘整理。整理一段时间后，将股价再次提升一个台阶，重新开始盘整，如此重复。经过几个台阶式拉升，该股股价最终翻了一倍有余。

投资者如果发现股价呈阶梯式上涨后，可以迅速跟进买入股票，这样就能获取其后股价上涨带来的收益了。

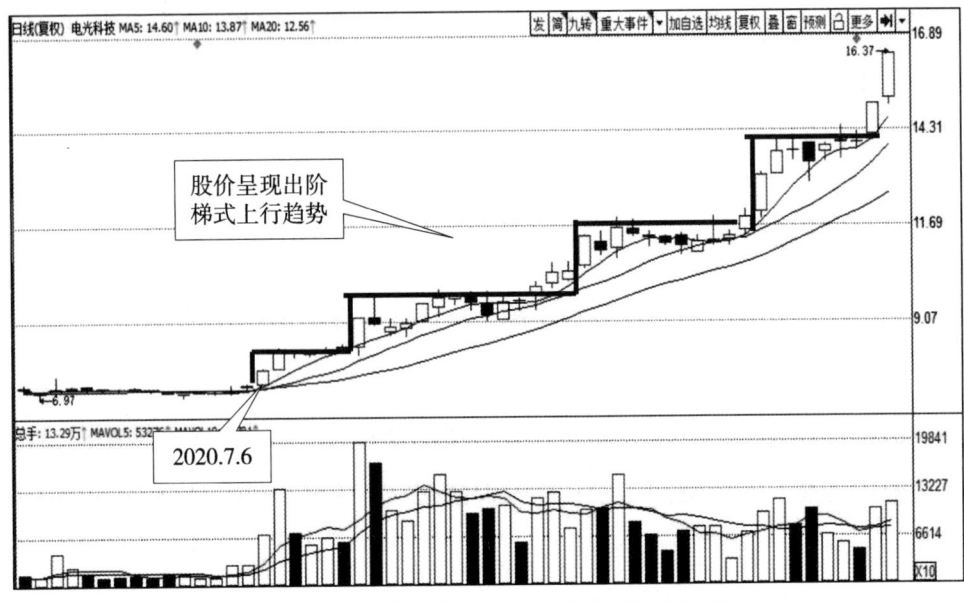

图6-15　电光科技（002730）日K线走势图

第五节　寻找拉升启动信号

拉升，是主力坐庄盈利的核心环节，也是整个股价上涨幅度最大的一个阶段。尽管有些主力庄家在建仓阶段也会采取拉升方式，但股价的涨幅与真正的拉升阶段还是无法相提并论。因此，主力庄家典型的拉升手法，在技术指标方面也会呈现出特有的一些形态。

对于一些股票来说，从建仓到拉升是一个非常缓慢的过程，其间掺杂了大量的试盘、洗盘等动作。一些经过横向小幅上升后又转入下跌的股票，让投资者找到拉升的启动点位就会变得特别困难。

事实上，主力庄家的很多拉升行动都会遵循这样的路径，即股价先是小幅振荡上升（主力开始建仓），接着快速向下打压股价（洗盘），最后才是快速上攻（真正的拉升）。因此，对于普通投资者来说，若能直接找到拉升启动的信号，无疑是最佳的选择。同时，一些经典的股票交易理论也对拉升阶段有各自的描述与分析，也确实会为投资者寻找最佳的入场时机提供技术上的支持。

一、MACD指标0轴双金叉

MACD指标是短线交易者经常使用的一种技术指标，有"指标之王"的美誉。MACD指标的金叉死叉、穿越0轴等动作，都被看成主要的交易参照信号。

MACD指标有一个特别核心的用法，即通过DIFF快线与DEA慢线交叉所形成的黄金交叉来识别买入信号。

同时，MACD指标黄金交叉出现的位置不同，其成色也有所不同。在0轴附近的黄金交叉，属于成色最足的交叉，未来继续看涨的意味较为强烈。

其实，将MACD指标的这一用法与主力坐庄过程相结合，特别是与前期主力横向建仓时打压再启动拉升的过程相对照，可以发现：MACD指标在某些情况下也会出现低位金叉，在0轴下方死叉，再随着主力的拉升，在0轴附近形成二度金叉的情况。此时，MACD指标形成的金叉，往往可以作为主力拉升的信号，这也应该成为散户入场的一个典型的买入信号。

该形态的研判要点如下。

第一，股价触底后出现小幅横向振荡上升走势，此时MACD指标在0轴下方较远的位置形成了第一个黄金交叉。

第二，主力庄家建仓接近完成时，开始大幅震仓或洗盘，股价出现了下跌，MACD指标同步出现死叉。

第三，充分洗盘后，主力庄家开始大幅向上拉升股价，此时MACD指标在0轴附近形成黄金交叉，这就是对主力庄家启动拉升在技术上的确认，也是散户最佳的入场时机。

下面来看一下宇瞳光学的案例，如图6-16所示。

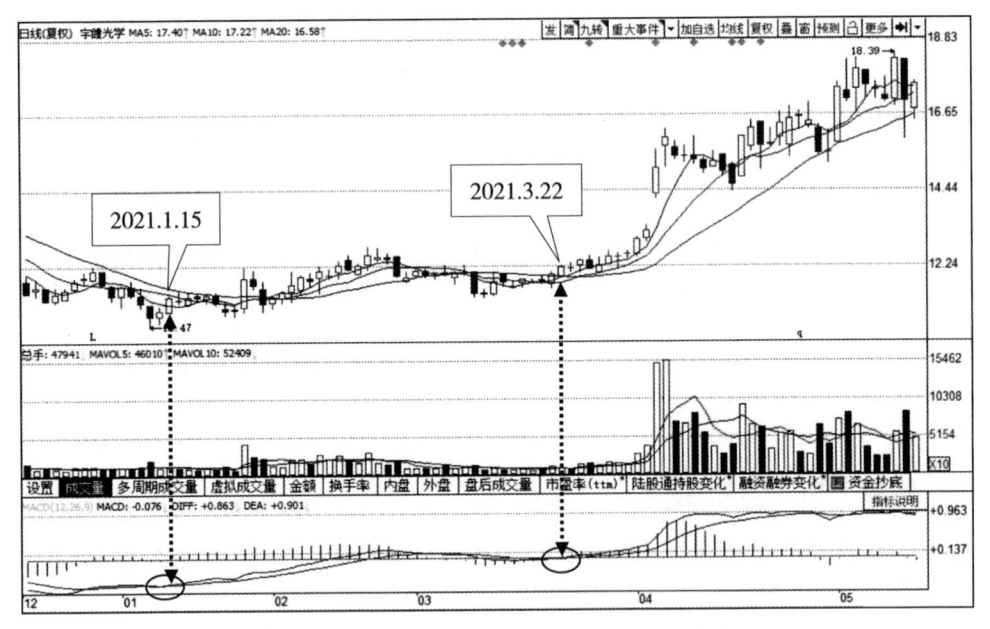

图6-16　宇瞳光学（300790）MACD指标走势图

宇瞳光学的股价在2021年1月中旬下跌到短期底部区域后开始振荡反弹。2021年1月15日，MACD指标出现低位金叉，此后该股开始振荡上扬，但总体保持了窄幅慢涨的态势，多为主力吸筹建仓所致。鉴于MACD指标仍位于0轴下方，投资者暂时可保持观望。

2021年3月22日，该股股价放量上升，向上突破多条均线，与此同时，MACD指标在0轴附近形成黄金交叉形态。该金叉位置较佳，而且从MACD指标在0轴附近形成二度金叉的时机来看，主力庄家很有可能会启动拉升行动，投资者可积极入场。

二、主升浪——强攻第三浪

提及主升浪,就不得不提艾略特的波浪理论。艾略特通过对前人经验的总结后得出,在各种市场中,价格前进一般都会沿着五浪结构进行。在这五浪当中,浪1、浪3、浪5是推动向前运行的,被称为有向运动;浪2、浪4是休整浪,是逆向运行的。对于将要发生的整个有向运动,这两个逆向休整浪是必不可少的。

在整个五浪结构中,第三浪的涨幅最大,也常常被称为主升浪。正因为主升浪的涨幅最大,风险相对最小,因而也常常成为股票交易者追逐的目标。

1. 基本的五浪模式

波浪理论又称艾略特波浪理论,是由美国证券分析家拉尔夫·纳尔逊·艾略特在总结前人经验的基础上,利用道琼斯工业指数平均线作为研究工具,不断创新提炼出来的一套市场分析理论。

艾略特认为,五浪形态中存在三个永恒的法则:第一,浪2永远不会低于浪1的起点;第二,浪3永远不是最短的一浪;第三,浪4永远不会进入浪1的价格领地。这三个法则也是投资者数浪的重要依据。

艾略特认为,市场永远处于这个五浪模式当中,唯一的区别是五浪的位置及波浪的长短各不相同,如图6-17所示。

在这个五浪结构中,有三浪即浪1、浪3、浪5是驱动价格向前运行的,其作用也被称为"驱动的";浪2、浪4是促使价格回调的,其作用被称为"调整的"。

2. 主升浪(第三浪)启动

第三浪,也就是通常所说的主升浪,是整个波段中涨幅最大、升势最猛的一浪。正因如此，从事股票交易的投资者都将寻找主升浪作为主要目标。

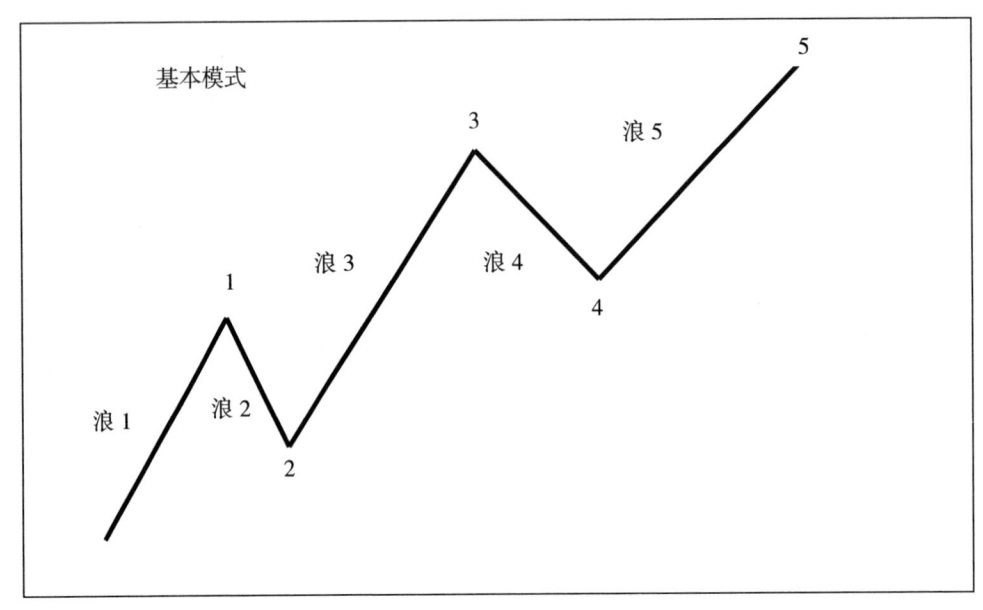

图6-17 基本的五浪结构

由于第二浪回调持续的时间短促，但力度很大，这就使得很多投资者出于对股价走势的恐惧而不敢介入其中。这时候，主力突然大幅拉升股票，使得股价在短期内大幅上涨，构成了一波壮观的主升浪。

下面来看一下中科电气的案例，如图6-18所示。

从图6-18可以看出，该股在前一波回调行情之后出现了一波快速上升走势，这一波走势就是大家通常所说的主升浪。

观察该股第三浪启动点可以发现这样几个特征。

第一，第三浪启动时，该股由回调走势转为上攻。从K线形态上来看，该股的日K线可能会出现自下而上突破均线的形态。也就是说，第二浪结束之后，股票的K线必然会跌破短期均线，但一般不会跌破中长期均线；此后，当第三浪启动后，股价K线会重新向上突破均线。若股价K线在某条重要均线处受到支撑，则可增强股价上攻的可能性。

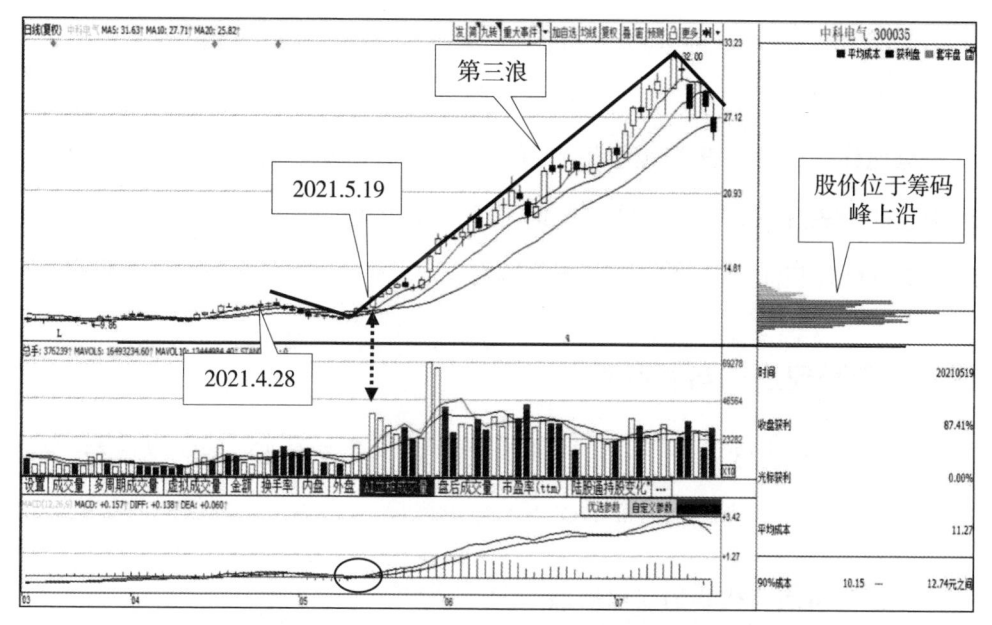

图6-18　中科电气（300035）日K线走势图

第二，第三浪启动前，短期均线会跌破中期均线，但一般不会跌破长期均线。长期均线可能会出现放平而非拐头的态势。此后第三浪启动，短期均线重新向上穿越中期均线，形成黄金交叉形态，且各条均线会逐渐转为多头排列，这也是所有股票即将启动上升时的一个共同特征。

第三，第三浪启动后，随着股价的上升，成交量会呈现放大态势，但不会出现巨量情况。主力在拉升股价过程中，会不断有散户兑现利润而选择卖出手中的股票，因此，随着股价的升高，成交量也会逐级扩大。

第四，第三浪启动时，MACD指标可能会出现黄金交叉形态，且这一金叉的位置应该在0轴上方附近。相比于第一浪形成的黄金交叉，这一次的交叉点更高，同时，MACD指标两度金叉也是股价即将大幅上攻的信号。这一点在之前已经有过介绍。

第五，观察图6-18的筹码分布可以发现，2021年5月19日中科电气的股价在向上突破均线时，该股股价位于主要筹码峰的上方，说明该股上攻过程中，不会有太多的筹码流出，因而股价上升压力较小。

基于以上分析可知，相比于第一浪的判断，第三浪的研判更加容易，而且一旦抓住主升浪，获利也会相当可观。作为波段交易者，最好能够将精力集中于捕捉主升浪方面。投资者在第三浪启动上攻时介入（如图6-18所示的2021年5月19日）是一个比较不错的选择。

三、底部整理形态与回调确认

从K线形态角度来看，一些经典的底部形态或者底部形态的确认与延伸形态，就能比较准确、清晰地描述主力庄家的拉升情况。

1. 以头肩底为代表的底部形态

头肩底形态，本身就是能够相对准确描述第一浪和第三浪启动的一种形态，如图6-19所示。头肩底出现在下跌行情中，由三个低谷组成，左右两个低谷相对较浅，基本处在同一水平位置上，中间一个低谷的低点明显低于左右两个低谷的低点，其形态就像一个倒立的人的头部和两肩。

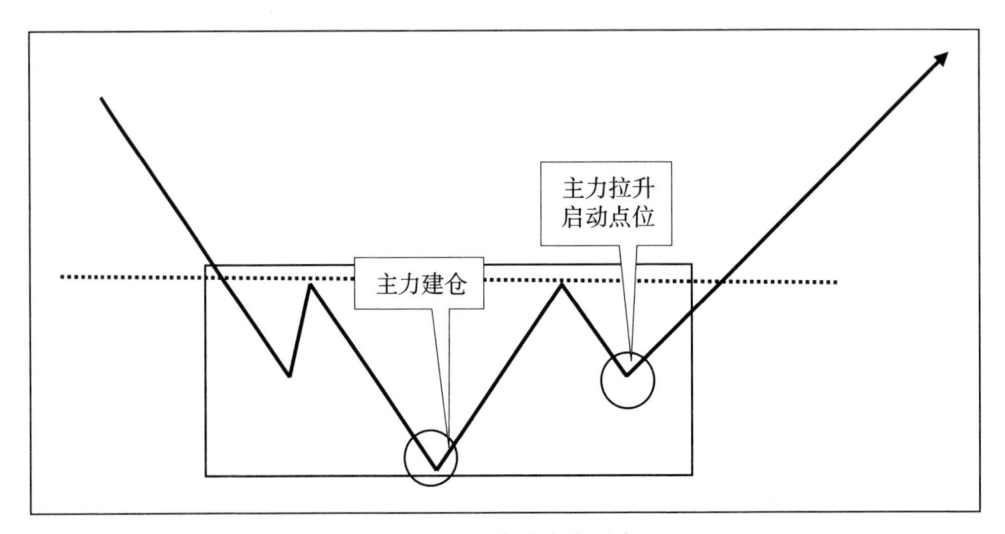

图6-19　K线头肩底形态

头肩底形态是这样形成的：股价下跌一定深度后开始反弹，当达到一定高度后出现回调，形成了"左肩"；接着再度下跌创出新低后回升，构筑了"头部"，一般这里可以看作第一浪的起点，同时也是主力庄家开始入场的位置；之后股价上涨到前一次反弹的高度附近再次回调，这次回调的低点高于头部的低点，形成了"右肩"，也就是第三浪的起点。这个第三浪的起点，在很多时候也是主力庄家洗盘结束后进入拉升环节的启动点位。

在两次反弹过程中，股价基本在同一价位受阻回落，这个价位上的直线就是颈线。

借助头肩底形态捕捉拉升走势、抓主升浪的操作要点如下。

第一，从K线形态上来看，头肩底形态本身就是较为可靠的牛市信号，此形态出现之后，常常会走出一波较为可观的上涨行情。因此，投资者看到头肩底形态后，应果断买入股票，持股待涨。

第二，通常来说，第三浪的启动点是比较难找的，但通过头肩底形态可以有效地解决这个问题。投资者可以将股价突破颈线位作为第三浪正式启动的标准。

第三，股价突破颈线时，必须要有成交量激增相配合，否则这可能是一个错误的突破。但是如果在突破后成交量逐渐增加，形态也可以确认。

第四，股价完成向上突破后，原来的阻力位就变成了支撑位。参照头肩底形态买入股票的投资者，应该将止损位设在头肩底的颈线位置上。

下面来看一下浙江广厦（现为东望时代）的案例，如图6-20所示。

浙江广厦的股价在2021年2月4日触底反弹，此后，该股股价反弹一段时间即出现调整走势。

2021年3月30日，该股股价调整遇支撑开始反弹。观察此时的K线走势图可知，此时股价K线存在走出头肩底形态的可能。不过，此时股价K线并未出现明显的上升势头，投资者仍需保持观望。

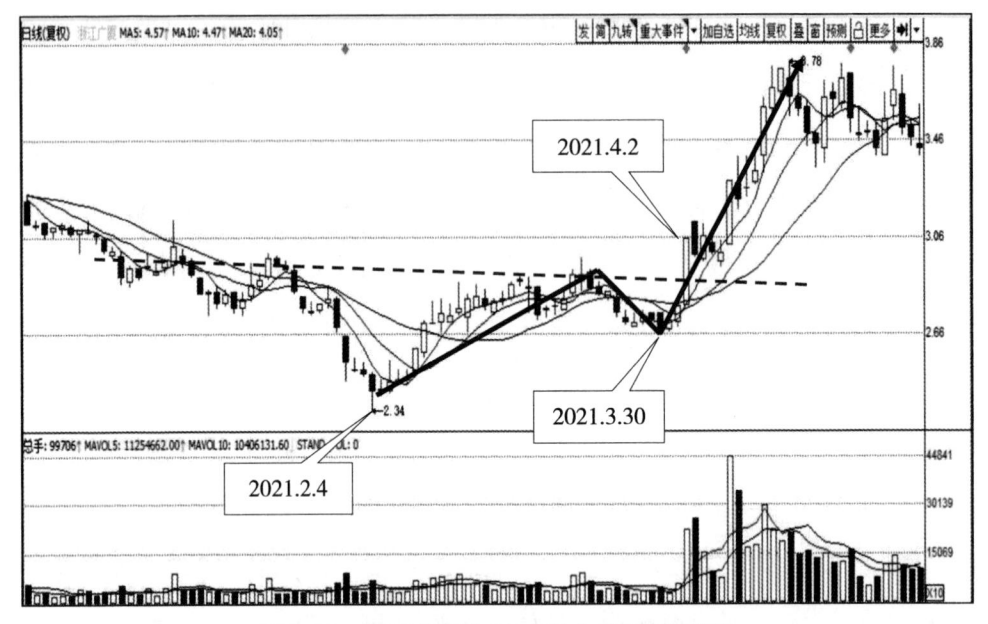

图6-20 浙江广厦（600052）日K线走势图

2021年4月2日，浙江广厦的股价放量向上突破多条均线和头肩底形态的颈线位置，这属于典型的看涨信号。如果运用波浪理论来分析此时的股价K线走势可以发现，3月30日股价触及阶段低点的反弹，极有可能是第三浪的启动点位，而2月4日的低点位很可能就是第一浪的启动点位。

综合以上分析来看，4月2日，股价K线向上放量突破头肩底颈线位置时，确实是一个较佳的入场位置，且很有可能成功捕获一波主升浪。

2. 底部整理形态突破回调后的拉升形态

事实上，更多的底部形态与头肩底形态都是有所区别的。也就是说，这些底部形态本身无法确认。不过，一些底部形态完成后的回调确认形态，却可以作为主力庄家拉升启动点来研判。

下面来看一下示例图形，如图6-21所示。

股价在底部盘整过程中，可能会形成各类底部整理形态，如双底、三重底、多重底等，有时还可能形成横向盘整形态，这属于典型的主力庄家吸筹形态。此后，股价小幅上扬并出现回调整理，通常可以看成主力庄家的洗盘行动。待股价从支撑位开始上攻时，也就是主力庄家启动拉升的信号。

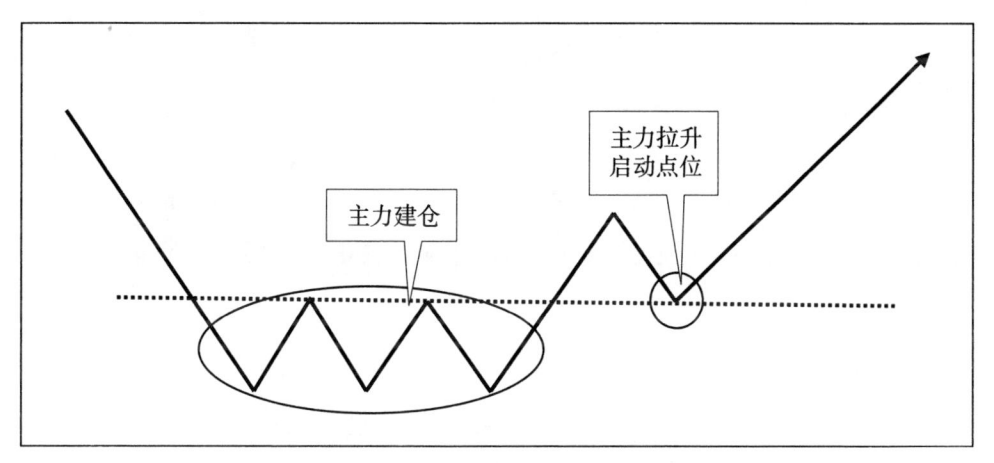

图6-21　突破底部回调再拉升形态

该形态的操作要点如下。

第一，从K线形态来看，股价突破底部形态后，若出现回调遇支撑再度拉升，则是一个比简单的底部形态基础上的更为可靠的拉升信号。

第二，位置决定价值，到底迎来的主升浪能有多大的级别，与底部所处的位置有关。若先前的底部已经属于历史大底，那么主升浪的级别也会很大，反之则可能小一些。

第三，股价突破底部区域回调至支撑位附近时，成交量一般会呈现萎缩态势。当成交量再度与股价同步上扬，则属于较佳的进场信号。

第四，从MACD指标角度来看，当股价回调遇支撑再度上升时，往往也是MACD指标在0轴附近形成二度或三度黄金交叉的情况。当然，有时也会是DIFF快线即将与DEA慢线形成死叉而未死叉时被快速拉起，这也是典型的起涨信号。

下面来看一下明冠新材的案例，如图6-22所示。

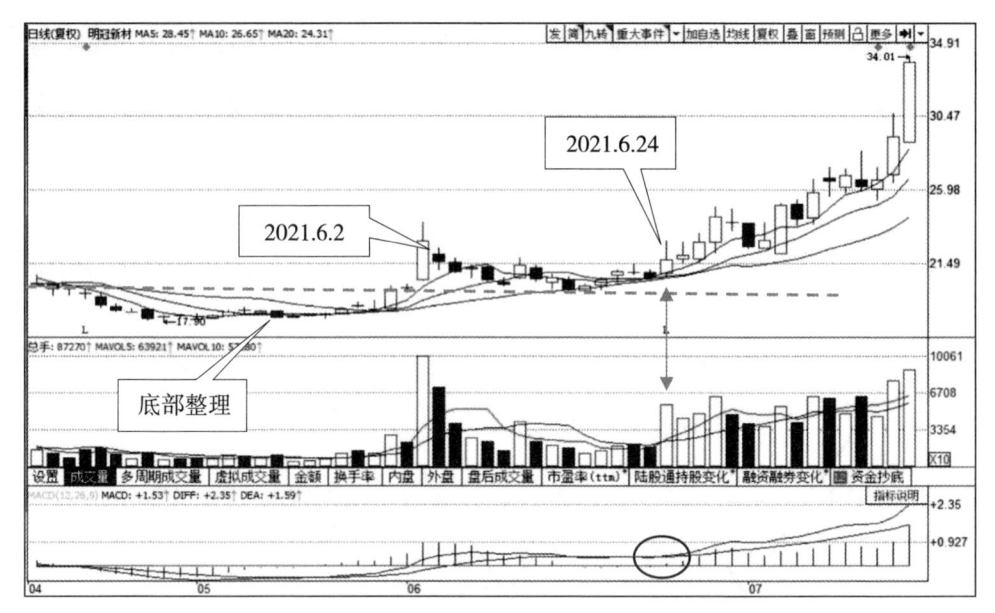

图6-22 明冠新材（688560）日K线走势图

明冠新材的股价经过一段时间的下跌后，在2021年5月进入底部整理趋势。该股在筑底过程中形成了一个近似圆弧的底部整理形态。

2021年6月2日，该股股价突然放量上攻，突破了圆弧底形态，给人一种股价即将大幅上攻的感觉。不过，其后该股股价不涨反跌，连续出现回调走势。其实，从主力庄家的角度来看，此时属于典型的建仓之后的洗盘阶段。观察此时的MACD指标可知，MACD指标自高位回落，甚至在0轴上方还出现了死叉形态。

2021年6月24日，该股股价结束了回调，重新放量上攻。此时，MACD指标在0轴上方形成了黄金交叉形态，至此可以认定主力庄家已经开始了新的拉升行动。

第六节　提前下车：主力拉升尾声的基本特征

通常情况下，当主力拉升进入尾声后，在盘面上会呈现出一些相对比较有特色的信号，如股价滞涨、技术指标超买等。

一、连续涨停

涨停，是股价呈强势的一种表现。若股价连续拉出涨停板，则意味着股价走势可能过强了，这也是股价即将到顶回落的一种表现。

一般来说，主力庄家拉升股价，大多也会遵循拉升幅度由小到大的顺序。其实，这也是主力庄家为了实现盈利最大化而采取的策略，即在股价拉升的前期以小幅上升为主，此时主力庄家并不希望引起太多投资者或者外部资金的关注。当主力庄家想要出货时，就必须吸引足够的承接盘入场，而要吸引承接盘，将股价拉升至涨停板无疑是最佳的选择。因此，从反向来看，当股价连续出现涨停时，往往就是主力庄家即将离场的时候，也是其开始出货的时刻。

从盘面上来看，这些连续涨停的股票具有如下几个典型特征。

第一，股价经过了一波小幅上升后，突然转入加速上攻节奏，股价连续拉出涨停板，成交量也同步出现较大规模的放大。

第二，伴随着股价的涨停，很多技术指标都进入超买区域，这是典型的不可持续节奏。

第三，连续涨停后，当某一交易日股价无法再封住涨停板时，则意味着股价上升趋势终结。

下面来看一下岳阳兴长的案例，如图6-23所示。

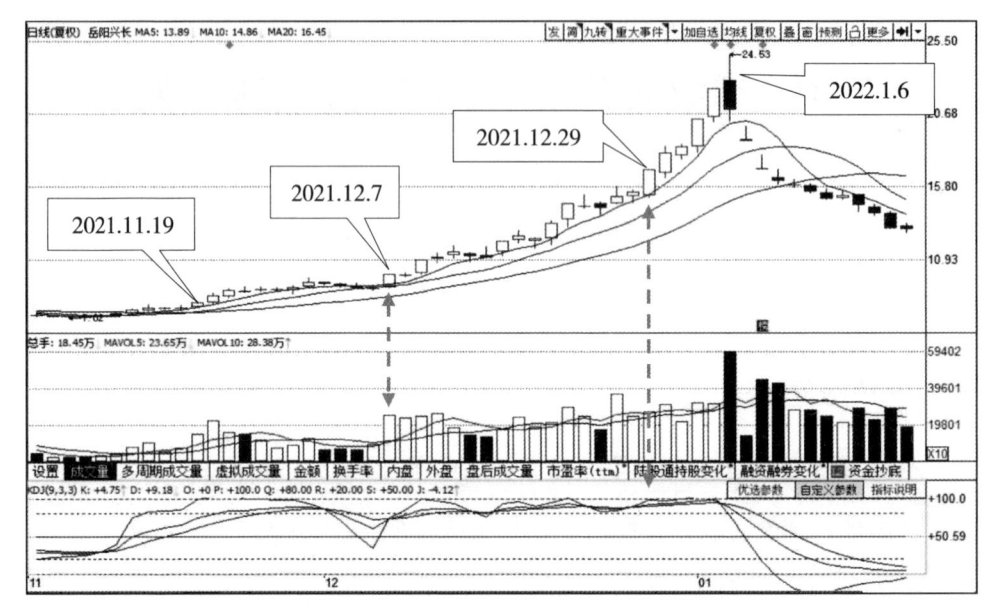

图6-23　岳阳兴长（000819）日K线走势图

岳阳兴长的股价自2021年11月19日开始进入拉升阶段。此后，该股股价呈现出了明显的振荡上升走势。

该股股价上升过程中，大致可以分为三个阶段，分别为：2021年11月19日启动的缓慢上升阶段；2021年12月7日启动的加速上升阶段；2021年12月29日启动的急速上攻阶段。其实，从该股股价的走势上可以看出，主力庄家对该股的控盘能力极强。

自2021年12月29日启动的急速上升阶段，与之前的股价走势明显不同。该阶段的股价多次出现涨停板，且在2022年1月4日、1月5日连续拉出两个涨停板，这就意味着股价的上攻即将进入尾声。

2022年1月6日，该股股价高开低走收出一根大阴线，与前一根阳线共同构成了乌云盖顶形态，这属于典型的趋势逆转信号。该信号的出现也是主力拉升结束的信号，投资者可积极卖出手中的股票。

二、放量滞涨

量价齐升是股价健康上涨的标志。如果一只股票拉升一段时间后，成交量持续放大，而股价却不再上涨，甚至出现下跌的情况，说明该股出现了放量滞涨形态。

放量滞涨形态的操作要点如下。

第一，主力庄家经过一段时间的快速拉升后，势必有兑现盈利的需求，放大的成交量就是其出货的信号。如股价无力上攻，则是源于主力庄家不愿意再拿出大量的资金推升股价了。

第二，顶部放量滞涨是庄家集中出货的表现，看到这种走势，持股者应该预先卖出部分股票以规避风险，而持币者应该继续观望。

第三，如果股价出现放量滞涨现象后开始急速下跌，那么持股的投资者应该毫不犹豫地清空仓位。

下面来看一下江苏阳光的案例，如图6-24所示。

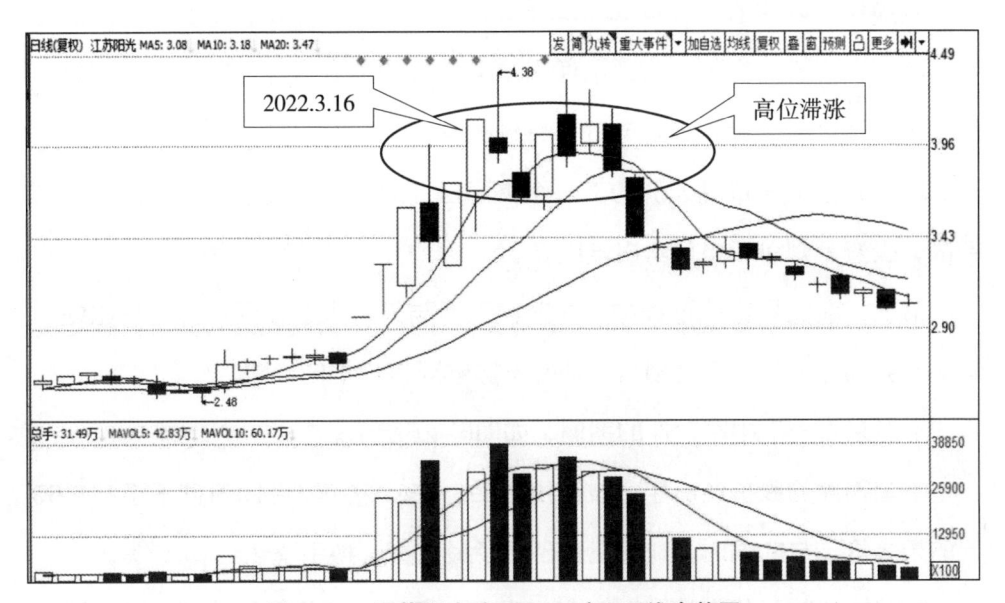

图6-24　江苏阳光（600220）日K线走势图

江苏阳光的股价从2022年3月初开始启动了一波上涨行情，股价经过几个交易日的上涨之后，于2022年3月16日收出一个涨停板。

此后的几个交易日，该股股价出现了横向振荡走势，而成交量却居高不下，这就说明该股出现了放量滞涨形态，预示着此时主力庄家已经结束了拉升，开始出货。投资者此时宜立即撤出该股。

三、天量见天价

天量见天价，是指股票的成交量和股价均创下近期新高。这里的"天量见天价"有两种研判标准：一是绝对的天量见天价，这是股票上市以来成交量和股价出现的最大值，无论是股价还是成交量均没有超过这一天的；二是相对的天量见天价，这是股票在近期内成交量和股价出现的极大值。

从某种意义上来说，天量见天价本身就是主力庄家开始大规模出逃的信号。其操作要点如下。

第一，一般情况下，股票出现天量见天价的情况，往往预示股票已经上涨到了顶部区域，后面将会走出下跌的走势。

第二，创出天量见天价的下一个交易日，股价与成交量如果无法继续创新高，投资者则可于当日卖出该股。

第三，在交易实战过程中，有时候天量与天价未必在同一交易日出现，有可能会相差一到两个交易日，这并不影响对该形态的判断。

下面来看一下中国软件的案例，如图6-25所示。

中国软件的股价经历了一波上涨之后，在2020年7月10日创下了129.63元的最高价，与此同时，成交量也创下了最大量，换手率达到18.17%。

中国软件的股价在这一时间内出现了"天量见天价"的情况，预示股价后期将会出现下跌。此外，2020年7月10日在顶部收出一根带长上影线的阴线，也预示着后期股价将出现反转向下的情况。投资者宜卖出股票，以回避可能的损失。

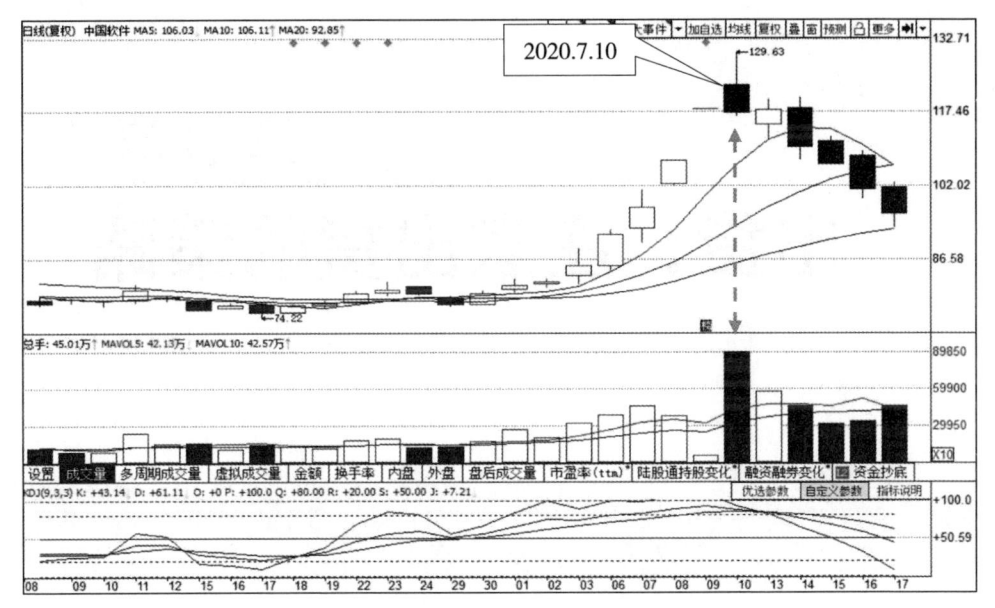

图6-25 中国软件（600536）日K线走势图

第七章
出货：庄家出货的策略

出货，对于主力庄家来说事关整个坐庄的成败。主力庄家要出货，就必须有人来接盘；而要吸引散户入场，就必须营造一种股价将会继续上涨的气氛，否则散户也不会心甘情愿地入场。可以这么说，主力庄家完成建仓后，其所有行动都是围绕出货这一目标展开的。

第一节　出货时段的心理战

主力庄家都是心理学高手。越是要出货离场，越是要营造一种股价还将强势上攻的迹象，并且还会让各类技术指标能够佐证这种论断。

一、强大的赚钱效应

强大的赚钱效应是吸引散户入场的根本。没有人愿意赔钱，市场上的散户更是如此。只有让散户产生一种入场就能赚钱的感觉，散户才可能入场。

很多投资者也许会有这样一种疑问，明明股价已经进入高位了，为何还有人愿意入场？其实，这就是主力庄家要做的功课。当股价进入高位后，主力庄家会故意给散户一些可以赚钱的机会。如果大家进去都能赚钱（至少有这种感觉），那么你会不会进去呢？可能很多人都会进去吧！因此，对于主力庄家来说，最好的出货方式就是营造一种强大的赚钱效应，这样市场上的投资者就会趋之若鹜。

大家回顾一下市场上大牛股的走势就可以发现，很多牛股在启动初期，运行趋势都是很难把握的，有些甚至直接以涨停启动，根本不给散户交易者任何买入机会。当股价上涨至较高的位置后，虽然股价频频收出涨停板，但几乎每天都有进入的机会。也就是说，只要你进入，当日涨停，次日还有冲高的机会让你出来（至少之前的盘面会让投资者产生这种感觉），那么追涨的人势必会很多，这也就达到了主力庄家的目的。追涨的人多了，出货就会更容易。

下面来看一下湖南发展的案例，如图7-1所示。

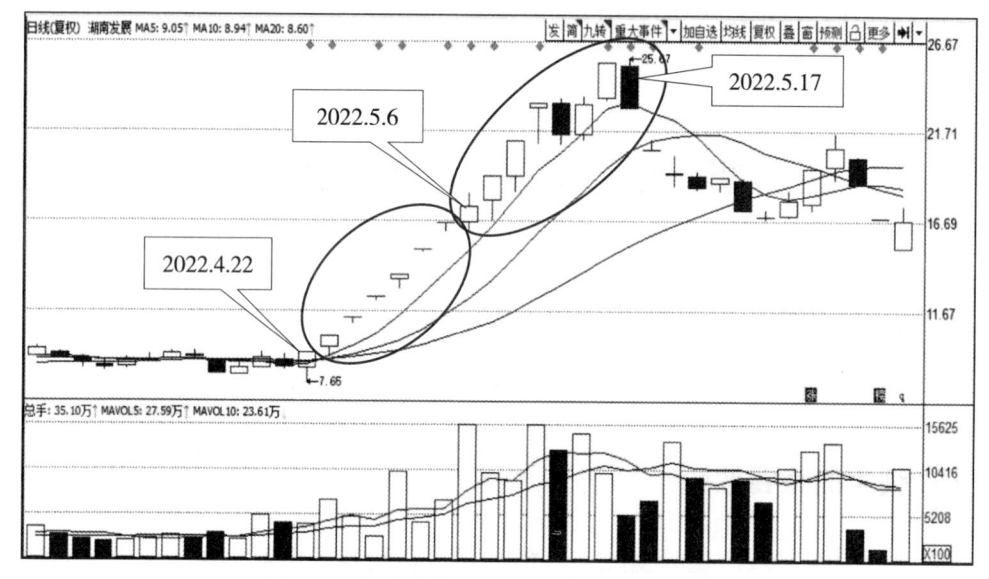

图7-1　湖南发展（000722）日K线走势图

湖南发展的股价自2022年4月22日强势启动上攻行情。不过，在上攻初期的两个交易日，主力庄家都是通过先大幅打压再突然拉升的方式，将股价拉升至涨停板。这就让很多散户摸不清主力庄家的操作方向，此后的几个交易日，该股股价基本上以一字板或T字板上攻，投资者想要入场非常不容易。

2022年5月6日之后，该股股价进入了大幅振荡上攻阶段。尽管此后该股股价仍以涨停报收为主，但股价开盘都处于相对低位，而且全天都经历大幅振荡。从理论上来说，这就给了很多投资者赚钱的机会，毕竟股价波动过程中，有时还会下跌很大的幅度，但又都以涨停收盘，这让投资者有了很好的赚钱机会。"只要你愿意入场就能赚到钱",这是主力庄家希望散户产生的一种感觉。

当然,从主力庄家的角度来看,此时也正是资金开始撤出的时段。

二、散户的贪婪心理

市场上的大部分投资者都是贪婪的,这是主力庄家整个操盘的出发点。当主力庄家将股价拉升至高位后,出货就是主力庄家最主要的目标。如何才能更好地出货?肯定是股价展露出上攻或大牛股的迹象,才能让很多先前没有入局的投资者入场接盘。因此,很多短线暴涨股在上升一波后的调整过程中,常常给人一种洗盘结束、股价即将启动的感觉。

其实,这也是主力庄家想要的效果,先前的拉升,对很多没有入局的散户形成了强烈的刺激。拉升之后出现调整(有时甚至在一个交易日完成),之后再继续上升,给人一种股价还将上攻的感觉,这将会极大地刺激出散户内心深处的贪婪。因此,很多大牛股在上升后期攻势都很猛,换手率也很高,其实这就是主力庄家或主力做盘想要获得的成果。主力庄家不断地吸引散户入场,一边拉升一边出货,可以将手中的筹码转移给散户。

从某种意义上来说,不断地刺激散户的贪婪心理,与之前介绍的主力庄家刻意营造强大的赚钱效应是一脉相承的,主力庄家的出发点是通过制造赚钱效应,然后利用散户的贪婪心理让其入场接盘。

三、热点聚焦

越是盘子大、主力庄家持仓量高的股票,出货越困难。正因如此,同等条件下,主力庄家总是倾向于选择盘子较小的股票。不过,即使操作的是小盘股,主力庄家掌握的筹码量也是非常庞大的,其想要在高位出货,也不会像散户那么容易实现。

足够的承接盘是主力庄家出货的保障。从主力庄家的角度看，要想吸引足够的承接盘，就需要吸引整个市场的关注。只要有足够多的散户关注股票，就会有人愿意入场接盘。因此，很多主力庄家都会选择在出货阶段将个人持仓的股票打造成市场里的明星品种、龙头品种、热点品种。当然，若能成为市场的总龙头，出货会更加方便，但这是可遇而不可求的。

对于主力庄家来说，聚集热点的最佳方法就是制造涨停板，而且是连续的涨停板。在A股市场上，涨停板无疑是吸引人气的最佳方式，也更容易成为市场追随的热点。因此，很多股票在拉升阶段的末期，也是主力庄家开始出货的时期，股价经常收出涨停板，甚至是连续的涨停板。

下面来看一下皖维高新的案例，如图7-2所示。

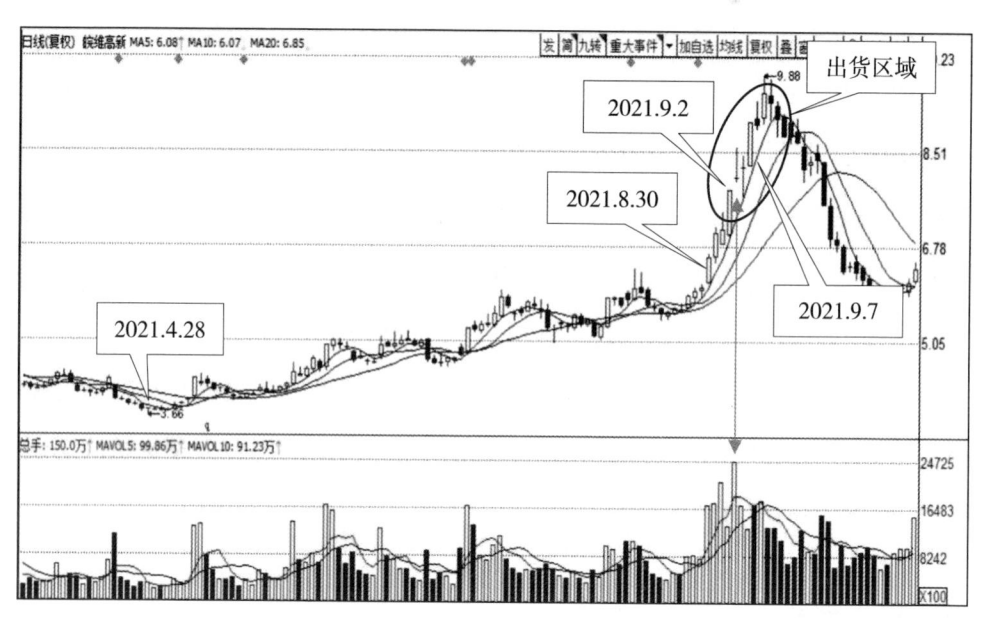

图7-2　皖维高新（600063）日K线走势图

皖维高新的股价自2021年4月28日启动上升行情。从该股日K线走势图中可以看出，主力庄家在拉升初期采用的是振荡式拉升，即股价呈现出明显的振荡式上升特征。到了8月30日，该股股价出现了明显的加速上升态势，说明主力庄家开始加速拉升,这也是主力庄家即将离场的一个标志。

9月2日和9月7日,该股股价更是拉出了涨停板。由于该股股价先前已经出现了强势上攻迹象,此时又拉出涨停板,就很容易吸引市场上投资者的追捧。

也就是说,在4个交易日内,该股股价两度涨停,且伴随着成交量急剧放大,这就是典型的主力出货特征。而之所以在顶部区域拉出两个涨停板,也是为了吸引市场上投资者的关注,使个股成为市场追逐的热点。

其后,当主力庄家完成出货后,该股股价很快转入了下跌通道。

四、寻找最后的"傻瓜"

拉升阶段末期,主力庄家常常会将股价走势引入疯狂的地步。股价进入高位后,连续拉出涨停板,此时股价已经严重偏离其内在价值。当然,市场上的参与者也知道这个基本情况,但大家仍旧义无反顾地冲进去,无外乎基于这样的判断:尽管股价处于高位,但上攻动能充足,继续上攻的力量还在,市场的追涨情绪还在,这就意味着还会有新的接盘者入场。只要还有新的接盘者入场,自己在有利润的情况下抽身而出即可。

其实,这就是典型的"博傻原理"。博傻原理,即人们之所以完全不管某个东西的真实价值而愿意花高价购买,是因为他们预期会有一个更大的笨蛋会花更高的价格从他们那儿把它买走。

下面来看一下索菱股份的股价走势情况,如图7-3所示。

索菱股份在2022年5月9日晚发布公告,宣布自5月11日开始摘帽,此后市场上掀起了一波炒作行情。与前几个交易日连续一字板涨停不同的是,5月18日以后,该股股价都是经历了大幅振荡最终收出涨停板的。其实,这种情况能说明两点:其一,主力庄家开始出货;其二,还有很多资金入场。尽管当时股价已经翻了一倍有余,而且该股的基本面并不理想,但市场上还是有很多投资者争相入局。其实这些投资者也清楚，股价已经偏离了基本面。大家之所以还愿意追高买入，只有一个想法，即未来一个交易日股价会更高。这就是一种博傻原理，主力庄家也正是在利用散户的这种心理完成了出货。

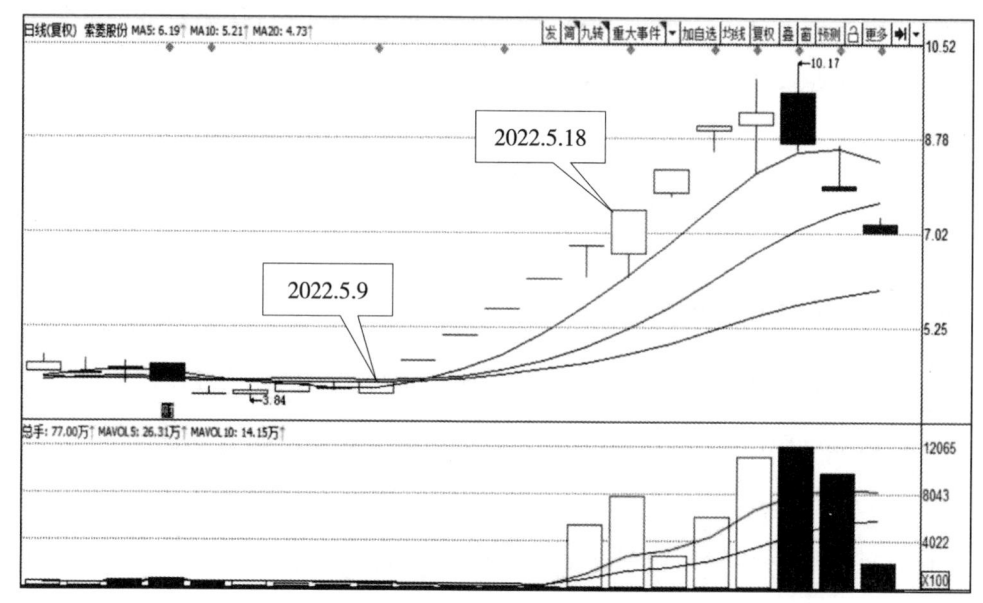

图7-3　索菱股份（002766）日K线走势图

第二节　庄家出货时机的选择

主力庄家出货前，都会营造一种非常有利于股价上行的环境，没有主力庄家会选择在股价已经进入下行通道时出货。一般来说，典型的出货时机包括以下两个。

第一，个股利好频现，股价持续上攻时。

第二，受赚钱效应影响，整个市场进入狂热期，散户跑步入场时。

一、利好频现，股价连续上攻

主力庄家与散户不同，他们对股票和上市公司的熟悉程度远非普通散户可比。对于个股可能出现的利好消息，特别是那些非常重要的利好消息，主力庄家往往都会事先有所掌握。因此，在利好消息出台之前以及当日，主力庄家都会大力向上拉升股价，进而引诱其他投资者入场追涨，自己则趁机出货了结。

预先取之，必先予之。没有上涨基础，没有赚钱效应，散户就不会入场接盘。因此，主力庄家往往会根据提前掌握的信息，以便在企业出现利好时，自己处于可以出货的位置。

下面来看一下盛和资源的案例，如图7-4所示。

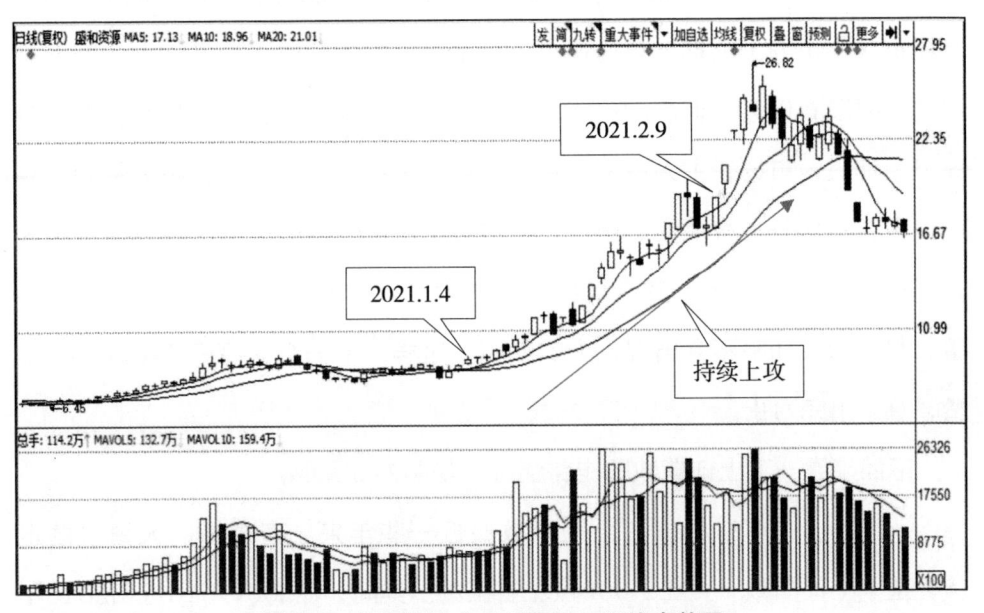

图7-4　盛和资源（600392）日K线走势图

盛和资源的股价自2020年下半年到2021年上半年出现了一波振荡上升走势。在大宗商品价格暴涨的利好影响下，该股成为典型的受益股，其业绩也同步水涨船高。不过，由于业绩发布带有很大的滞后性，也就是说，当大宗商品价格上升一段时间后，这种涨价效应才会传递至上市公司的财务报表上。因此，在该股2020年年报发布前，主力庄家连续向上拉升股价。进入2021年2月后，由于年报出台时间临近，市场普遍开始预感业绩可能会超预期，于是自2021年2月9日开始，该股股价被连续拉升至涨停板，主力庄家则趁机完成出货。

到了年报数据真正出台时，由于市场已经透支了这一巨大的利好（主力庄家借势出货），使得利好兑现变成了利空，此后该股股价转入了下行通道。

二、散户跑步入场时

股市中有这样一句话：牛市就是散户的绞肉场。从以往的牛市历程来看，每次牛市的山顶都会套住很大一批散户。与此同时，很多主力庄家更是将这一时段看作最为理想的出货时机。大盘每天都处于上涨趋势中，散户争先恐后地进入市场，主力庄家几乎不需要怎么拉升，就可以将股价带到较高的位置，然后分批次地完成出货。在这一时段出货还有一个好处，由于跑步入场的散户数量较多，资金量庞大，主力庄家只要控制好每日卖出的筹码量，整个盘面几乎不会出现太大的跌幅，这样，下一个交易日还可以继续出货，直至出完为止。

下面来看一下上证指数的走势情况，如图7-5所示。

从图7-5中可以看出，上证指数最近一些年来一直是横向大幅振荡走势，整个上证指数一直在3 000点左右振荡。其间，在2007年10月和2015年6月，上证指数创出了两个明显的高峰。观察两个高点所对应的成交量可以发现，这两个时段都是成交量非常高的时期，其实这都是套牢散户的筹码，是散户被赚钱效应吸引跑步进场的痕迹。

之所以大盘指数会在高点后出现大幅下跌，其实就是因为主力庄家在高

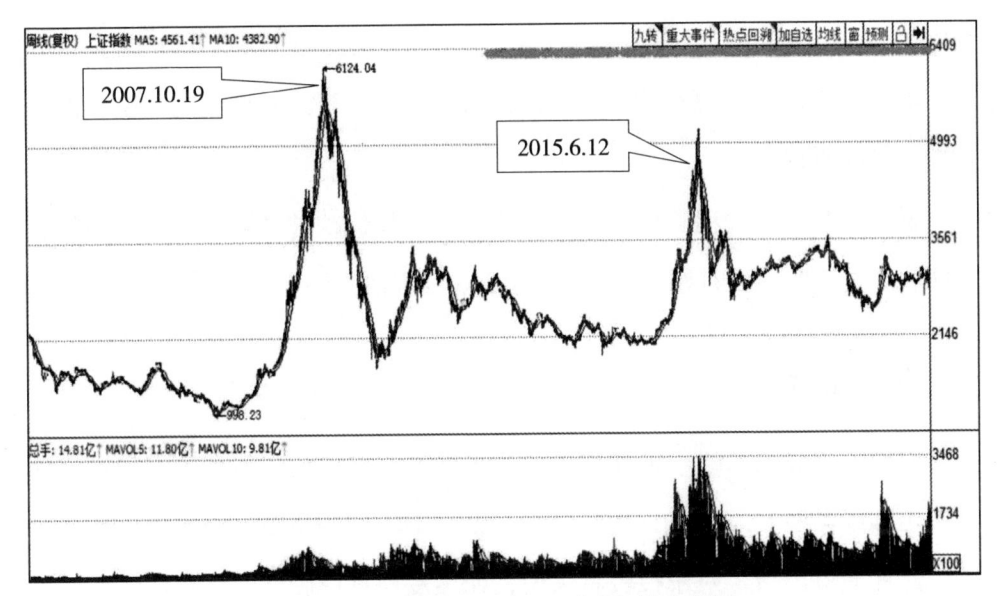

图7-5　上证指数（000001）周K线走势图

点出现前已经大批量出货离场了，散户却做了"接盘侠"。此后，缺少了主力庄家支撑的市场，势必难以延续上升的势头。

第三节　庄家出货的基本模式

出货，是主力收获胜利果实的关键阶段，也是关系主力能否将账面盈利转化为现实盈利的核心。主力之前所做的一切，包括建仓、洗盘以及拉升，都是为在最后阶段完成出货做准备。一般情况下，主力为了能够安全出货，往往会营造良好的市场氛围，吸引更多的投资者入场，然后悄悄地将手中的筹码出掉。即使是这样，主力出货时，也会在盘面上留下某些痕迹。主力的出货动作体现在K线走势上，有以下三个盘面特征。

第一，股价出现剧烈振荡，成交量也居高不下。主力想要将手中的股票出掉，就需要有一个较高的成交量做支撑，而且这种高成交量还会保持一段时间。

第二，股价振荡过程中，会出现跌破5日均线和10日均线的情况，而且短期内难以收复。

第三，在振荡过程将要结束的时候，一旦股价跌破关键支撑位，往往就意味着股价下跌将要开始，投资者需要迅速卖出股票。

一、拉高出货

拉高出货是主力的一种非常重要的出货方式。拉高出货指主力通过借助大市走强或某些利好消息，将股价拉升到一个较高的位置，吸引大量买盘追涨，然后借机出货。对于投资者来说，如果发现某只股票的涨幅已经很大，而这时又出现利好消息，就要特别小心，以防主力借利好拉高出货。

投资者如果发现主力在借利好进行拉高出货，一定要放弃追涨的念头，迅速卖出手中的股票，以防被套牢。

拉高出货在盘面上会呈现出如下特征。

第一，主力拉高出货过程中，K线图上一般都会出现高开低走的阴线或者跳空向上的十字星，而且也会伴随着巨大的成交量。

第二，主力拉高出货时，各项技术指标都会到达超买区间，例如KDJ指标或者RSI指标都会进入超买区间，如图7-6所示。

苏盐井神的股价从2021年8月初开始了一波上涨走势，受天然气储能利好的影响，2021年9月13日股价高开高走，并最终以涨停报收。次日即9月14日，该股股价再度跳空高开高走，收出一根带影线的中阳线，成交量同步出现了大幅放量态势。鉴于该股股价自8月初已经涨了60%以上，说明该交易日很可能是主力在出货。投资者如果同时观察该股的KDJ指标就会发现，在9月15日之前的一个交易日，KDJ指标已经进入了超买区间，说明股价很有可能见顶向下。

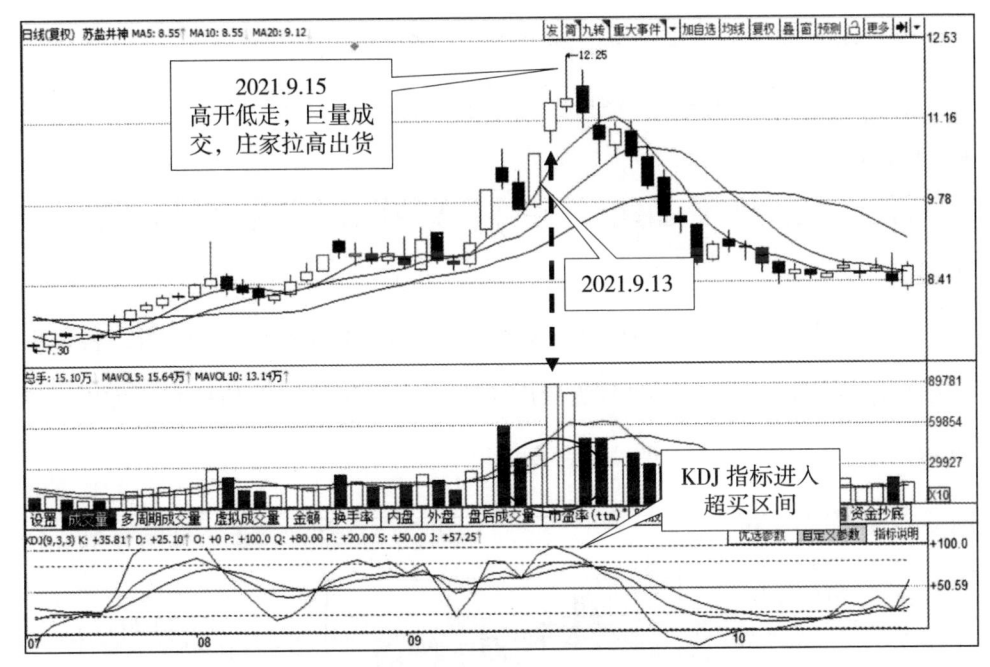

图7-6 苏盐井神（603299）日K线走势图

此后，该股股价经过一番冲高后回落，转头进入了下行通道，这更说明之前的涨停板以及其后的跳空高开属于主力庄家的拉高出货行为。

二、振荡出货

当主力的出货时间较为充裕时，一般都会选择振荡出货这种方式。振荡出货是指股价经过大幅拉升，到达主力心中理想的目标价位时，主力开始控制股价在一个区域内上下振荡，借助股价上涨大量出货，然后再利用下跌少量吸筹，通过反复使用多出少进的方式完成出货。主力使用这种方式出货时，一般都是市场行情较好，大多数投资者都看好后市的时候，这样主力就可以顺利地在振荡中出脱手中大部分筹码。

当主力采用振荡出货这种方式时，投资者应该注意，一旦股价跌破振荡区域，就可以选择卖出股票了。

振荡出货会在盘面上呈现出如下特征。

第一，股价在到达一个高位时，迟迟不向上方拓展空间，而是呈现横盘振荡状态。

第二，在振荡出货过程中，会出现很多带有长上影线和下影线的阴线或阳线。

第三，当股价经过一段时间的振荡之后，出现向下运行的趋势，表示主力出货已经接近完成，这时投资者应该赶紧卖出股票，以防被套，如图7-7所示。

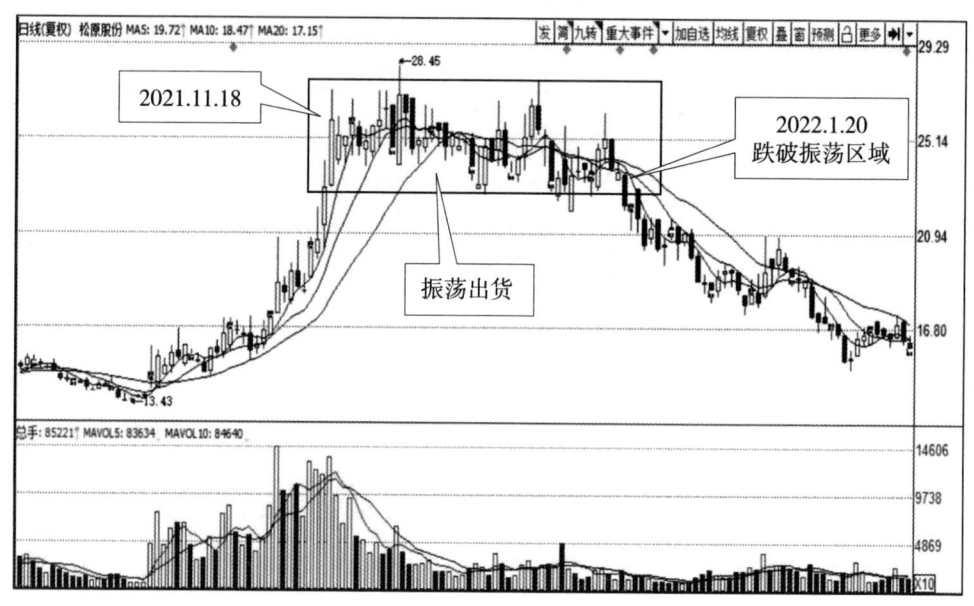

图7-7　松原股份（300893）日K线走势图

松原股份的股价自2021年9月底开始一路走强，从启动初期的13.43元一路上涨到28.45元。松原股份的股价从2021年11月18日上涨到一个较高的点位后，就开始了振荡走势，股价始终在23元到28元之间振荡。与此同时，成交量出现了振荡走低态势，说明很有可能主力在利用股价振荡出货。2022年1月20日，股价跌破振荡区间，说明主力出货已经完成，股价开始一路向下，成交量也呈缩减态势。投资者如果持有该股，就应该在股价跌破振荡区间时卖出手中的股票，以免被套。

三、打压出货

打压出货是主力在出货遇阻时不得不采用的一种出货方式。打压出货是一把双刃剑，不仅会伤到普通投资者，也会伤到主力。主力使用打压出货时，一般都是大盘走弱、市场买盘不足、投资者不愿意买入股票的时候，主力为了迅速将手中的筹码出掉，不得不采用向下打压的方式，利用吸收低位承接盘来完成出货。

投资者遇到打压出货的时候，就要不计成本地卖出股票，因为股价随时都在走低，而且一波比一波更低，投资者要想少损失一点，就必须提早一步卖出手中的股票。

打压出货会在盘面上呈现如下几个特征。

第一，股价出现连续下跌走势，但每个交易日股价下跌的幅度并不是很大。

第二，随着下跌的持续，成交量会出现放大态势，也就是所谓的"价跌量增"形态，表示随着股价的下跌，买盘逐渐增多，主力出货力度也在加大。

第三，在整个下跌过程中，很少会出现像样的反弹，即使出现大幅拉升，也只是昙花一现，不会改变股价下跌的格局，如图7-8所示。

艾隆科技的股价从2021年4月中旬开始了一波上涨走势。到了7月初，该股股价上涨到顶部区域。

由于市场环境的变化，主力无法采用拉高方式出货，只能采用向下打压的方式出货。在2021年7月8日，该股出现价跌量增的走势，证明这种走势很可能是主力利用打压方式在出货。

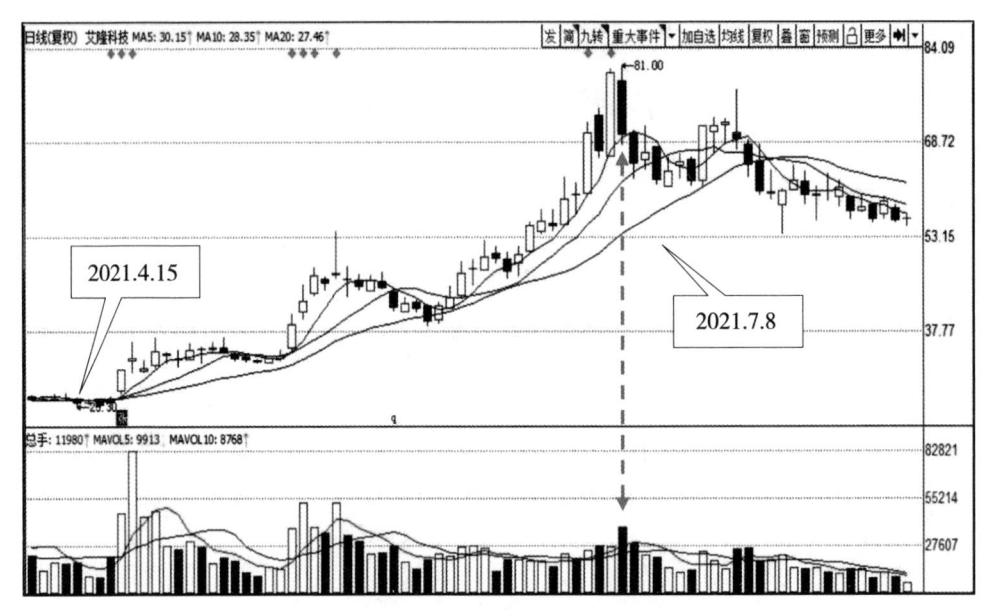

图7-8 艾隆科技（688329）日K线走势图

四、涨停出货

涨停出货，是拉高出货的一种极端变现形态。事实上，很多主力庄家在使用拉高出货时，都有将股价拉升至涨停板的情况。不过，涨停出货表现得更为极端，主力通过连续地拉涨停板，将市场情绪点燃，吸引大量跟风盘，从而顺利完成出货。一般来说，短线游资庄家最喜欢用这种方式出货。

涨停出货在盘面上会呈现出如下特征。

第一，股价进入高位后，尽管接连出现涨停板，但成交量急剧放大，全天股价大幅振荡。

第二，当股价无法再封上涨停板时，往往意味着主力庄家出货终结，也是股价即将转入下行趋势的一个信号。

下面来看一下川大智胜的案例，如图7-9所示。

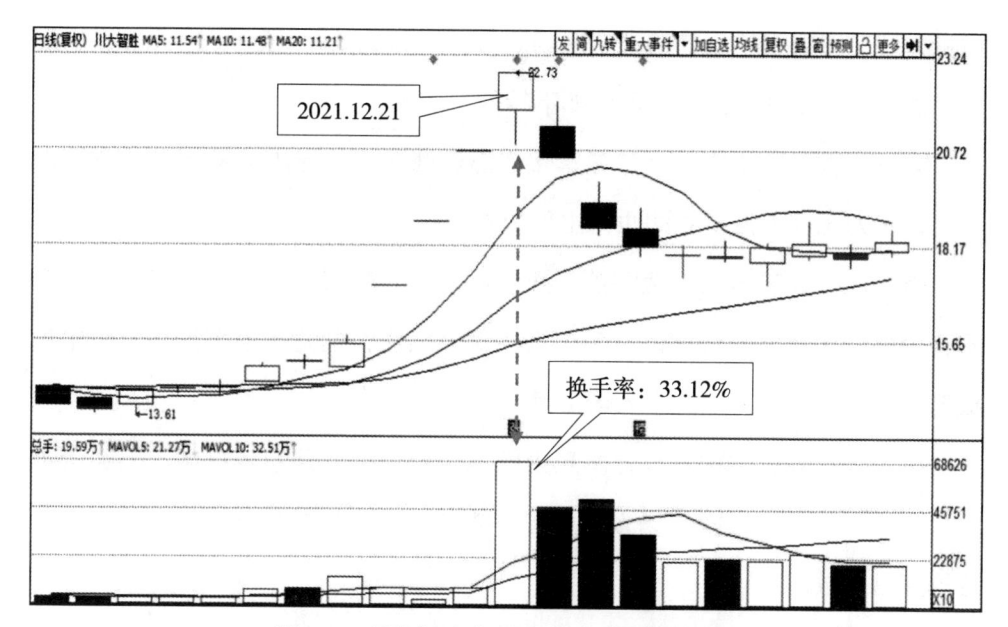

图7-9 川大智胜（002253）日K线走势图

川大智胜的股价自2021年11月启动了振荡上升走势。进入12月中旬后，该股股价的上涨速度明显加快，甚至在利好消息的刺激下连续拉出多个一字板，由此可见该股走势之强。

2021年12月21日，该股没有一字涨停，而是跳空高开，经过大幅振荡后，最终仍以涨停报收。不过，当日该股的换手率达到了33.12%，这是一个天量级别的换手率，说明当日主力庄家已经出货离场。

此后该股股价正式进入下行通道，说明该股的主力庄家使用了涨停出货的策略。

五、跌停出货

相比涨停出货，跌停出货更为被动，是主力庄家因环境变化不得不采取的一种出逃式出货方式。很多强势股在涨停之后，因某种原因导致资金出逃，主力庄家眼见常规出货无法顺利实施，因此不得不采取一种更为激进的出货方式，以吸引抢反弹的资金入场。

跌停出货在盘面上会呈现出如下特征。

第一，股价进入高位后，尽管接连出现涨停板，但因突发利空或承接盘不足，主力庄家不得不立即执行出货操作。

第二，股价自高位迅速回落至涨停板，主力庄家为了寻找承接盘，不得不将价格打压至跌停价位。其后，为了顺利出货，主力庄家可能还会做出翘板的动作，以吸引其他资金入场接盘。

第三，股价达到跌停板，本质上就意味着一波上升趋势终结，投资者不宜再入场。当然，有些市场大龙头也可能会出现二波甚至三波上涨行情，但这毕竟是少数。

下面来看一下得利斯的案例，如图7-10所示。

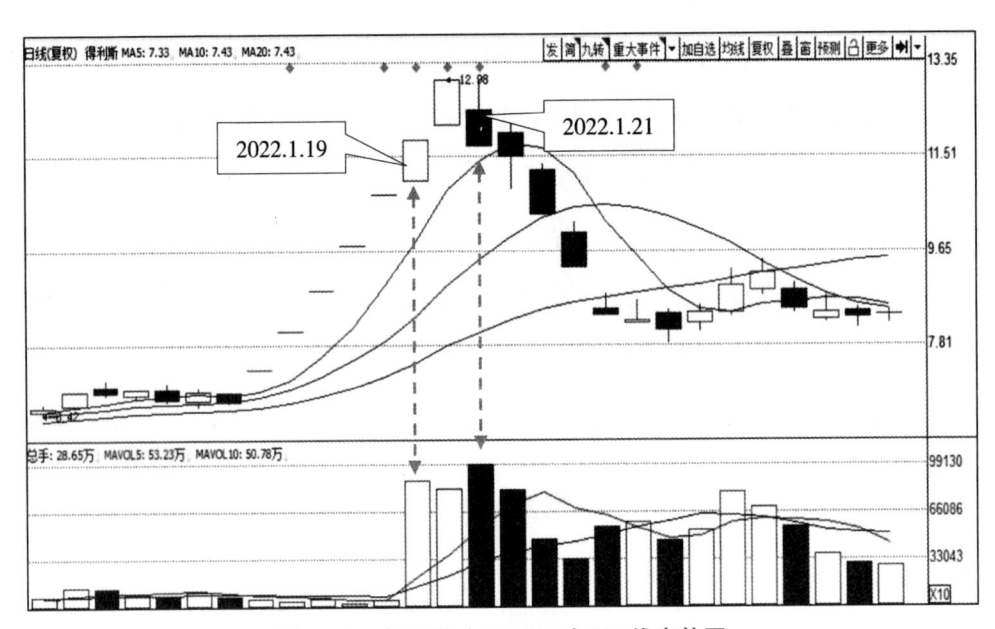

图7-10　得利斯（002330）日K线走势图

在预制菜行情的推动下，得利斯的股价自2022年1月初启动了大幅上攻走势，该股股价在2022年1月中旬连续拉出多个一字涨停板。

2022年1月19日，该股没有一字涨停，而是跳空高开，经过大幅振荡后，最终仍以涨停报收。当日成交量出现了较大的放量，说明主力庄家已经开始在出货了。次日，该股股价再度涨停。

2022年1月21日，该股股价低开后振荡走低并一路下探，最终以跌停报收。当日的成交量创出了一段时间以来的新高，说明主力庄家已经在利用跌停出货了。

第四节　出货过程基本的量价模式

主力庄家出货是一个漫长的过程，特别是介入资金量较大的主力庄家，需要更多的时间来完成出货，因此，在K线走势图上就会呈现出一些比较经典的量价形态。

一、量价顶背离

量价顶背离是与量价配合对应的一个概念。通常情况下，股价的上升需要资金推动，越是股价到高位，就越需要更多的资金和交易量支撑，在量价关系上就会表现出经典的量价同升状况。反之，若随着股价的振荡走高，成交量却反方向出现萎缩形态，则意味着量价出现了背离，这是股价上升难以持续的一个经典形态。

股价上升到顶部区域后，主力持有的筹码远远多于散户，他们想要出货，比散户困难得多。因而当股价触顶之后，主力手中若还存有大量筹码，他们必然会给散户营造一种股价继续上攻的假象，然后借机出货。这种情况表现在量价关系上，就会出现这种情形：股价在顶部区域振荡，成交量持续走高；股价创出新的高点时，成交量却并未出现新的高点。至此，股价与成交量的背离形态正式形成。

下面来看一下长春一东的案例，如图7-11所示。

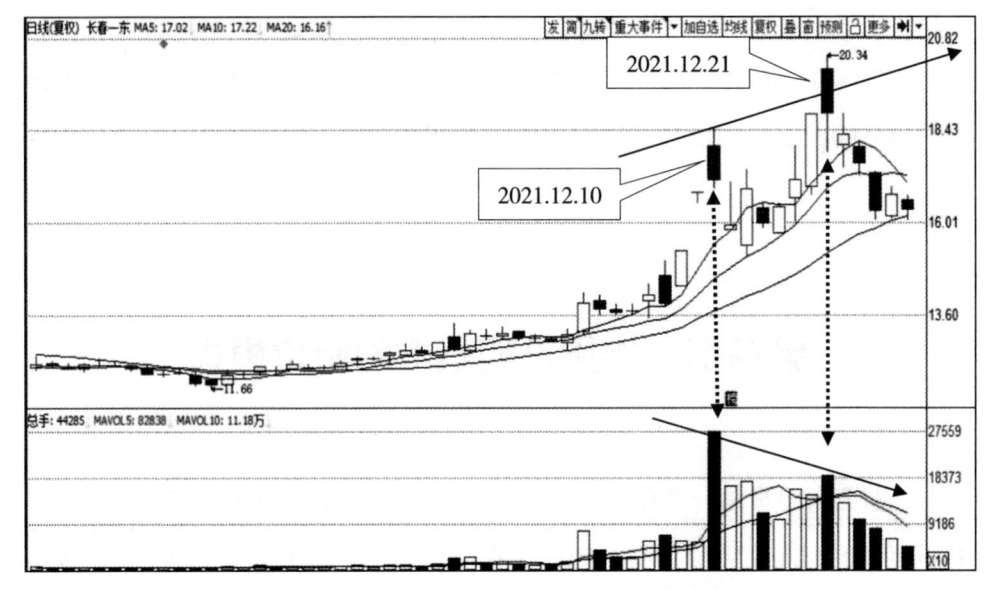

图7-11　长春一东（600148）日K线走势图

长春一东的股价在2021年下半年启动了一波快速上攻走势。2021年12月10日，该股股价在创下短期高点后出现回落，与此同时，成交量也开始萎缩。

此后，该股经过一段时间的调整后重新上攻，并在12月21日创下一个新的高点，而成交量尽管也同步出现了放大迹象，却并未超过前期高点。至此，成交量与股价顶背离形态正式成立，说明该股波段顶部来临。

二、顶部放量滞涨

顶部放量滞涨，是指股价运行到高价位区域后，成交量显著放大，接连放出巨量，但是股价没有随成交量的放大而上涨，反而横盘整理甚至小幅下跌，如图7-12所示。这种情况一般是主力出货造成的。当庄家没有意愿再向上拉升时，就会让股价在高位的某一个价格区间内波动，而自己则借机分批卖出。

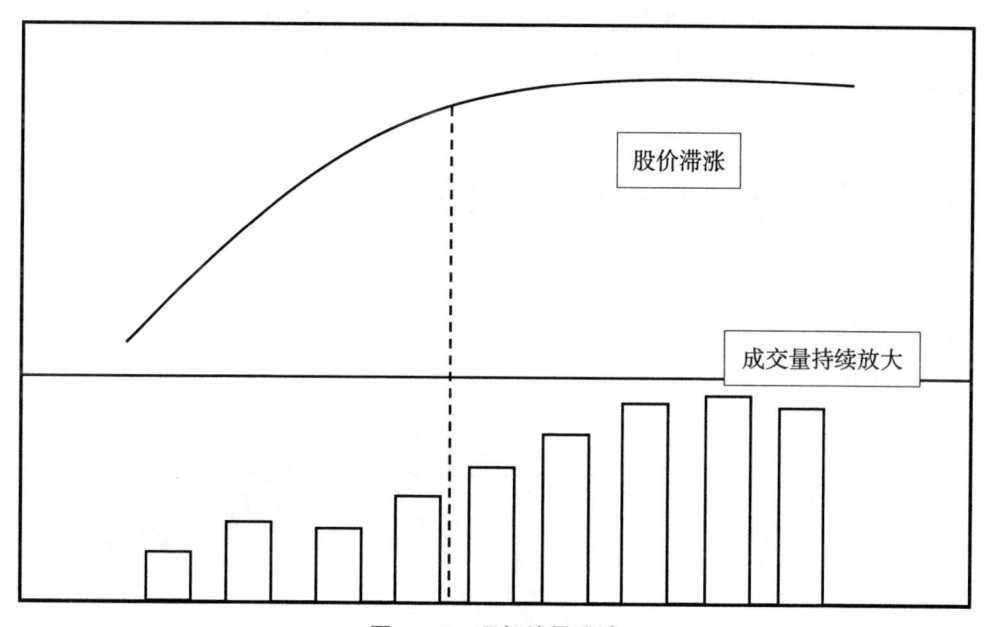

图7-12　顶部放量滞涨

随着股价的不断上升，投资者因为看好后市而纷纷买入，成交量因此逐步放大。当股价到高位后，成交量已经放大到一定程度。这时前期买入的投资者大多都已获利，而部分本来看多的投资者会转而获利了结。随着卖盘力量的增加，股价的上涨趋势逐渐减弱，开始出现横盘整理甚至小幅下跌，这就形成了顶部放量滞涨走势。

在这种走势中，成交量会不规则地放出巨量，其操作要点如下。

第一，顶部放量滞涨是庄家集中出货的表现，看到这种走势，持股者应该预先卖出部分股票以规避风险，持币者应该继续观望。

第二，如果股价出现放量滞涨后开始急速下跌，那么持股的投资者应该毫不犹豫地清空仓位。

第三，一些对均线情有独钟的投资者，也可以参考股价与均线的关系来判断卖出点。当股价跌破10日均线时，投资者可能会有部分获利回吐；当股价跌破30日均线时，投资者就应该果断平仓。

第四，在出现放量滞涨走势前，股价上涨的幅度越大，经过整理后股价下跌的空间也就越大。

第五，顶部放量滞涨时，成交量应该呈现不规则放量，且不时放出巨量。如果成交量呈温和放大态势，则会降低见顶信号的可信度。

下面来看一下华联综超的案例，如图7-13所示。

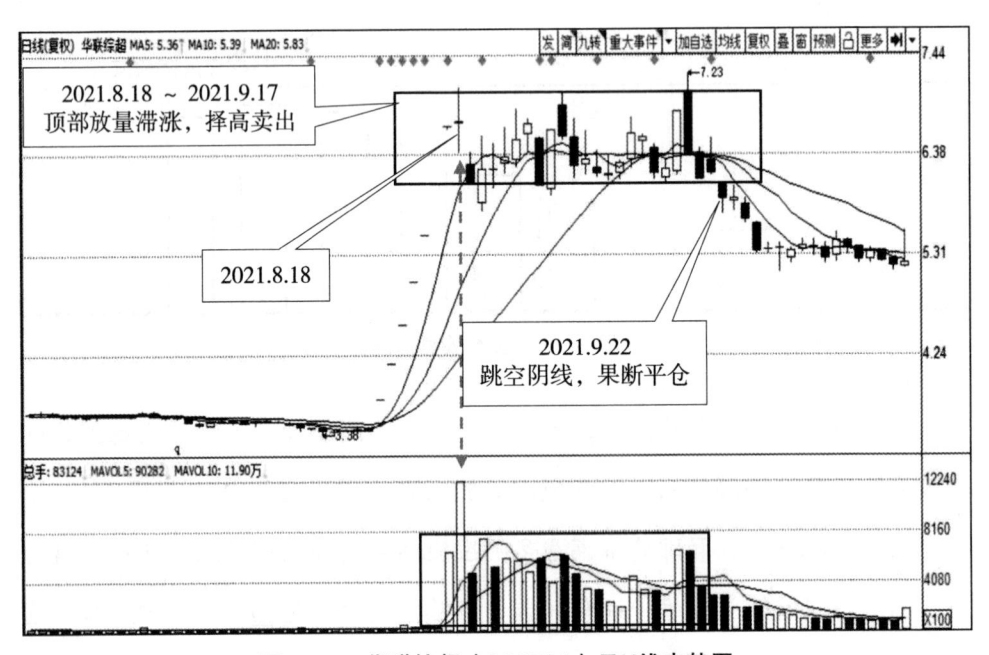

图7-13　华联综超（600361）日K线走势图

2021年8月18日—2021年9月17日，华联综超的日K线图上出现了顶部放量滞涨走势。

之前华联综超的股价已经经历了一波急速上攻走势，该股股价连续拉出一字板。2021年8月18日，该股收出一根放量十字星线，之后股价进入横盘整理走势。在横盘过程中，成交量没有出现明显萎缩，而是维持在一个较高的水平。这种放量滞涨的走势说明庄家正在集中出货，投资者应该在此阶段择高卖出，以规避风险。

2021年9月22日，该股跳空开盘后一路下跌，中间几乎没有什么停顿，当天收出一根跳空阴线。看到这种情形，仍持有股票的投资者应该在盘中果断平仓。

三、顶部放量流星线

流星线与倒锤头线的形态相同，只是所处的位置不同。它一般出现在一段上涨行情的末尾，其实体很小，下影线很短或根本不存在，上影线却很长，一般要求上影线长度至少是实体的两倍，如图7-14所示。流星线可以是阳线，也可以是阴线，但无论其实体颜色是怎样的，只要它出现在高价位区域，就表示股价即将或已经到达顶部。

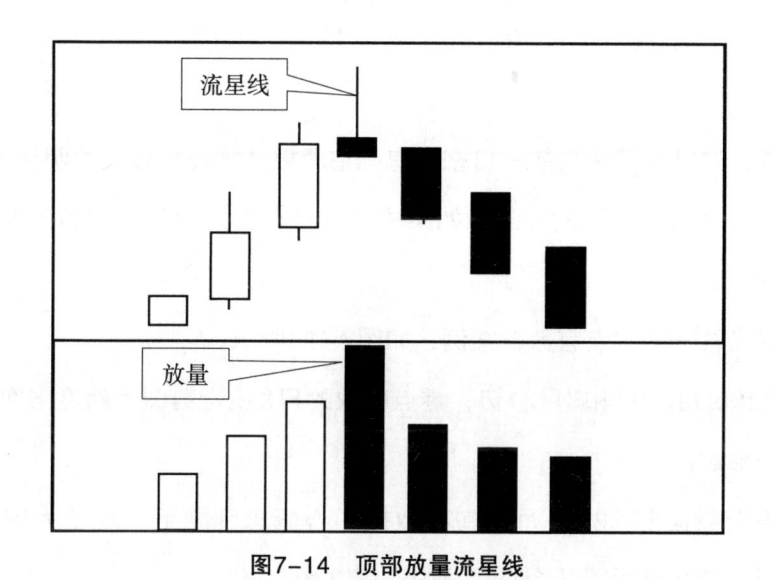

图7-14 顶部放量流星线

流星线出现之前，股价正处于上涨行情中。当某个交易日股价已上涨到一定高度时，股价开始时仍然向上，但是不久便在上方遇到阻力而开始下跌，最终在收盘时股价被打压到了开盘价附近，形成一根流星线。流星线的实体很短，且位于整个价格区间的下端；其下影线非常短或根本不存在，上影线却很长，通常至少是实体长度的两倍。出现流星线时，通常会有一个保持较大成交量的成交态势。

在顶部区域出现流星线，若伴随着成交量放大，则一般可认定为主力庄家的出货信号，其操作要点如下。

第一，流星线是顶部信号，后市看跌，如果出现流星线的次日股价呈下跌势头，则表明空方已经开始占据主动，投资者应实施减仓操作。

第二，在流星线出现后的几个交易日内，如果股价出现了连续下跌走势，投资者应该果断卖出股票，出局观望。

第三，流星线出现后，如果股价在随后几天又重新走高并突破流星线的上影线顶端，说明多方重新聚集了力量，这时投资者可以根据实际情况采取观望或做多策略。

第四，流星线的上影线越长、实体越短，形态发出的反转信号就越可靠。

第五，如果流星线与前一日相比有跳空现象，则反转意义更明显。

第六，收出流星线的同时，如果成交量出现天量现象，则后市出现下跌的可能性更大。

下面来看一下零点有数的案例，如图7-15所示。

2022年1月20日和2月21日，零点有数的日K线走势图上两度出现顶部放量流星线形态。

零点有数自2022年1月中旬在数据中心概念刺激下出现了大幅上攻走势，该股股价在其后的几个交易日内连续以涨停报收。

2022年1月20日，该股上涨至高点位置时，出现了放量流星线形态，与此同时，成交量创出阶段新高，说明股价很可能会结束上涨。其后，该股进行了一段时间的回调整理。

2022年2月21日，该股反弹至前期高点附近位置时，再度出现了放量流星线形态，说明股价很可能会结束上涨。其后，该股进行了一段时间的回调整理。

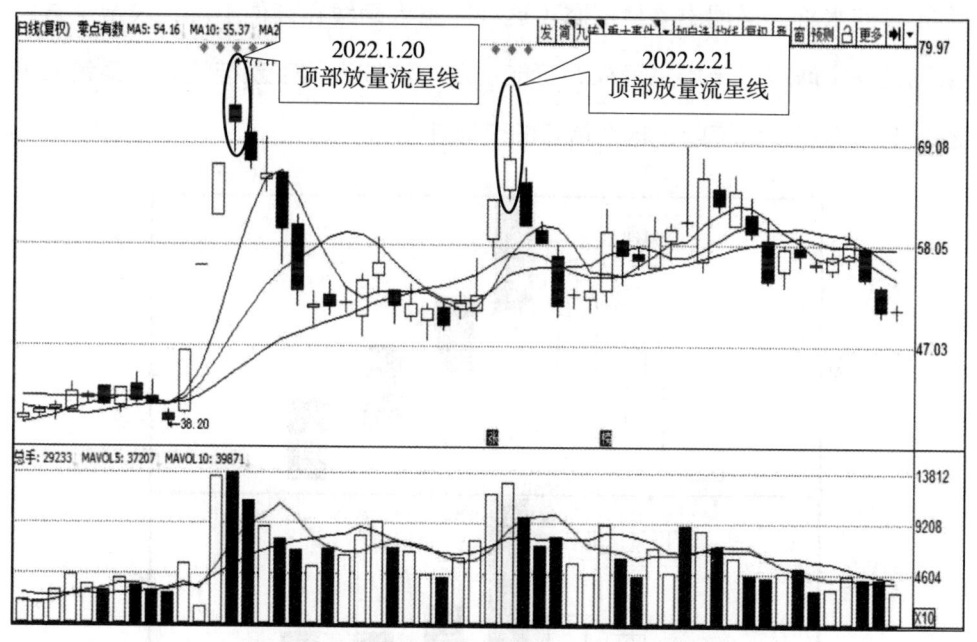

图7-15　零点有数（301169）日K线走势图

至此，投资者基本可以认定，两根顶部流星线属于典型的主力庄家出货形态。

四、顶部巨量大阴线

当股价上涨到高价位区域后，突然在某一天成交量放出巨量，股价却没有上涨，反而出现了大幅下跌，最终收出一根实体很长的大阴线。这根大阴线叫作顶部巨量大阴线，是股市中最具震撼力的下跌形态，表示空方发挥了最大能量，并始终占据着优势，如图7-16所示。这种走势出现在大幅上涨之后的顶部区域，是非常危险的信号，投资者应以做空为主。

股价经过一段时间的上涨后，已经处于高价位区间，这时股价的上涨势头可能减弱，甚至可能出现高位整理局面。然后在某一交易日，股价开盘后一路走低，最终形成了一根实体很大的大阴线。当天的成交量一直保持在一个较高的水平，呈现出巨量形态。这种巨量大阴线在高位出现，表示空方力量已经完全取得了市场主导权，可能引发一波较大的下跌行情。如果第二天股价继续走低，就证明了这个信号的可靠性。

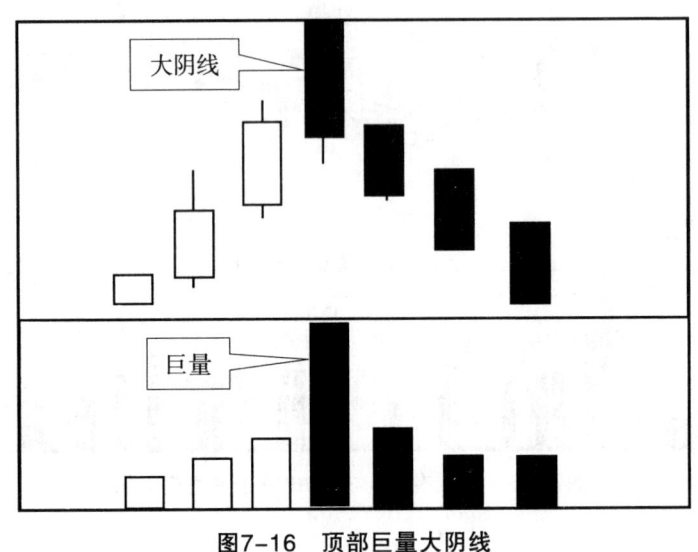

图7-16 顶部巨量大阴线

该形态在顶部区域出现，通常意味着主力庄家已经开始了出货行动，其操作要点如下。

第一，当在高价位区域出现巨量大阴线，投资者一定要提高警惕，持股者最好在当天实施减持操作，稳健的投资者可以选择清仓出局。

第二，如果在出现顶部巨量大阴线后，第二天股价依然保持弱势，那么仍然持股的投资者应该果断将仓位清空。

第三，出现巨量大阴线后，股价有可能振荡上涨或是横盘整理，这时投资者不宜贸然追涨，而应该保持谨慎。如果股价出现滞涨，那么持股者应该果断离场。

第四，顶部巨量大阴线一般出现在股价经过大幅上涨后的高价位区域。

如果在形成大阴线之前，股价上涨幅度有限，那么就不能将其视为顶部大阴线，其看跌信号也会相应减弱。

第五，巨量大阴线有可能是庄家出货导致的，也有可能是庄家洗盘造成的。但是当其出现在高位时，通常表示庄家正在出货，投资者应以看空为主。

第六，在出现顶部大阴线的同时，一般会放出巨量。这一成交量越大，后市下跌的可能性越大。

下面来看一下大龙地产的案例，如图7-17所示。

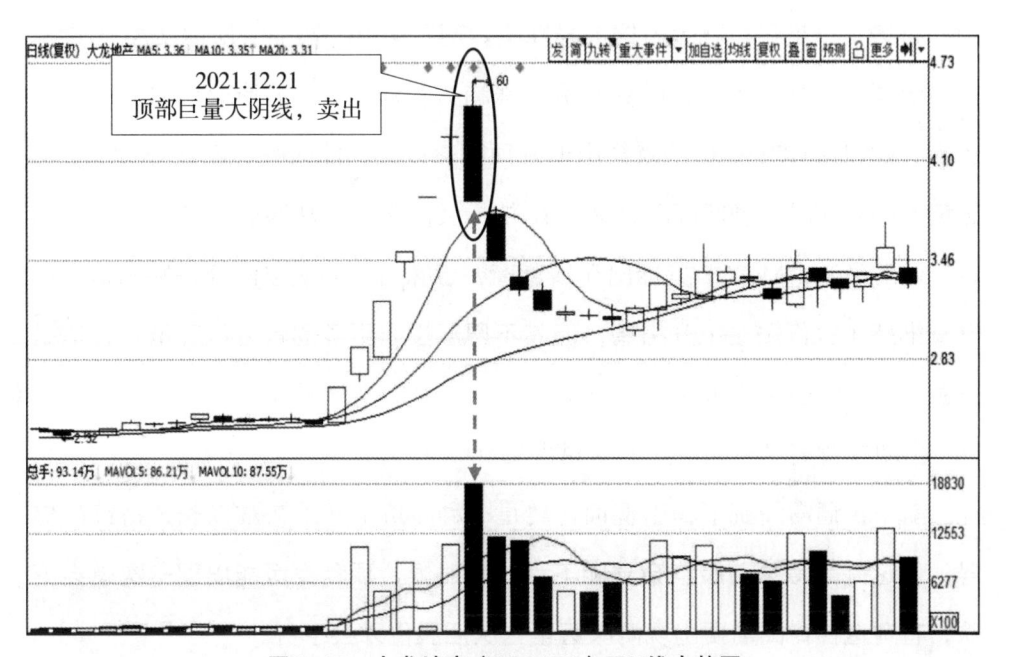

图7-17　大龙地产（600159）日K线走势图

2021年12月21日，大龙地产的日K线图上出现了顶部巨量大阴线。

2021年12月，大龙地产的股价随着大盘的暴涨而连续快速上攻，并在2021年12月中旬连续拉出涨停板，由此可见该股走势之强。

2021年12月21日，该股股价在前日涨停的基础上再度高开，此后股价一路走低，最终收出一根跌幅达10%的大阴线。观察当日的成交量可知，此时该股的成交量达到了阶段高点，说明主力庄家很有可能在当日进行了出货操作。看到这种情形，持股者应该在盘中果断实施减仓或平仓操作。

五、MACD指标顶背离

MACD指标顶背离是与量价顶背离相似的一个概念。顶背离，是指股价上涨过程中创下的高点一个比一个高，但MACD指标并没有创出新高的现象。

通常情况下，股价进入上行趋势后，由于越来越多的投资者认可了这一运动趋势，于是买盘就会占据主导地位。随着买盘的增加，使得MACD指标与股价同步走高。但是，随着股价上涨趋势的延续，买方资金势必无法持续放大，此时MACD指标线就会出现触顶回落迹象。此时股价还处于继续上涨态势，因此在股价创新高时，MACD指标反向走低，从而形成了顶背离。

通常来说，MACD指标出现顶背离，意味着主力庄家已经开始出货。尽管其维持了股价振荡上升格局，但其不愿意投入更多的资金拉升抢筹，这是产生顶背离的根本原因。

出现顶背离具有如下几个交易含义。

第一，通常情况下，出现顶背离是一种股价上升趋势难以长久持续的信号，但这并不意味着股价会立即下跌。有时候，顶背离可能出现一次就会下跌，有时这种背离需要出现两次甚至三次后股价才会下行。

第二，股价与MACD指标出现顶背离的次数越多，越能说明股价下跌的可能性非常大。

第三，成交量的变化。若股价与MACD指标出现顶背离时，又同步与成交量指标出现顶背离，则意味着股价回落的可能性非常大。

第四，顶背离形成后，MACD指标出现死叉时，保守型投资者可立即清仓离场，激进型投资者可在保留少量仓位的情况下减仓。若MACD指标继续走低并跌破0轴，则应坚决清仓。

下面来看一下富满电子的案例，如图7-18所示。

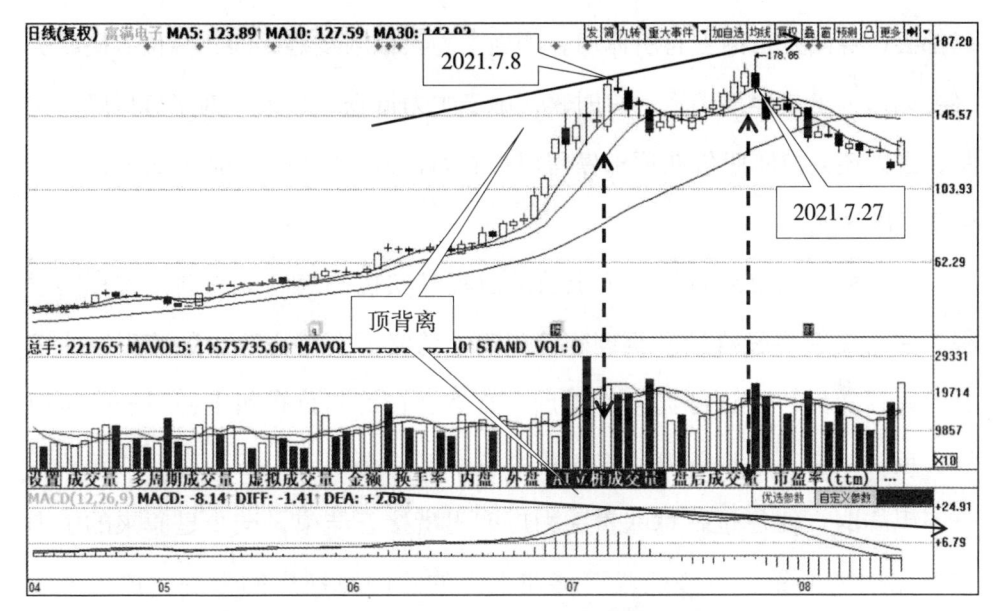

图7-18 富满电子（300671）MACD指标背离示意图

富满电子（现为富满微）的股价在2021年上半年走出了一波振荡上涨行情。该股股价在2021年7月8日和7月27日分别创下了两个短期高点，且后一个高点远远高于前一个。与此同时，DIFF快线创下的两个高点却没有形成一个比一个高的态势，说明股价与MACD指标出现了顶背离，未来股价下跌的概率很高。

第五节 主力出货接近完成的特征

当主力庄家出货接近完成时，也就是股价即将开启下跌的时刻。这类股票在盘面K线走势、技术指标方面也会呈现出一些比较经典的形态。

一、筹码分布密集顶部区域

由于主力持仓量非常大，因而无论主力如何隐藏出货行为，最终这些筹码都会在筹码分布图上有所体现。即当主力大量派发筹码时，高位筹码峰势必要远远大于其他筹码峰。有时候，由于主力持仓量过大，为了确保顺利出货，主力还会控制股价在顶部停留很长时间，最终导致整个股票的筹码都集中于顶部区域。

从某种意义上来看，股价上攻的过程其实也是筹码逐渐向上转移的过程。主力庄家将股价拉升至理想价位后，势必需要抛出手中的筹码。由于其筹码量较大，在顶部抛出筹码后，必然会在筹码分布图上留下一个筹码峰。反过来说，当底部筹码峰消失并逐渐转移至顶部，在顶部形成新的单一筹码峰时，往往也就意味着主力庄家出货接近结束，至少是原来的主力庄家完成了出货。有些妖股可能在上涨的途中有换庄的情况，这里不予考虑。

总之，当一只股票的底部筹码峰消失，在顶部形成新的单一筹码峰，通常意味着主力庄家出货接近完成，若此时股价向下跌破了顶部筹码峰区域，则意味着股价将会开启一波下跌走势。

下面来看一下盛通股份的案例，如图7-19所示。

盛通股份的股价于2021年8月之前在底部横向振荡了一段时间，筹码开始逐渐向底部密集，形成了底部筹码单峰形态。这说明主力有建仓的可能，未来股价走势看好，投资者可密切关注其后走势。自2021年8月2日开始，该股股价脚踩底部筹码峰开始了上攻之路。

2021年8月31日，盛通股份的股价出现了触顶回落走势，形成了一个阶段高点。此时，该股底部筹码峰已经大部分上移，顶部筹码峰出现了密集形态，如图7-20所示。

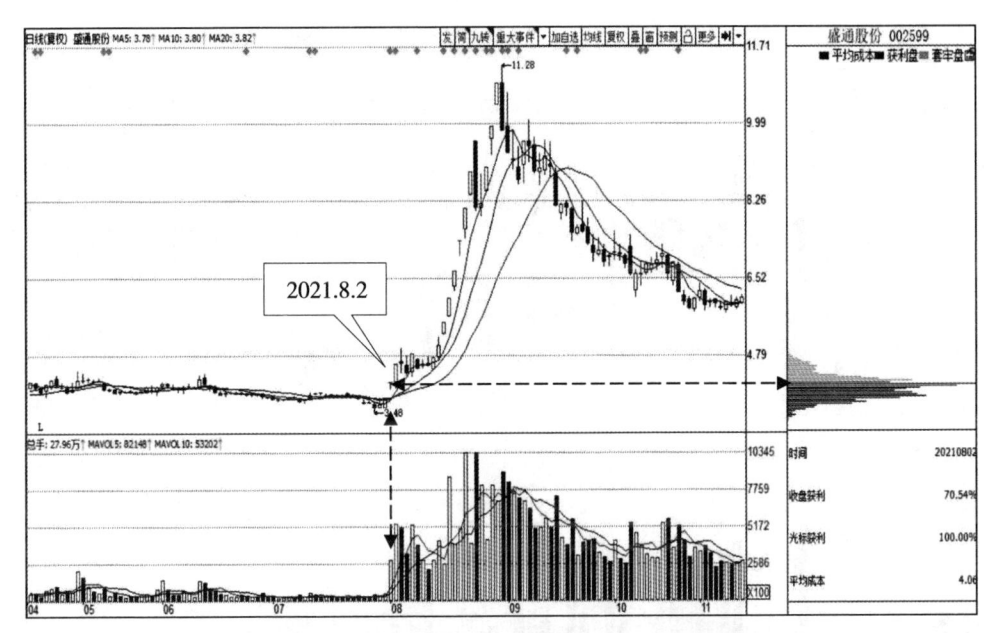

图7-19 盛通股份（002599）筹码分布图一

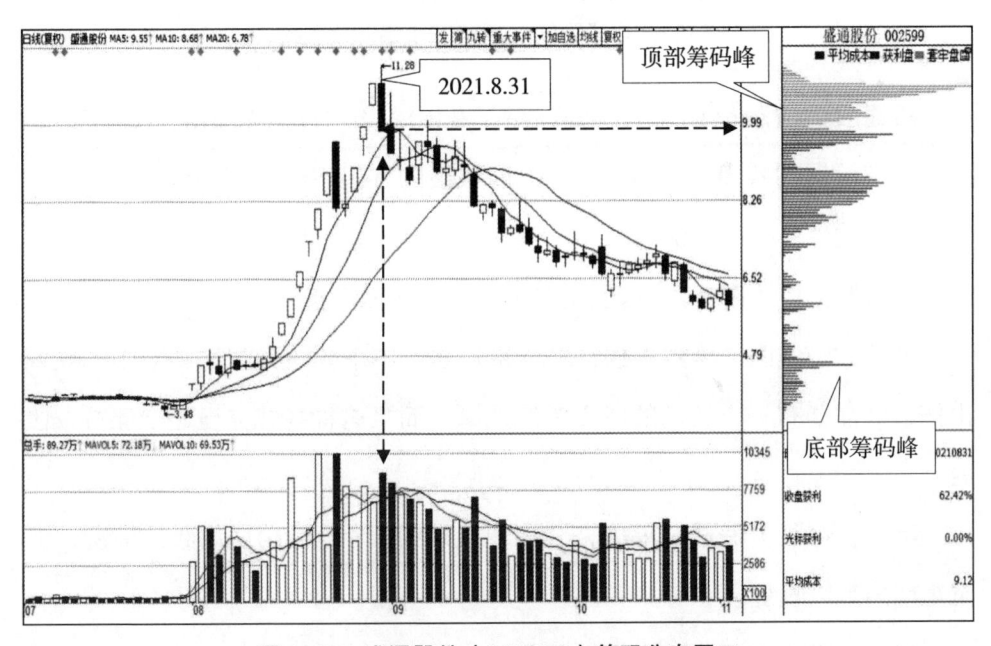

图7-20 盛通股份（002599）筹码分布图二

盛通股份的底部筹码已经出现了明显的上移态势，说明主力庄家已经开始出货，但并未最终完成。

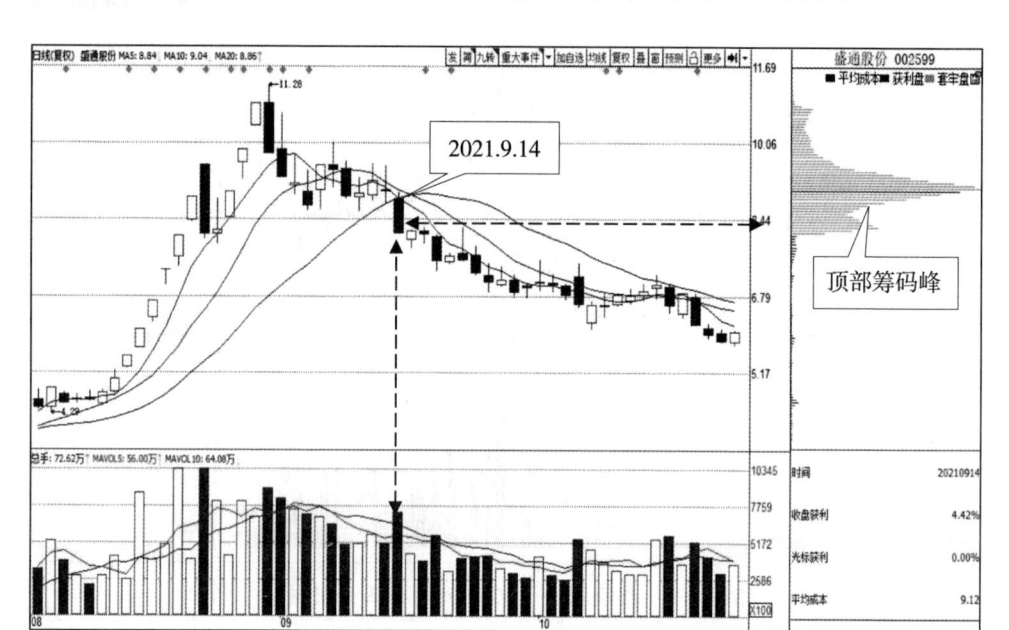

其后，该股股价在顶部区域出现了振荡态势，如图7-21所示。

图7-21 盛通股份（002599）筹码分布图三

盛通股份的股价经过一波振荡后，在2021年9月14日出现放量下跌走势。观察此时的筹码分布图可知，此时该股的筹码重新在顶部密集，且底部筹码峰已经消失殆尽，说明主力已经完成出货，投资者宜立即清仓或减仓。

主力的出货动作体现在K线走势上，有以下三个盘面特征。

第一，股价出现剧烈振荡，成交量也居高不下。主力想要将手中的股票出掉，就需要有一个较高的成交量做支撑，而且这种高成交量还会保持一段时间。

第二，在股价振荡过程中，会出现跌破5日均线和10日均线的情况，而且短期内难以收复。

第三，股价在振荡过程将要结束时，一旦出现关键支撑位被跌破，往往就意味着股价下跌将要开始，投资者需要迅速卖出股票。

二、K线跌破顶部区域

主力庄家出货结束，在盘面上最直接的反映就是股价K线跌破顶部区域。当然，这种有效跌破信号的识别有时还需要借助均线、MACD指标以及成交量等技术分析指标。

通常情况下，主力庄家从出货的实际需要出发，会努力将股价控制在顶部区域一段时间。这段时间的长短主要取决于其出货情况，当然也与整个市场环境有关。股价维持在顶部区域时，K线会出现各类形态，也可能会借此构成一些经典的顶部形态，如M形顶、三重顶、头肩顶、圆弧顶或者一个矩形整理形态等。

其操作要点如下。

第一，股价K线在顶部区域形成经典顶部形态，包括M形顶、三重顶、头肩顶、圆弧顶、矩形整理形态等，这通常属于主力庄家出货形成的典型形态。

第二，当股价K线向下有效突破这些形态，比如突破一些顶部形态的颈线位或整理形态的下边线，则意味着顶部形态成立，也意味着主力庄家出货接近结束。

第三，股价K线跌破顶部区域时，若成交量同步放大，则更可印证突破的有效性。

第四，股价K线跌破顶部区域时，若同时跌破20日均线等中期均线，MACD指标或其他技术指标同步发出卖出信号，则更可强化卖出信号的有效性。

下面来看一下科士达的股价走势情况，如图7-22所示。

自2021年6月开始，科士达的股价出现了一波大幅上升行情。到了8月，该股股价到达顶部区域，并逐渐振荡形成了典型的三重顶形态。

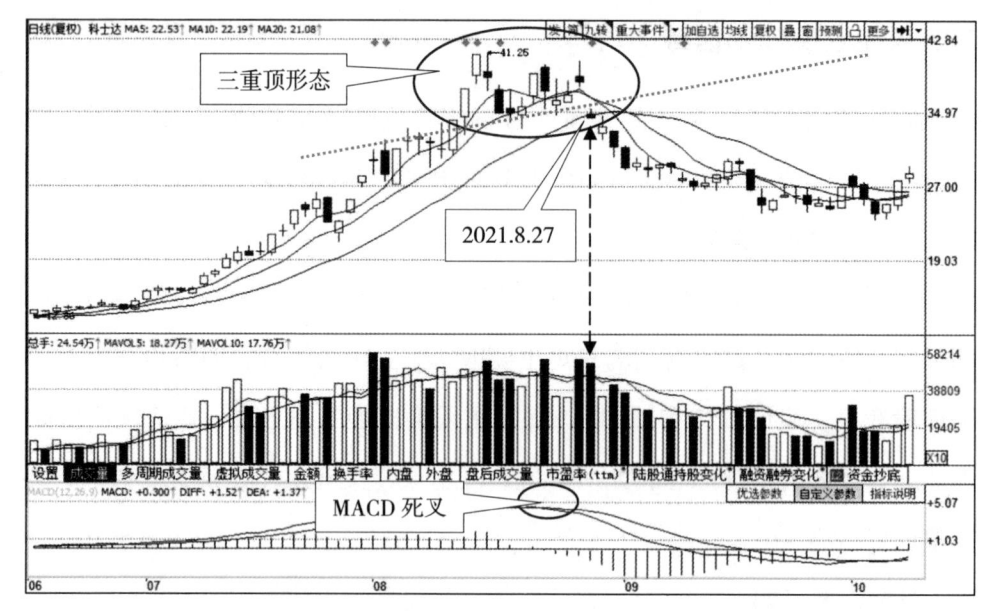

图7-22 科士达（002518）日K线走势图

2021年8月27日，该股股价突然大幅跳空下跌，并跌破了三重顶的颈线位。与此同时，MACD指标同步出现了高位死叉形态，这也是典型的看跌形态。

至此，该股股价的三重顶形态正式成立，这也意味着主力庄家出货接近完成。不久之后，该股股价进入了下跌通道。

第八章
破解庄家陷阱

为了确保成功坐庄，主力庄家会故意设置一些陷阱来欺骗散户。这些陷阱或骗局的目标无外乎两类：其一，诱骗散户交出筹码；其二，诱骗散户高位接盘。

第一节　庄家常用的坐庄手段

主力庄家在坐庄过程中，所使用的方法和手段有很多种，但概括起来不外乎是对散户投资者先进行诱多和诱空，再进行恐吓和诱骗等。其终极目标要么是希望散户接盘，要么是希望散户放弃手中的筹码。

一、诱多与诱空

主力庄家在坐庄过程中，有时需要吸筹，有时需要派筹，有时还需要散户互换筹码（洗盘），其最终目的肯定是为了获得利润。不过，市场上的投资者并不会那么听主力庄家的指挥，也不会完全按照主力庄家的意图行事。因此，主力庄家为了达成自己的操盘计划，就需要不断地使用一些欺骗性战术。这些战术概括起来分为两类：诱多与诱空。

1. 诱多

诱多是主力庄家出货阶段最常用的一种方式，有时在洗盘阶段也会与诱空组合使用，以使投资者摸不清股价的运行方向。

在使用诱多战术时，也是需要拉升股价、消耗庄家资金的。因此，减少资金消耗，最大化地实现诱多效果，就是主力庄家的首选。主力庄家在使用这一策略时，通常会结合以下几种外围环境。

第一，个股出现利好消息时。

第二，大盘出现上涨时。

第三，相关板块股票出现异动上涨时。

下面来看一下万东医疗的案例，如图8-1所示。

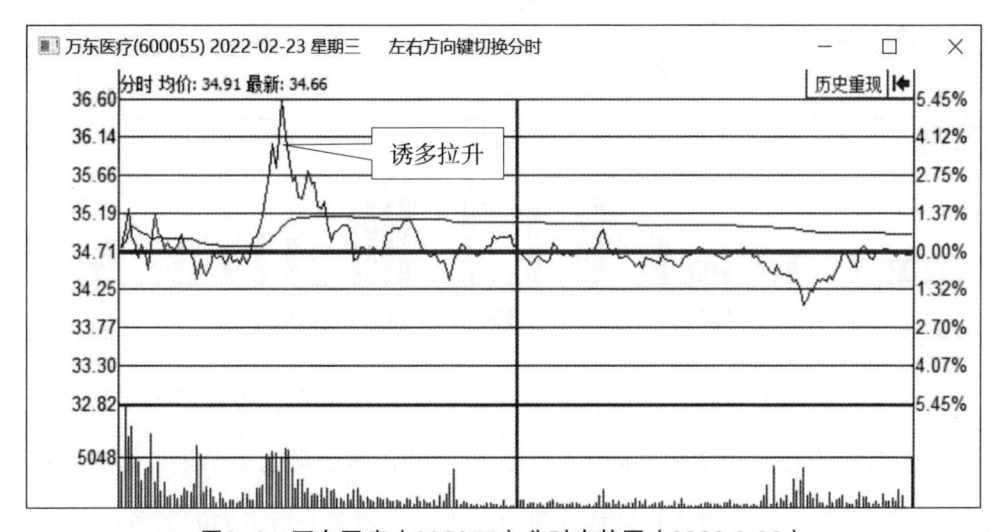

图8-1　万东医疗（600055）分时走势图（2022.2.23）

万东医疗的股价在2022年2月23日早盘开盘后，在开盘价附近振荡了一段时间。10点10分左右，主力庄家突然大幅向上拉升股价，给人一种股价即将向上突破的感觉。随后主力庄家反手向下打压股价，将股价再度打压至开盘价附近。由此可见，先前的拉升就是主力庄家的诱多行为。

主力庄家为何要在此时诱多，投资者可结合股价K线的走势情况进行分析，如图8-2所示。

从图8-2中可以看出，万东医疗的股价在2022年2月23日之前已经出现了一波较大的上涨行情。此时，主力庄家的诱多行为更多的是为了吸引投资者接盘。其后，主力庄家更是将股价维持在开盘价附近，而不是更低的位置，本质上也是为了更好地出货。

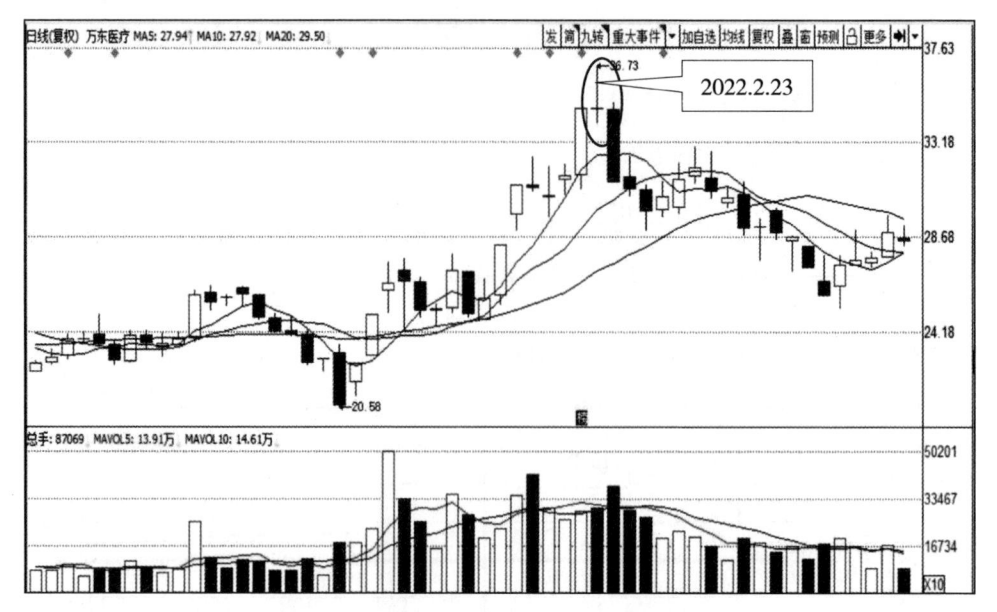

图8-2 万东医疗（600055）日K线走势图

总之，诱多本身并不可怕，有时在洗盘阶段的诱多，仅仅是为了加速换手，而出货阶段的诱多才是最可怕的，此时的诱多更多的是希望将散户套牢在高位。实战中，投资者必须结合股价所处的位置来分析主力的诱多行为。

2. 诱空

诱空也是主力庄家经常使用的一个套路。主力庄家在吸筹完成即将拉升前以及洗盘过程中，经常使用这一方法。诱空，本质上就是要让投资者产生看空的结论并卖出手中的股票。

在使用诱空战术时，也是需要打压股价、消耗庄家筹码的。因此，减少筹码消耗，最大化地实现诱空效果，就是主力庄家的首选。主力庄家使用这一策略时，通常会结合以下几种外围环境。

第一，个股出现利空消息时。

第二，大盘出现下跌时。

第三，相关板块股票出现异动下跌时。

下面来看一下东方银星的案例，如图8-3所示。

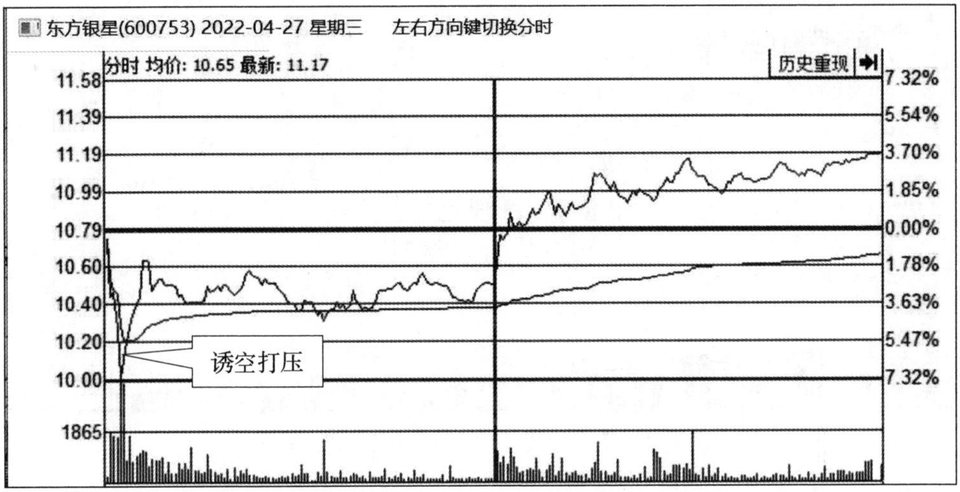

图8-3 东方银星（600753）分时走势图（2022.4.27）

东方银星的股价在2022年4月27日早盘开盘后直接大幅下挫。主力庄家连续大幅打压股价，给人一种股价还将继续下行的感觉。随后主力庄家反手向上拉升股价，最终涨幅达到了3.7%。由此可见，先前的打压就是主力庄家的诱空行为。

主力庄家为何要在此时诱空，投资者可结合股价K线的走势情况进行分析，如图8-4所示。

从图8-4中可以看出，东方银星的股价在2022年4月27日之前已经出现了一波较大的下跌行情。此时主力庄家的诱空，更多的是为了让投资者放弃手中的廉价筹码。其后，主力庄家更是将股价拉升翻红，而不是跌到更低的位置，本质上也是为了更好地吸筹。

总之，从实践情况来看，股价进入底部区域后，主力庄家经常使用诱空伎俩来欺骗散户。作为投资者，更多的应该关注股价整体的运行状况，而非某个交易日盘中的变化。盘中的振荡是主力庄家最喜欢也是最容易做手脚的地方，诱空如此，诱多也是如此。

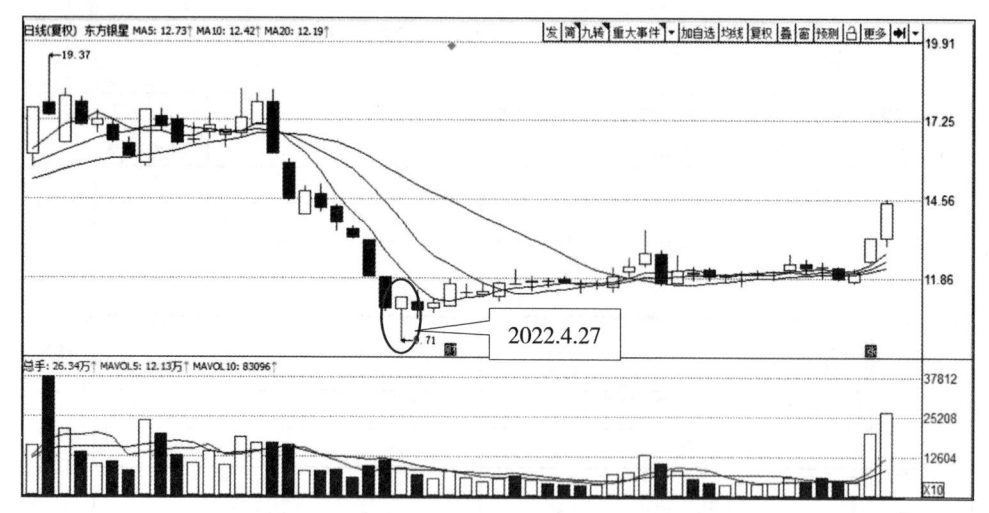

图8-4 东方银星（600753）日K线走势图

二、恐吓：连续大幅打压股价

盘中的诱空如果无法让散户放弃手中的筹码，主力庄家就可能采用更为激进的方式，比如恐吓散户。很多时候，主力庄家马上就要拉升股价了，而手中的筹码仍然不足或者盘面上还有很多浮筹，不利于下一步拉升，主力庄家就可能采用连续大幅向下打压股价的方式来恐吓散户。

当然，主力也可能会借助一些外力来完成恐吓散户的目标，包括但不限于以下几项。

第一，市场传闻的利空消息，有时候这些利空消息就是主力自己制造出来的。

第二，夸大外围不利因素，让散户恐慌。

第三，故意将股价走势形态做得非常难看，给人一种股价将会破位下跌的感觉。

一般来说，越是激烈的打压，就越意味着主力庄家有迫切拉升股价的需求，因而在股价即将启动上升之前，经常会出现这种情况。

下面来看一下宏柏新材的案例，如图8-5所示。

图8-5　宏柏新材（605366）日K线走势图

宏柏新材的股价在2022年3月28日小幅上升后出现了横盘调整走势。2022年4月22日，该股股价出现了放量下跌走势，其后的两个交易日，主力庄家打压力度逐渐增加，成交量也逐渐放大，股价K线连续跌破5日均线、10日均线和20日均线，这给投资者以很大的压力，因此，很多投资者选择了放弃手中筹码。

此后，该股股价正式启动上攻行情。

由此可见，该股之前的下跌仅仅是上涨前的最后一次洗盘，也是主力庄家最后一次恐吓散户交出手中筹码的行动。相比普通的盘中诱空，这种恐吓手法更具威慑力，也是投资者最需要警惕的一种手法。

三、诱骗：连续大幅拉升股价

与恐吓散户相反，当主力庄家希望散户接盘时，往往会做出一个上攻的动作，让投资者认定股价上升攻势已经展开。

有些时候，主力庄家为了将这种动作做得更为真实，甚至会连续几个交易日向上拉升股价。当投资者纷纷跟随入场后，再反手向下打压股价。

当然，主力也可能会借助一些外力来实现诱骗散户的目标，包括但不限于以下几项。

第一，市场传闻的利好消息，有时候这些利好消息就是主力自己制造出来的。

第二，夸大外围有利因素，让散户产生入场的冲动。

第三，故意将股价走势形态做得非常漂亮，给人一种股价将会发力上攻的感觉。

下面来看一下合盛硅业的案例，如图8-6所示。

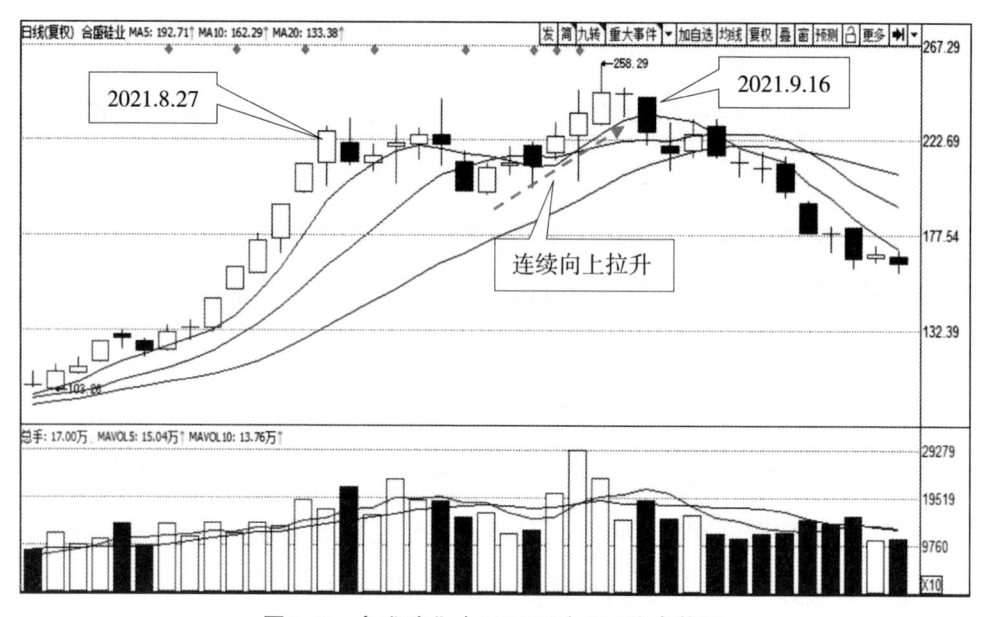

图8-6 合盛硅业（603260）日K线走势图

合盛硅业的股价在2021年下半年出现了一波大幅上攻走势，2021年8月27日达到短期高位后出现了横盘调整走势。

进入2021年9月中旬后，该股股价出现了连续上攻走势。从股价K线图上可以看出，该股的日K线实体长度越来越长，且股价K线全部位于5日均线上方，这是典型的看涨信号。很多投资者基于股价已经盘整多时，且上升势头已经显露，便做出了入场的决策。其实，主力庄家就是希望散户得出这样的结论。当散户积极入场追高时，主力庄家反手向下打压股价，在9月16日收出一根中阴线。

此后，该股股价正式进入下行通道。

由此可见，该股之前的上攻仅仅是下跌前的最后一次诱多行为，也是主力庄家最后一次诱骗散户入场接盘的行动。相比普通的盘中诱多，这种手法更具威慑力，也是投资者最需要警惕的一种手法。

第二节 散户的应对策略

面对庄家设置的陷阱，散户总会感觉"防不胜防"。在实战操盘过程中，需要有针对性地采用如下三种策略，如图8-7所示。

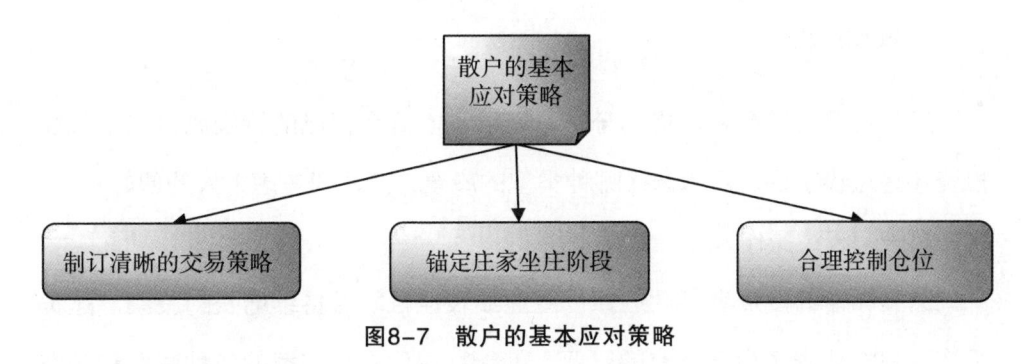

图8-7 散户的基本应对策略

一、制订清晰的交易策略

无论主力庄家如何狡猾，也不可能从散户手中抢钱。因此，在交易过程中，投资者首先要做的是制订一份与自身实际情况切合的交易策略与计划。只有以我为主，才能免受外界的干扰。

制订交易策略与计划时，需要逐项明确以下几点。

1. 个人性格

一个人的性格对所操作的股票具有重要的影响。有的人性格比较急躁，如果股票长期横盘不动，就有些坐不住了；有的人性格比较沉稳，当然资金实力也比较强，他们选定股票后，往往很久都不会操作，以期获利最大化。

也就是说，性格不同的人，要找到与自己性格相符的股票。比如，性子比较急且能够承担较大损失的投资者，可以采用短线操作的方式，选择一些短线强势股进行操作；反之，性格比较稳重，偏于保守一点的投资者，则可选择一些绩优股长线持股。

从长远来看，如果想在股市中获利，还是要一点一点磨炼自己的性格。那些获利较多的投资者，往往都是性格比较沉稳且交易不频繁的人。

也就是说，要想在与庄家的斗争中取得优势，就要对自己有一个清晰的认识，看看自己是不是能够长期拿住股票的人，这一点很重要。

2. 操作风格

通过对自己资金和性格的分析，可以基本确定自己的持股风格属于长线投资还是短线交易。具体选择哪种类型的股票，还是要考虑个人的偏好。

第一，沉稳操作。

这类风格的投资者喜欢选择一些业绩较佳且能够持续增长的股票。这类投资者只要认准了自己持有的股票，就能扛得住主力庄家的各种诱多和诱空伎俩。

第二，激进操作。

这类风格的投资者风险控制能力较强，且具备较强的抗风险能力，他们喜欢追涨一些高位股票，买入股票后，几个交易日内会择机出手。其实，这也是游资的操作风格。在操作过程中，比较适合介入那些主力庄家开始拉升的股票，不宜在主力庄家吸筹阶段早早入场。

3. 核心投资策略

做价值投资者、成长股投资者还是投机投资者，需要事先想清楚，这是制订具体交易计划的依据。后面需要根据投资策略设定大致的投资路线。投资者要坚守长线价值投资，就没有必要太过拘泥于主力庄家所采取的各类操盘手法了，只要认定股价远远低于内在价值即可。

当然，投资者要想进行短线投机操作，则需要对主力庄家的坐庄阶段进行准确的分析。一旦分析出错，则可能给自己的资金带来损失。

二、锚定庄家坐庄阶段

破解主力庄家陷阱最关键的一环，就是准确掌握庄家坐庄阶段。庄家整个坐庄过程，最核心的环节主要包括吸筹、洗盘、拉升以及派筹出货等几个步骤。不过，从散户的角度来看，要想清晰地识别每个环节还是非常困难的，因此，在操盘过程中，必须注意如下几点。

第一，股价相对低位与高位的判断。从股价中期运行趋势来看，当前价格所处的阶段，可以作为锚定主力庄家坐庄所处阶段的一个判断依据。当股价进入短期高位后，至少应该放弃主力庄家吸筹的判断，重点从洗盘和出货角度来分析；反之，在股价进入低位区域后，也应该尽量放弃出货的思维模式。

第二，尽量借助多种技术指标综合分析。在分析判断主力庄家坐庄阶段方面，成交量变化、MACD指标和筹码分布指标相对要好用一些。比如，

MACD指标与股价的背离、底部筹码峰与顶部筹码峰密集形态以及移动等，都可以作为判断主力庄家是否开始吸筹、出货的重要参照。

第三，作为普通投资者，有时候甚至没有必要对主力庄家的各个阶段进行全面追踪。若能选择其中最为典型的拉升阶段入场，并跟定主力庄家即可。若是吸筹阶段入场，一来持续时间很长（毕竟不同主力庄家吸筹的时间不一样，有的可能长达几个月），二来还要忍受主力庄家洗盘的恐吓。

三、合理控制仓位

很多投资者都把止盈位与止损位看得非常重，当然，很多股票交易的经典书籍也是这样要求的。于是常常出现这样一种情况：股价上攻前的洗盘，常常将止损位击穿，散户投资者不得不割肉离场；待自己割肉离场后，股价又重新上涨。另一种情况是，股价刚刚开始上升，就因为触及止盈位而错过了后面一大波上升幅度。其实，主力庄家对市场、对散户的熟悉程度远非普通散户投资者可比，甚至很多主力庄家都能预测到散户的止损位大致在什么位置，因而在拉升前洗盘时，会故意将散户设置的止损位击穿。

从主力庄家的视角来看，市场上大多数散户的操作选择就是自己的对立面。也就是说，当市场上大部分散户选择卖出时，主力庄家往往会选择吸入筹码；反之，当市场上大部分散户开始追涨时，则是主力庄家派筹的时刻。当然，主力庄家为了实现自己的目标，诱导散户做出有利于自身的选择，也会采取各种各样的手法，包括散布一些小道消息，扩大一些与企业有关的信息等。

当然，在这里有一个问题需要明确。相比于散户，主力庄家有更为明显的优势，即其可以掌握整个股价的大致走向，能够大致预判股价的运行态势，并择机进行吸筹或派筹等操作，而散户则比较被动。

但是，无论是庄家还是散户，交易风险控制都是必须要考虑的优先事项。散户在跟庄过程中，要尽量避免使用固定的止盈位或止损位，而应该采用动态仓位来调控风险。比如，在主力庄家拉升前，散户也可以将仓位控制在一定比例以内，比如50%（投入该只股票总资金的50%，非股票总仓位），待其震仓或洗盘时，再用15%左右的资金进行波段交易。也就是说，如果判断主力大概率在底部吸筹，可以通过试探性建仓然后再加仓的方式管控整体投资和交易风险。

下面的投入比例供大家参考。

试探性建仓：30%（以预期投入该只股票的资金为基准，下同）。

加仓：20%。

剩余的50%资金进行如下分配：15%作为应对打压震仓资金；15%作为震仓资金（备用），原则上不使用，除非出现极端行情，比如大盘出现V形反转等；最后剩下的20%作为备用资金，以不使用为宜。

当然，在拉升行情初期，可以将15%的应对打压震仓资金投入，并将另外15%备用震仓资金作为应对洗盘的短期波动操盘资金。

若主力庄家拉升出现停滞，但股价涨幅不大，可以回归建仓阶段的50%仓位。当股价进入高位后，只能保留30%的资金仓位。